徳川幕府領の形成と展開

和泉清司

目次

徳川幕府領の形成と展開

序章　徳川幕府領の形成と展開

はじめに

徳川幕府領とは厳密にいえば、慶長八年（一六〇三）二月、徳川家康が征夷大将軍に任ぜられて全国政権となってから以後、それまでの豊臣政権下における大名徳川氏の直轄領（蔵入地）が、徳川幕府直轄領となり、それを徳川幕府領、さらには単に幕領と呼ぶことになるのであるが、幕府成立以前の大名徳川氏が天正一八年（一五九〇）八月、関東領国に移封されてから始まる徳川氏直轄領の段階、慶長五年の関ヶ原合戦後に新たに獲得した徳川直轄領も、それが徳川氏の権力基盤であり、かつ財政基盤であったこと、さらに慶長八年二月の徳川幕府成立以後においても、これらの徳川直轄領が江戸の幕府権力、および幕府財政の基盤として、引き続き機能していたことから、本書では徳川氏の関東領国段階における直轄領も、幕領として扱うこととする。

またこの徳川幕府領あるいは幕領は単に徳川将軍家の家政的財政基盤としての領地であるだけでなく、幕府が全国政権として諸大名（主として外様大名）を統括する上で、その一部を割いて親藩大名や譜代大名領として要地に配置したり、幕府の政治機構を運営するための旗本、御家人ら直臣団の知行地や役料、扶持米などにあてるために機能した。さらに対外的にはオランダ、中国、朝鮮、琉球などとの外交、通商関係を構築、維持する機能を運用する上で、すなわち幕藩制国家における全国政権としての「徳川公儀」の権力を構築、維持、運用する上で幕領が「公儀御料」としての機能を担ったのである。このような機能を担うための経済的機構を構築、維持するために京都、伏見、大坂、堺、大津などの畿内の経済的先進都市を掌握したが、これは初期においてはこれら経済的先進都市の豪商の年貢売却機能に依存したものであり、その後は大坂の堂島米会所を中心とする大坂の「天下の台所」としての機能を強めていった。

これら「公儀御料」を維持、運用する実践的役割を果たしたのが幕府の奉行や郡代、代官らの官僚であり、奉行は主として前述のような畿内諸都市や佐渡、長崎などに配置された遠国奉行としてそれぞれの町政や周辺幕領を支配した。また郡代・代官らは全国各地に配置されていた年貢収取の対象となる領土（土地）としての幕領に配置され民政や農政を、さらに金銀銅などを産出する鉱山、城郭や御殿の建築用材の産出地としての山林地帯などにも配置され、おのおの支配した。このほかに幕領の一部を譜代、外様大名を問わずその支配に委ねる大名預り地（大名預所）があり、「公儀御料」の維持、運用における補完的機能を果たしている。

本書は以上のように、徳川幕府領および「公儀御料」の形成と展開について政治的、経済的、軍事的機能の視点から概括的に考察するとともに、全国的に分布する幕領の支配単位としての地域ブロックおよび国別に近世の全期間を通して幕領の形成と展開についても、それらの支配にあたる奉行、郡代、代官らの支配地および支配高の変遷を通して概括的に考察することにより、徳川幕府の直轄領（幕領）の形成と展開過程についての総合的な概説書としてまとめたものである。したがって個々の奉行、郡代、代官等の事績やその動向については最小限の記述にとどめた。さらに前述のように本書は概括的にまとめたものであり、巻末の参考文献を最大限活用しているため、本文のなかでは煩雑を避けるため、引用した史料および文献の注記は必要最小限にとどめ、逐一細かく出典を注記することは避けたことをお断りしておく。必要な場合には巻末の参考文献をご参照いただきたい。

一　幕領の形成

徳川幕府の直轄領（幕領）の形成は、前述のように幕府成立以前の徳川氏が天正一八年（一五九〇）八月、関東領国に移封されてからはじまる。関東領国では、武蔵、相模、下総、上総、伊豆の全部と吾妻、利根郡を除く上野、下野の梁田郡・寒川郡などで二四〇万石（他に近江や伊勢、遠江などに約一〇万石があった）を領有している。この所領のなかで入封直後から家臣団に知行地を配分したほか、約一〇〇万石の直轄領も設定している。これらの作業には家康の側近の本多正信を中心に、配下に伊奈忠次、大久保長安、彦坂元正、長谷川長綱らの代官頭や島田重次、神谷重勝らの有力代官、その他多くの平代官を動員しておこなっている。さらに彼ら代官たちは後北条氏との戦乱で荒廃した農村の復興、検地による生産力の掌握と兵農分離政策の実施、年貢収取政策、洪水対策および新田開発政策のための河川の修復、用水路の構築などさまざまな政策をおこなっている。慶長五年（一六〇〇）九月の関ヶ原後、西軍に荷担した諸大名や豊臣政権からの没収地など約六三〇万石は五大老の筆頭であった徳川家康が中心になって東軍に組した諸大名へ加増として配分する一方、全国的な諸大名の再編成をおこなっている。また徳川氏自身も関東以外の地域、とくに徳川氏の旧領三河、遠江、駿河、甲斐、信濃南部の五カ国の回復を中心に一五〇万石を得ており、その所領高は従来の二五〇万石に加え約四〇〇万石に達し、他の大名に対し圧倒的な所領を保持することになった。この所領のなかから徳川氏の家臣たちへの加増や新規取立などにより譜代大名を多数誕生させ、東海、畿内を中心に配置している。さらに京都、伏見、奈良、大津、堺など畿内の経済的先進地帯とその周辺諸国の主要都市を徳川氏の支配下においたり、外交・通商都市長崎もその支配下においている。このほか佐渡（旧上杉氏領）、石見（旧毛利氏領）、生野、多田などの金銀銅山や信濃の木曽谷、伊那谷、大和の吉野などの山林地帯も徳川氏の支配下においている。これら新たに徳川領となった諸都市の支配には、京都所司代、堺奉行などの奉行を配置する一方、鉱山、山林地帯、農業生産地帯などには、前述の代官頭や代官を配置したり、新たに在地土豪などを代官に取り立ててそれぞれ支配にあたらせている。これにより徳川氏の政治的、経済的、軍事的権力は東海から畿内へと拡大している。

　慶長七年には常陸の佐竹氏を出羽に移し、かわりに出羽から一部の外様大名を常陸に移したものの、常陸の大半を徳川領国に組み込んでいる。下野でも那須郡を除く南部で一部外様大名領があるものの大半を徳川領国に組み込んで、それぞれの国に親藩（水戸）や譜代の大名を配置する一方、幕領も設定して代官頭や代官の支配下においた。これにより関東の大部分を徳川領国としている。さらに陸奥でも旧岩城氏領の岩城平、棚倉など常陸に北接する地域を支配下におくとともに直轄化して、代官を配置している。これにより陸奥にもはじめて徳川氏の支配が及んでいる。

　これらの直轄領は翌八年二月、家康が征夷大将軍に任ぜられると、徳川幕府領（幕領）となり、以後諸大名の没収地や新田開発などにより順次増加して、徳川将軍の全国支配、すなわち「徳川公儀」執行のための経済的財源としての所領、すなわち「公儀御料」となっているのである。

　ついで元和元年（一六一五）大坂の陣により、豊臣氏が滅亡すると、畿内を中心に六〇万石余の豊臣領が新たに幕領になり、大坂（元和五年から直轄支配）や高槻などに譜代大名を配置する一方、幕領も大坂城周辺を中心に多く設定し、これらにも関東から代官を派遣し、畿内での新規登用代官とともに支配にあたっている。これにより徳川幕府は畿内とその周辺諸国をも完全に掌握することになった。以後西日本にも順次譜代大名領や幕領を配置して行き、諸大名に対する政治的、経済的、軍事的優位性を確保して、幕府の権力基盤を強固なものとしている。これと平行して幕領も次第に増加していき、徳川幕府権力が確立した近世初期、正保・慶安段階の全国の幕領は、この段階の郷帳などによれば、六八カ国中、越中・能登・加賀・若狭・飛驒・尾張・伊賀・志摩・紀伊・因幡・伯耆・出雲・備前・美作・備後・安芸・周防・長門・淡路・阿波・土佐・筑前・筑後・壱岐・対馬・薩摩・大隅など一国全部が外様大名領ないし親藩・譜代大名領である二七カ国を除いた四一カ国に分布し、全国で約三二〇万石に及んでいる。もちろんこのなかには都市や港、鉱山、山林地帯なども含まれている。これらの幕領を郡代、代官、さらに遠国奉行など幕府官僚による支配のほか、一部の幕領を大名預り地としてその支配を委ねている。その後元禄段階には幕領は四〇〇万石に達しており、以後は延享元年（一七四四）にピークの四六三万石となるが、おおむね四〇〇万石前半で推移している。

二　幕領の分類と代官

幕領を分類すると、（1）幕府の郡代や代官の直接支配地、（2）遠国奉行や出先役所の支配地、（3）大名に支配を委ねた預り地とからなっている。

（1）の幕府の郡代や代官の直接支配地は幕領中もっとも支配高が多く、郡代や多数の代官らによって支配された。近世初期の幕府成立期においては、代官を束ねる代官頭が存在し、広範な権限をもって関東領国やそれ以外の直轄領の支配にあたっていた。代官頭には伊奈忠次、大久保長安、彦坂元正、長谷川長綱らがおり、彼らは領国内の検地や新田開発、年貢収取など農村支配や兵農分離政策、交通伝馬政策、寺社政策、鉱山経営など多様な政策を推進している。彼らの下には譜代の平代官や在地土豪から登用された在地代官らのほか、直属の下代が多く存在し、彼らを駆使して支配にあたっている。しかし幕府の職制が整備されるにしたがい、次第に強力な権限をもつ代官頭の存在は足かせになり、慶長一八年（一六一三）、大久保長安の粛正をもって消滅し、以後彼らの配下にいた代官たちが自立した代官として支配の中心になって行き、彼らのなかには何代にもわたり世襲する代官も出てきた。しかしこれら近世初期の代官は年貢の請負制であったため、しばしば年貢の不正流用や年貢引負、さらには農民への苛政などにより年貢収取体制の円滑な実施を妨げたため足かせとなっていった。このため元禄段階までにはこれら初期代官の多くが粛正されていき、世襲している代官は少数になっていった。ちなみに五代将軍徳川綱吉の治世三〇年間では五一人が処分されている。これらの初期代官にかわって幕府勘定所出身の官僚的代官が増加していった。この段階までにのこった世襲代官は伊奈忠治系伊奈氏、伊豆韮山代官江川氏、京都代官小堀氏、近江信楽代官多羅尾氏らであった。とくに伊奈氏は関東郡代とも呼ばれ、関東の幕領の多くを支配したり、ときには関東以外の幕領も支配した。このほか初期においては幕領の年貢米を売却する市場は、畿内の経済的先進都市が中心であり、そこにおける豪商たちに依存せざるをえなかったため、彼らの多くを代官に登用して流通と売却にあたらせている。これが豪商代官であり、角倉氏（京都）、末吉氏、平野氏（以上大坂）、今井氏（堺）、上林氏（宇治）らがいる。

さらに近世中期以降では、代官支配地は一〇万石未満で、ほぼ五万石前後が多かったのに対し、一〇万石以上の支配地をもつ代官が出てきて、彼らは郡代と呼ばれるようになった。郡代には上方郡代（美濃笠松、寛文二年〔一六六二〕設置）、飛驒郡代（飛驒高山、元禄五年〔一六九二〕設置）、西国郡代（豊後日田、明和四年〔一七六七〕設置）がおり、彼らの支配地は数カ国に及ぶ場合が多く、とくに西国郡代は九州各地の幕領を総括的に支配している。

その一方で八代将軍徳川吉宗のときには、財政逼迫を背景に年貢増徴をめざして、新田開発などを奨励した。このため従来の勘定所出身の官僚的代官のほかに治水・土木や農業技術に優れた地方巧者の農民を代官に登用している。これが農民代官であり、川崎定孝、田中休愚らがいる。

近世後期には全国的な飢饉や百姓一揆などにより農村荒廃が進んだため、これまでの代官の綱紀粛正や、年貢増徴政策だけではもはや限界にきていたため、農民の撫育や教化のために仁政をもって支配にあたる方針もとられ、儒者や民政に通じた代官を登用している。前者には林鶴梁、岡田寒泉、羽倉簡堂らが、後者には寺西封元、早川正紀らがいる。

最後に主な幕領の成立・形成段階をみると、陸奥では寛永二〇年（一六四三）以降、現在の福島県地域の会津藩旧加藤氏没収領（会津南山領）および寛文四年以降の米沢藩旧上杉氏没収領（信夫・伊達郡地域）をもとに成立、出羽では元和八年（一六二二）以降、現在の山形県地域の山形藩旧最上氏没収領（村山郡、庄内領）をもとに成立、関東では武蔵、相模、下総（関東入封以来）や常陸（慶長七年佐竹氏転出後）、下野（関ヶ原以降）などで形成、北陸では関ヶ原以降の佐渡や元和二年以降の越後の高田藩旧松平忠輝没収領などを中心に成立、越前では元和九年以降福井藩旧松平忠直没収領を中心に成立、東海では伊豆（関東入封以来）、駿河（関ヶ原以降）、甲斐（関ヶ原以降）、飛驒（元禄五年〈一六九一〉金森氏転出以降）などでは大半が幕領となった。このほか三河、伊勢などでも幕領が形成されていた。畿内では近江（関ヶ原以降）、大和（関ヶ原以降）などで主に成立し、ついで摂津多田銀山領や河内（いずれも主に大坂の陣以降）にも成立、山陰では石見銀山領（関ヶ原以降）を中心に成立、山陽では備中（関ヶ原以降）や美作（元禄一〇年森氏改易以降）、備後（元禄一一年水野氏改易以降）で成立、四国では讃岐の小豆島や塩飽諸島（いずれも大坂の陣以降）、および讃岐本土の那賀郡満濃池周辺（寛永一七年〈一六四〇〉以降）、伊予の川之江（寛永二〇年播磨小野藩一柳氏改易以降）に成立、九州では長崎周辺（関ヶ原以降）、豊後（関ヶ原以降）や肥後天草諸島（寛永一八年富岡藩山崎氏転出以降）で成立・形成されている。最後に蝦夷地（北海道）では近世初期以来松前藩が支配していたが、寛政一一年（一七九九）ロシアなどの出没により国防上から蝦夷地の南部の一部を上知・幕領化し、以後上知・返還を繰り返したが、安政二年（一八五五）以降は松前周辺の一部を松前藩にのこし蝦夷地の大半を上知、幕領化し、箱館奉行をおいて支配した。

これら各地の幕領は時代により増減したり、変化していた。その原因は幕府の幕領設置にあたっては、政治的、経済的、軍事的視点から、近世を通して佐渡、飛驒、伊豆、甲斐、隠岐、石見などの一国幕領や江戸城、大坂城周辺の幕領など不変の幕領も存在したが、多くの幕領は大名の改易や転入封、加増、減封などにより幕領の増減や新設がなされたりした。つまり諸大名の領地高の調整弁の役割も担っていたのである。その下地となったのが、諸大名や代官などによる検地や新田開発による各村の生産力の増加と掌握であり、さらにそれらを国郡制支配原理にもとづいて村高を郡別に集計し一国単位で集計・作成した国絵図や郷帳であり、とくに郷帳が基本台帳であった。

(2)の遠国奉行や出先役所の支配地では佐渡奉行、長崎奉行、伏見奉行、堺奉行、奈良奉行、山田奉行、浦賀奉行、下田奉行などの支配地がある。佐渡奉行は、はじめは佐渡代官と呼ばれたが、慶長五年(一六〇〇)関ヶ原以降、佐渡一国と佐渡金山とを支配し、金山経営を中心に代官の役割を果たしつつ、佐渡の地方支配をおこなっている。長崎奉行も関ヶ原以降長崎が幕府の直轄下におかれると設置され、はじめは南蛮貿易や中国貿易との関係で長谷川藤広など豪商が任ぜられている。その任務は外交、通商のほか、長崎町政も管掌している。奉行の下に長崎代官がおかれ、これにも村山等安、末次政直など在地の豪商が任ぜられている。地方支配は長崎代官の任務であり、長崎町とその周辺七〇〇〇石が長崎付支配地であった。延宝四年(一六七六)代官末次茂朝が密貿易のかどで改易されると、長崎代官は廃止されたが、元文四年(一七三九)に長崎町年寄の高木忠与が任ぜられ、以後高木氏が世襲している。伏見奉行は元和九年(一六二三)伏見城の廃城により設置され小堀政一が任ぜられた。伏見奉行の支配地は深草など伏見廻り八カ村、四三〇〇石であったが、その任務は伏見町政と地方支配のみならず、京都御所の警備、西国大名の往来の監視などにあたっている。堺奉行は関ヶ原以降設置され、はじめは堺政所と呼ばれたが、慶長一九年長谷川藤広が兼任しているときには堺廻り一四カ郷を支配している。その後堺廻りで一万石となっている。その任務は堺町政や支配村々の地方支配であった。奈良奉行は慶長一八年大久保長安の失脚後、その配下だった中坊秀政が独立し、奈良町政と奈良廻り八カ村、吉野郡など大和幕領の代官も兼ねて支配にあたっている。寛文四年（一六六四）からは専任の代官がおかれている。以後奈良奉行は大和の寺社支配と国中への法令伝達を任務とした。山田奉行は山田町政と伊勢幕領の支配と伊勢神宮の三方衆の監督にあたっている。下田奉行は元和二年（一六一六）伊豆下田番所がおかれ、下田湾へ出入りする江戸と上方を往来する廻船の監視と浦方の支配にあたり、正保年間には下田廻り四か村、三〇〇〇石も支配している。享保五年（一七二〇）廃止され、天保一三年（一八四二）再び設置されたが、翌年には廃止、さらに安政元年（一八五四）下田が開港場に指定されると、三たび設置され、幕末外交の重要な出先機関となったが、同六年（一八五九）に廃止された。幕末の段階では地方支配は行っていない。浦賀奉行は享保六年（一七二一）前述の下田奉行廃止をうけて、その機能を引き継ぎ相模三浦半島に浦賀番所がおかれ、江戸湾へ出入りする廻船の監視と通行税の徴収にあたっており、翌年東浦賀に浦賀奉行所がおかれ、周辺村々七七〇石を、天保九年には六五〇〇石を支配している。

(3)の大名に幕領の支配を委ねた大名預り地は、その起源は戦国時代に戦国大名の領国内の支城に支城付の蔵入地を預けたことにはじまり、豊臣政権では服属した外様大名の領内または占領地に太閤検地を実施した際、それぞれの領内に太閤蔵入地を設定し、その大名または石田三成など豊臣大名を代官として任命して支配にあたらせるなど、服属大名の統制の機能をもっていた。江戸幕府では基本的には大名の統制というよりも幕府財政の逼迫（年貢収納率の低下）および幕領の支配機構の未整備の場合や、さらには代官に適任者がいない場合に大名に預けたり、大名の財政補塡のために預けるなど時期と幕府の財政政策との関係により、さまざまな方式がとられた。これを幕政の動向と関連させつつ考察すると、寛永二〇年（一六四三）陸奥会津藩に保科正之を封じたとき、幕領の会津、大沼、岩瀬の三郡と下野の一部五万石余（南山領）を会津藩の預り地とし、年貢は幕府へ上納させるものの、「私領同前」に支配することを認めている。しかし前期においては大名預り地はこのほかにも設定されているが、会津藩のように「私領同前」に支配することは許されていない。その後貞享四年から元禄四年の間（一六八七～九一）は五代将軍綱吉の幕府支配機構の整備、強化策による幕領支配の引締と幕府財政の建て直し政策により、幕領支配は代官による直接支配へ一本化されたため大名預り地はすべて廃止された。同時に前述したように年貢引負などによる代官の大量処分がおこなわれている。しかし一定の成果を上げたためか元禄九年（一六九六）にいたり、再び大名預り地は復活している。正徳二年（一七一二）には新井白石の「正徳の治」において財政建て直しのため、再び大名預り地を廃止し、代官の直支配としている。享保七年（一七二二）八代将軍吉宗の「享保の改革」においては幕府財政建て直しのため、幕領の代官による年貢収納率の低下と、元禄期および「正徳の治」段階における代官粛正の余波による有能な代官の不足という背景により、当分の間として大名預り地を復活させた。事実享保一七年（飢饉年）の幕府の年貢収納率は幕領高四五一万四八〇〇石に対し、七四万八三〇〇石とわずか一七パーセントにすぎなかった。つまり大名領にくらべ年貢収納率はかなり劣っていたため、幕領の年貢収納を大名の収納能力に委ねることにしたのであるが、幕領すべてを委ねたのではなく、基本的には代官を適材適所に配置し、それでカバーしきれないところを大名に委ねたのである。ついで寛政元年（一七八九）松平定信の「寛政の改革」において、従来の大名預り地が原則として期間制限がなかったので、大名が勝手に「私領同前」に支配するという弊害がでてきた。このため預り地の年期制を定め、原則として五年ないし三年としたが、天保一〇年（一八三九）水野忠邦の「天保の改革」においては預り地の年期制を廃止している。さらに天保八年以降では外圧により江戸湾の海防のため相模、上総、安房などの沿岸部を大名に割当て防衛にあたらせたが、遠方の大名には経費補塡のため沿岸部の幕領から割いて大名預り地として、「私領同前」の支配を認めている。

三　幕領の全国分布

幕領の全国分布についてみると、近世全般を通して幕領が何らかの形で存在した国は五一カ国と一地域（蝦夷地）に及んでおり、全国六八カ国の七五パーセントを占めている。これらの国々を近世中期ごろに区分された筋という地域ブロック別に分けてみると、奥羽筋では陸奥、出羽、蝦夷地（二カ国と一地域）、関東筋では武蔵、相模、下総、上総、安房、上野、下野、常陸（八カ国）、海道筋では伊豆、駿河、遠江、三河、甲斐、美濃、飛騨、伊勢、尾張（九カ国）、北国筋では越後、佐渡、能登、加賀、越前、信濃（六カ国）、畿内筋では摂津、河内、和泉、山城、大和、近江、丹波、播磨（八カ国）、中国筋では丹後、但馬、伯耆、隠岐、石見、美作、備中、備後、讃岐、伊予、土佐（一一カ国）、西国筋では筑前、筑後、豊前、豊後、肥前、肥後、日向（七カ国）となっている。これによるともっとも多いのは中国筋の一一カ国であり、以下海道筋の九カ国、関東筋・畿内筋の八カ国、西国筋の七カ国、北国筋の六カ国、奥羽筋の二カ国と一地域となっている。このなかには蝦夷地、尾張、伯耆などのようにわずかの期間だけ幕領が設定された国や能登、加賀、讃岐、土佐、筑後などわずかな幕領高しかなかった国も含まれており、近世を通してずっと幕領が存続した国は四〇カ国前後である。

次に時期別、筋別に幕領高の推移についてみると、天正一八年（一五九〇）の徳川氏の関東入封から慶長五年（一六〇〇）の関ヶ原合戦ぐらいまでの関東領有時代の幕領（蔵入地）高は前述のようにおよそ一〇〇万石くらいであった。その後徳川幕府が確立した近世初期の正保・慶安期（一六四四～五一）には残存する正保の一国郷帳や郷村高辻帳、国絵図などの分析から約三二〇万石前後であったとみられる（拙著『徳川幕府成立過程の基礎的研究』）。このなかには大名預り地が約一八万五四〇〇石含まれている。この筋別の内訳は関東筋が前代と石高はさほど変わらないとみられ約一〇〇万石（大名預り地なし）、以下海道筋は約七六万石（うち大名預り地約二万石）、畿内筋約七五万石（うち大名預り地約一〇〇〇石）と、この三カ国で約二五一万石と幕領全体の七八パーセント以上を占めており、これら江戸から大坂にいたる地域が幕府にとって重要拠点であったことがうかがえる。このほかに奥羽筋約一八万石（うち大名預り地約六万八〇〇〇石）、北国筋約一七万石（うち大名預り地約三万六六〇〇石）、中国筋（うち大名預り地約二万二八〇〇〇石）、西国筋約一二万石（うち大名預り地約三万七〇〇〇石）となっている。

ついで近世前期の元禄一四・一五年（一七〇一〜〇二）ごろでは『（看益集』（国立公文書館内閣文庫所蔵）によれば、大名預り地分は不明であるが、幕領は四〇〇万五六〇〇石であり、正保・慶安期にくらべ約八〇万石、二五パーセントほど多くなり、幕領は四〇〇万石に達している。内訳をみると、関東筋一一九万九九〇〇石、北国筋六八万五七〇〇石、畿内筋六六万七二〇〇石と、この三筋で二五五万二八〇〇石と幕領全体の六四パーセントと正保・慶安期にくらべ石高は増加しているものの、幕領全体における比率は低下している。北国筋が多いのは元禄六年（一六九三）に佐渡の総検地がおこなわれ、それまでの年貢高表示（二万石）を改め生産高表示により一三万石余を打ち出したため一挙に増加したものである。逆に海道筋が四九万七三〇〇石と減少しているのは大名預り地がふくまれていないからであろう。このほか奥羽筋四五万五四〇〇石、中国筋二五万二〇〇〇石、西国筋二四万八〇〇〇石となっている。また関東筋は約一二〇万石に達しており、通説の一〇〇万石を大きく越えている。

近世中期の享保一四年（一七二九）では『享保十四年酉年御代官并御預所御物成納払御勘定帳』によれば、四四四万四五〇〇石（うち大名預り地六八万八六〇〇石）であり、正保・慶安期にくらべ一二四万石、二八パーセントほどの増加であるが、元禄期とくらべると約四五万石、一〇パーセントほど増加している。

この内訳をみると、関東筋では一〇二万七二〇〇石（うち大名預り地なし）、海道筋七九万四〇〇石（うち大名預り地五八万七八〇〇石）、畿内筋七二万四三〇〇石（但馬を含む、うち大名預り地四万八〇〇〇石）と、中期におけるこの三筋は二五四万一九〇〇石と幕領全体の五七パーセントであり、石高は正保・慶安期とさほどかわらいものの、幕領全体が増加しているため相対的に比率は低下している。このほかの地域では奥羽筋五〇万二〇〇石（越後・下野の一部を含む、うち大名預り地一二八万六二〇〇石）、北国筋八〇万六三〇〇石（うち大名預り地約三九万八〇〇〇石）、中国筋四四万四四〇〇石（うち大名預り地三万四三〇〇石）、西国筋一五万一七〇〇石（うち大名預り地二万四四〇〇石）となっており、奥羽筋や北国筋、中国筋で幕領は大幅に増加している。これは八代将軍徳川吉宗が奨励した代官の見立てによる新田開発が盛んに実施され、かつ新田検地も実施されたことによっているものと思われる。また大名預り地は享保改革において各地に適任の代官がいない場合には、当分のあいだ大名に預け支配を委ねるという政策によるものであった。この背景には、五代将軍徳川綱吉およびその後の「正徳の治」の時代に、幕府財政の逼迫を背景に初期以来の世襲代官を中心に、彼らの年貢不正流用摘発や年貢引負を清算させる政策を実施したことにより多くの世襲代官や有能な代官が失脚、罷免されたため、代官が不足していたことがあげられる。

近世後期の天保九年（一八三八）の『天保九年御代官并御預所御物成納払御勘定帳』によれば、全幕領高は四一九万二〇〇〇石となっており、このうち大名預り地は七六万三四〇〇石と享保一四年にくらべ若干減少しているのである。この内訳は関東筋では九八万五二〇〇石（うち大名預り地なし）、海道筋六八万八五〇〇石（越後・下野の一部を含む、うち大名預り地七万七〇〇石）、畿内筋六三万七〇〇石（うち大名預り地一〇万六五〇〇石）と、この三筋で二三〇万四四〇〇石と、前代とさほどかわっていないが、幕領全体では五五パーセントと比率はやや低下している。これは畿内筋の幕領が相対的に減少していることによっている。このほかの地域では奥羽筋五四万六三〇〇石（うち大名預り地一七万一〇〇〇石）、北国筋七四万二〇〇〇石（うち大名預り地三八万六九〇〇石）、中国筋三九万六二〇〇石（うち大名預り地一一万一八〇〇石）、西国筋二〇万三三〇〇石（うち大名預り地四万九〇〇〇石）となっており、享保期にくらべ奥羽筋、中国筋、西国筋で若干増加している。

以上のように近世を通して幕領高の推移をみると、元禄段階で四〇〇万石に達しており、その後は四五〇万石前後で推移している。また全国的な分布状況では近世を通して将軍（江戸）のお膝元である関東がもっとも多く一〇〇万石前後から一二〇万石で推移している。ついで畿内筋が六三万石から七二万石の間、海道筋が五〇万石前後から八〇万石前後の間で各々推移しており、この三筋で二三〇万石から二五四万石を占め、幕領全体の五四〜七八パーセントと幕領全体の半分から三分二以上を占めており、幕府にとって、この三筋が政治的、経済的、軍事的に重要な地域であったことがうかがえる。しかし幕領高の変化が大きいのは、幕領が「公儀御料」として諸政策実施の財政的機能を果たしている反面、親藩・譜代・外様大名藩の転入封による知行地の増減、譜代大名の役料高の増減（大坂城代職など）、さらに旗本の地方直しなどに機能し、とくに譜代大名領の増減の調節弁の機能をもっていたからであった。

四　幕領の年貢収納量の変遷

幕領高については前述のように元禄段階で四〇〇万石に達し、その後は四五〇万石前後で推移している。この幕領の年貢収納量の変遷については、近世前期については残念ながら不明であるが、享保元年（一七一六）以降天保一二年（一八四一）までの一二六年間については判明している。これから享保元年以降一〇カ年ごとの平均年貢収納量の推移をみると、享保元年〜同一〇年までは一四〇万石、同一一年〜同二〇年は一四八万石、元文元年〜延享二年は一五八万石、延享三年〜宝暦五年は一六七万石、同六年〜明和二年は一六五万石、同三年〜安永四年は一五二万石、同五年〜天明五年は一四六万石、同六年〜寛政七年は一四一万石、同八年〜文化二年は一五四万石、同三年〜同一二年は一五〇万石、同一三年〜文政八年は一四六万石、同九年〜天保六年は一三八万石、同七年〜同一二年は一三三万石となっている。この一二六年間の平均収納量は一四九万石である。この収納率は幕領高を四〇〇万石とすると三七・二パーセントにあたり、四割を切っており、大名領に比べ収納率は低くなっている。

このうちもっとも収納量が高いのは延享三年〜宝暦五年（一七四六〜五五）の一六七万石であり、ついで同六年〜明和二年が一六五万石となっている。収納量がもっとも高い一六七万石は幕領高を四五〇万石とすると三七・六パーセントにあたり、四割に近づいている。逆にもっとも低いのは天保七年〜同一二年

（一八三六～四一）の一三三万石であり、ついで享保元年～同一〇年の一四〇万石となっている。収納量がもっとも低い一三三万石は幕領高を四二〇万石とすると三一・六パーセントにあたり、三割に近くなっている。このことから享保元年～同一〇年が一四〇万石と低いのは吉宗が将軍職に就いて、幕府の年貢収入がかなり低くなっていたため、「享保の改革」を実施する契機となったものとみることができる。そして幕領における代官の見立てによる新田開発や流作場開発の奨励や河川流路の直線化など米の増収に精力を傾けていくのであるが、享保一七年（一七三二）に全国的な飢饉にみまわれたため、直ぐには年貢の大増収とはいかなかったが、その成果はその後徐々に上がり、延享元年（一七四四）には単年として幕領高が四六三万石に達している。これをうけて年貢収納量も元文元年～延享二年が一五八万石にのぼり、享保元年～同一〇年の一四〇万石より一八万石も増加しているのである。さらにその次の段階の延享三年～宝暦五年の一六七万石へと一〇年間の収納量としてはピークに達しているのである。次の段階の宝暦六年～明和二年も一六五万石が維持されているのである。しかしその後は徐々に収納量は低下していくが、松平定信が老中に就任した天明七年（一七八七）段階の収納量は直近の天明の大飢饉の影響によって一四一万石まで落ち込んでいた。これをうけて定信は「寛政の改革」を実施していき、その成果は次の段階の寛政八年～文化二年の一五四万石への回復したことに表れている。しかしその後は再び収納率は低下していき、天保五年（一八三四）に水野忠邦が老中に就任した文政九年～天保六年段階では天保の飢饉の最中でもあり、一三八万石と享保元年～同一〇年の一四〇万石を下回っていた。これをうけて忠邦は「天保の改革」

を実施していくが、次の天保七年~同一二年段階も一三三万石と収納量は最低の段階になっており、それ以降の収納量が不明なので断定はできないが、忠邦の改革は年貢の収納量増加という面からは、必ずしも成功しなかったと推定される。その背景には農村荒廃の進行があったものと思われる。

五　幕領の機能分類

徳川幕府の「公儀御料」としての幕領はこれまで述べてきたように政治的、経済的、軍事的な意義と機能を有しているのであるが、この点をふまえて以下に機能別に分類して考察する。

第一には将軍徳川氏が最大の封建領主として四〇〇万石以上にのぼる量的に他大名に卓越した領地(幕領)を保持していたことである。その主たるものは農業生産地帯であり、そこからの年貢米や年貢金の収入(本途物成、小物成、六尺給米、御蔵米入用、伝馬宿入用、三分の一銀納、畑永、その他)が幕府財政の最大のものであり、幕府の諸政策実施の最大財源として機能した。

この農業生産基盤確保のための幕府は郡代、代官を駆使して、検地、新田開発、治水・土木、農民撫育、飢饉対策などを繰り返しおこない、生産高および年貢収納高の増加をめざしたのである。

第二に江戸はもちろん、京都、大坂、伏見、宇治、奈良、堺、大津、山田、長崎など旧来の政治、経済(商工業)の中心地や港湾都市を直轄化して、商業、貿易、外交、交通運輸および商品流通の要所を押さえ、かつ都市商工業者を掌握することにより対外関係を含めた政治的、経済的、軍事的支配権を掌握した。なかでも京都は朝廷はもとより畿内支配および西日本の諸大名を監視する拠点として機能した。大坂は元和五年（一六一九）以降、完全に幕府の直轄下におかれ、大坂城周辺の東成、西成、住吉の三郡を幕領として点と面の両方を支配するとともに、大坂城には幕府直轄蔵をおき、畿内とその周辺諸国の幕領の年貢米金を集中的に収納し、畿内および西日本の諸大名に対して軍事的に対応する機能を果たした。さらに大坂は全国の領主米はもとよりさまざまな物資の集積、売却地として「天下の台所」としての機能をも果たした。しかもこれらの都市の支配においては都市のみを支配するのではなく、その周辺の農業生産地帯（農村）や商業地帯をも合わせ支配するという、いわば点と面の両方を支配する役割を担っていた。

長崎は鎖国体制下の外交、通商など対外関係の窓口であるとともに、幕府による糸割符貿易やオランダ貿易の独占体制を維持する機能を担っていた。

第三に、第二についで年貢地払いや年貢換金の場としての機能をもつ各地の商品流通の拠点たる在郷町や在方町の掌握のほか、新たに代官陣屋を中心に町立や市立をおこない、これらの町や市を同様の目的で育成し掌握する一方、東海道や中山道などの街道や宿駅、関所、川関などを直轄化して整備し、交通伝馬や商品流通体系機能を掌握するとともに、軍事的機能も掌握した。

とくに幕府は幕領の設定にあたり、前述のように代官陣屋の設置と町立や市立を図るとともに各国の在郷町や港湾、河岸など商品流の拠点を意図的に含めて、商品流通過程の掌握を図っている。また江戸を中心とする五街道、脇往還など陸上の伝馬交通体系の整備や江戸・上方間の南海航路（太平洋航路）、蝦夷地や日本海沿岸諸港と上方や長崎とを結ぶ西廻り航路（海運）およびおなじく蝦夷地や東北の太平洋沿岸諸港と江戸とを結ぶ東廻り航路（海運）の整備をおこない、江戸、大坂、長崎および全国各地との商品（輸出用物資を含む）流通機構の成立を図っている。

さらに関東および畿内の河川の開削、整備と河岸の設定による内陸河川交通による商品流通機構の整備も図っているのである。この河岸については、元禄年間（一六八八〜一七〇三）の河岸吟味では関東において八六か所の河岸が設定されており、そこにおける河岸問屋株の設定とともに問屋株運上金を順次徴収している。

第四に貨幣鋳造権の独占と貨幣材料たる金銀、貨幣材料および主要輸出品にもなった銅などを産出する主要鉱山を掌握することにより、貨幣流通機能を通して全国経済の掌握を図っている。

とくに貨幣鋳造についてはその前提として、慶長一三年（一六〇八）には中世以来通用銭の中心であり、基準通貨であった永楽銭の通用禁止と永楽銭一貫文を鐚銭四貫文および小判一両とする換算基準を設け、金銀鐚銭を通用貨幣としている。同時に鐚銭の撰銭を命じている。さらにこのような鐚銭を整理するため、寛永一三年（一六三六）には銀座役人秋田宗古に命じて江戸と近江坂本で寛永通宝を鋳造させ、統一貨幣として、翌一四年には全国的普及を図るため、水戸、仙台、松本、吉田、高田、長門、備前、豊後などに銭座を取り立てさせ銅銭の鋳造にあたらせている。

金座は文禄四年（一五九五）に徳川家康が京都から後藤庄三郎光次を江戸に招き小判を鋳造させたことにはじまり、一時駿府、京都、佐渡、にもおかれたが、のち佐渡以外は江戸に統一され、後藤家は勘定奉行の下で小判や一分金など金貨の鋳造、鑑定、封印を独占的に請負ったという。

銀座は慶長六年（一六〇一）家康が伏見に設置し、丁銀や小玉銀などを鋳造して中世以来の灰吹銀にかえて全国的通用を図ったという。この銀貨の銀吹手になったのが堺の大黒屋常是であり、一時駿府や京都のもおかれたが、慶長一七年（一六一二）には駿府の銀座を江戸に移し、常是の次男長左衛門が銀吹所となって鋳造にあたったという。

このように幕府は貨幣鋳造権を掌握することにより、全国経済を掌握した。このような権限は元禄八年（一六九五）の勘定奉行荻原重秀の小判改鋳による幕府財源捻出に利用されたり、逆に経済、とくに物価安定のために利用されていたのである。

第五に城郭や都市建設用材の産出地である信濃の木曽谷や伊那谷、丹波、大和、飛騨などの山間地帯を掌握した。とくに木曽谷の木材は幕府初期においては江戸城をはじめ幕府の主要城郭、朝廷の御所や仙洞御所などの建設に用いられ、「公儀御料」としての機能を顕著に示している。このためこれらの山を御立山とし、かつ伐出しや搬出の費用調達のため周辺一帯を幕領としてその年貢米をあてる一方、筏に組み川下げするため天竜川や木曽川の流域の要地も幕領とされ、そこに代官を配置し輸送の円滑化を図った。しかし木曽谷は元和元年（一六一五）尾張藩領となり幕府の手を離れている。

第六に軍馬の供給地たる放牧および鷹場などの草原地を掌握することにより、軍事的機能を充実している。とくに鷹場は家康以来江戸周辺に設定されていたが、寛永五年（一六二八）鷹場法度の村触に関する担当代官制が決定され、これによりおおむね江戸五里四方を将軍の鷹場とした。また同一〇年には江戸の五里から一〇里の間に御貸場と称する御三家の鷹場も設定された。鷹場はその後綱吉時代に一時廃止されたが、吉宗の享保元年（一七一六）復活し、江戸五里以内六筋の鷹場に再編された。

馬の牧草地は享保七年以降吉宗が下総の小金牧や佐倉牧、安房の嶺岡牧など軍馬の育成をめざし、直轄の放牧地を積極的に経営しだし、西洋から馬を導入して品種改良にも取り組んでいる。元禄一三年（一七〇〇）の下総全牧所在の馬数は一一一九頭、幕末には小金牧が一三〇〇頭余、佐倉牧が三八〇〇頭に上ったという。

以上のようなさまざまな財源を生む「公儀御料」としての領地（土地）たる幕領のほかに、以下の第七から第一一に上げるような財源があった。

すなわち、第七として鎖国体制の確立後は糸割符制度やその後の長崎会所を通じて生糸を主とする貿易の独占と運上金の賦課、上納をさせている。この糸割符制度は長崎において主要輸入品たる中国産の生糸（白糸）の輸入に当たり、ポルトガル（のち脱落）や中国、オランダなど外国船の利益独占を排除するため、初め京都、堺、長崎、寛永八年（一六三一）以降江戸、大坂を加えた五カ所の特定商人に糸割符仲間を結成させ、長崎奉行の監督下で長崎会所を通して輸入生糸を一括購入し、それを個々の商人に分配させた。

その売買の過程で幕府に運上金を上納する一方、貿易を独占していた。

　第八に享保五年（一七二〇）以降、関東や畿内の主要河川の普請にたいする国役金制度を設定し、公私領を問わず、農村へ賦課し上納させた。これは国役普請とよばれ、河川の普請はとくに幕領と私領とが入り組んだ地域を流れる大河川の堤川除普請において実施された。この普請のため国を単位として石高制にもとづく同一基準で人足や職人を動員したり、費用を賦課、徴収した制度が国役金制度である。国役普請は享保五年以前では摂津、河内、美濃などにおいておこなわれていたが、享保五年以降は全国的な治水制度として発足し、諸国の堤川除、水旱損所などの普請において一国一円支配または二〇万石以上の大名は従来どおり自普請とし、それ以下の領主で自力の普請が困難な場合に国役普請とするというものである。同九年には施行規則がだされ、国役普請の対象となる河川と国役適用規定額、国役賦課国が定められた。たとえば利根川、鬼怒川、江戸川など関東の河川は三五〇〇両まで武蔵、下総、常陸、上野の四カ国、二八八万石余、三五〇〇両以上は安房、上総を加え六カ国、三三六万石余、淀川、桂川、木津川、大和川など畿内の河川は一万両未満は山城、大和、摂津、河内の四カ国、一一四万石余、一万両以上は五畿内総掛かりとし、一五一万石余となっている。

　これら国役指定河川は普請費用が規定額に相当するとき国役普請となり、各指定の国々に国役を割付ける。その費用の一〇分一を幕府負担とし、残額を国役割とする。国役金一万両以上は幕領の三役（六尺給米、御蔵米入用、伝馬宿入用）は免除するというものである。その後宝暦八年（一七五八）には国役割適用の規定額が廃止され、国役金の限度額を高一〇〇石あたり、関東は銀二〇匁、そのほかの地域は銀三〇匁とされている。

第九に近世中期以降、江戸や大坂などでの株仲間結成による運上金や冥加金の賦課・上納、および前述の河岸問屋株運上金の賦課・上納がある。前者ははじめは幕府が江戸や大坂の各種業者に同業組合たる株仲間を結成させ、物価安定のためにそれを統括する目的で許可していたが、明和・安永・天明のころからは幕府財政の窮乏が深刻になると、その収入源を商業利潤から得るために、新たに結成された株仲間から毎年一定額を運上金、冥加金として徴収するようになり、さらには御用金の賦課も命ずるようになっている。しかし株仲間の市場独占が強まると物価高騰をはじめさまざまな弊害がでてきたため、天保一二年（一八四一）江戸十組問屋の解散を命じ、この時点での冥加金一万二〇〇〇両の上納を免じている。ついで大坂二四組問屋や京都の株仲間の解散も命じている。

だが嘉永四年（一八五一）株仲間再興令をだし、再び結成を認めているが、これは幕末期の幕府財政逼迫のため、収入源を再び運上金や冥加金、御用金などにもとめたからである。これに対し後者の河岸問屋株運上は第三で述べたように、内陸河川交通による商品流通の拠点としての河岸問屋が近世後期には多く認められ、これに問屋株運上金を賦課しているのである。たとえば利根川の境河岸では河岸問屋二軒で明和八年（一七七一）の河岸吟味によれば五〇〇文であったが、安永三年（一七七四）の再吟味では五倍の二貫五〇〇文を賦課されており、これまた商業利潤へ依存を強めているのである。関東の河岸は元禄八年

(一六九五)の河岸改めでは前述のように八六カ所であったが、近世後期になるほど河岸数は増加し、河岸問屋も増加したので相当の運上金が幕府に上納されたものと思われる。

第一〇に第四と関連し金銀銭の貨幣鋳造にあたって、鋳造請負人は一定額の運上金や冥加金が賦課されて上納しているのである。

銭の場合は請負額(出来高)の五～二〇パーセントで一〇パーセント前後が多かった。

銀の場合は銀座の銀吹所が灰吹銀や私領の銀山産出灰吹銀を買上げて、これから丁銀や小玉銀をつくり、請負額から銀座雑用費を差し引き、残る銀座の利潤から銀座運上金を幕府に上納する自家営業方式と、佐渡や石見など幕府直山の銀山上納灰吹銀である公儀灰吹銀を預かり、これを丁銀などに吹立て、吹方入用として吹立高の三パーセントを差し引き、残りを幕府に納める御用達方式の二つがあった。

金の場合は金座役人に小判などの鋳造高の一〇〇分の一が分一金として与えられ、金座はその一部を冥加金として幕府に上納した。このほか幕府はその財政状況に応じ金貨の改鋳をおこない、元禄期の改鋳にみられるようにときには莫大な利益を上げることもあり、貨幣鋳造は幕府財政と密接な関係をもっていた。

第一一に上米の制がある。これは貨幣の上納ではなく米の上納を求めたものである。すなわち八代将軍徳川吉宗が幕府財政逼迫をうけて、享保改革の一環として諸大名および旗本に対して享保七年から一六年(一七二二～三一)にかけて、幕府財政が好転するまでの間、一時的に石高一万石につき一〇〇石の米を上納することを求めた政策である。そのかわりとして大名に対しては参勤交代による江戸在府を半年間に短縮している。その額は年間一八万七〇〇〇石に及んでおり、幕府の年貢収入の約一〇パーセントに相当したという。

以上のように領地（土地）ではなく幕府や商人らの経済政策や商業活動の見返りとして、あるいは農村への賦課金や諸大名への賦課米としての貨幣や米穀による財源もあったのである。

すなわちこれら幕府の財源を大きくまとめると、米穀類の生産を主とする農業生産地帯を中心に重要都市、在郷町（市）、交易のための港湾や河岸の都市、主要街道の宿場などの都市、さらには鉱山、山林、牧草地などの土地を領地（幕領）として掌握した部分（もちろんこれからさまざまな形の年貢、夫役、その他を徴収）と、貿易や株仲間、貨幣鋳造請負人および河岸問屋などからの運上金や冥加金および公私領農村から徴収する国役金などの貨幣収入として掌握した部分とがある。

さらに財政収入の上からは、米はもとより大豆、小豆、麦などの穀物類や紬、綿（絹綿）、茶、紙、漆、荏、薪炭、木材などの山間部農村の産物にいたるまで、さらに金、銀、同などの鉱産物、馬、塩、魚介類などさまざまな形の現物収入の部分と、三分の一銀納や畑永な年貢金の一部と夫役金や国役金、運上金、冥加金などの貨幣収入の部分とがあったのである。

第一章　奥羽筋・蝦夷地の幕府領

奥羽筋・蝦夷地における幕領は、陸奥と出羽二カ国と蝦夷地に存在したが、奥羽筋には戦国時代以来の旧族大名が割拠していたため、それら旧族大名の廃絶や転封などを契機として設定されたのが特徴である。また奥羽筋における幕領設定は、主として磐城、岩城（会津を含む）など現在の福島県地域（陸奥）と庄内、最上、置賜など山形県地域（出羽）におこなわれた。

まず**陸奥**では近世初期の慶長七年（一六〇二）常陸の佐竹氏の出羽転出にともない、佐竹領に北接する陸奥磐城平の岩城貞隆（一二万七〇〇〇石余）も所領を没収された。同領のうち平には譜代大名の鳥居忠政が一〇万石で封ぜられ、のこりの南郷領二万六八〇〇石（文禄検地高）が幕領とされた。このなかには磐城郡の竹貫一三カ村、上遠野一四カ村、松岡一〇カ村のほか白川郡棚倉領などが含まれている。この支配は代官頭彦坂小刑部元正が棚倉に陣屋をおき、配下の貴志五郎助、岸十左衛門らを派遣して支配にあたらせ、慶長八年三月から四月にかけて一斉検地をおこない二万八〇〇〇石を打出し、村方に検地目録を下している。しかし同年九月に棚倉に一万石で立花宗茂が封ぜられたため、のこりは一万八〇〇〇石となり代官河西兵九郎親秀が支配したが、同一五年、これも立花氏に加増したため幕領は消滅している。元和六年（一六二〇）立花宗茂が筑後へ転出したため、再び南郷領は幕領となり代官高西夕雲が支配し、実質的には在地代官秦治右衛門が支配にあたったが、同八年丹羽長重が棚倉に五万石で入封したため再び消滅した。

陸奥ではその後寛永二〇年（一六四三）会津藩加藤明成（四〇万石）が改易された後、同藩に山形から保科正之が二三万石で入封したが、その差一七万石のうち、大沼郡内二万二〇〇石、南山（のち会津郡に編成）一万九五〇〇石、伊北伊南（のち会津郡に編成）一万七〇〇〇石、岩瀬郡内一八石（勢至堂村）の合計五万四〇〇〇石と下野塩谷郡内九五〇石の総計五万一三〇〇石余が幕領となり、会津藩預り地となった。そして「会津郡・大沼郡・岩瀬郡・下野国塩谷郡之内ニ而、合五万千二百石余之地被御預（中略）、南山五万石之所をハ、私領同前ニ仕置候へとの御内意を以被成御預」（『会津藩家世実紀』第一巻）と下野の一部（塩谷郡内六カ村、九五一石余）を含む五万一二〇〇石（前述のように計算上は五万一三〇〇石余、元禄年間に高直しで五万五〇〇〇石前後となる）が「南山御蔵入」として幕領とされ会津藩の預り地となり、同藩の私領と同前に仕置するようにとの将軍の内意を得ている。この南山御蔵入領は以後文久二年（一八六二）までに会津藩預り地と代官の直接支配を繰り返した。代官支配は元禄元から宝永二年（一六八八～一七〇五）、正徳二から享保七年（一七一二～二二）、宝暦五から同一三年（一七五五～六三）、天保七から弘化三年（一八三六～四六）の四回にわたっており、代官支配のときには田島陣屋がおかれ支配にあたっていた。

代官支配が繰り返された理由は幕府財政の建て直しの目的と江戸廻米、領内の鉱山開発等にあった。なお、寛永二〇年、保科正之には、越後幕領のうち蒲原郡（津川領）九〇〇〇石が与えられている。元禄二年（一六八九）には河村瑞賢が上田・白峯両銀山を開発している。寛永二〇年（一六四三）には田村郡守山領一万四四〇〇石（のち一万五三〇〇石）も幕領とされ、二本松藩丹羽氏の預り地となっている（延宝六年ま

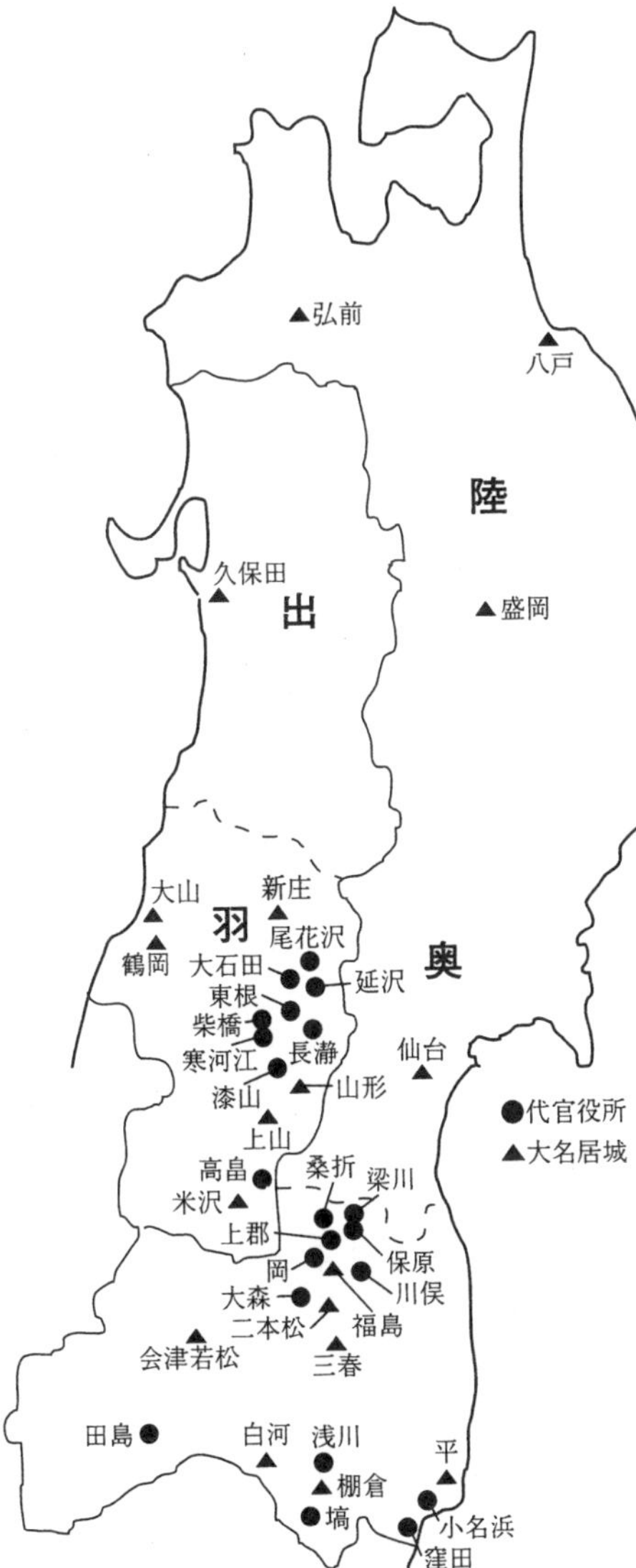

奥羽筋

で）。ついで正保元年（一六四四）には三春藩松下長綱が加藤明成に連座して改易されたため、同領田村郡三万石は幕領となり、代官樋口又兵衛家次と福村長右衛門勝正が支配にあたったが、翌二年に入封した秋田俊季領（五万五〇〇〇石）になっている。正保二年では会津藩松平氏預り地五万一二〇〇石、二本松藩丹羽氏預り地一万四四〇〇石の計六万五六〇〇石と陸奥の幕領は正保期には大名預り地のみであった。

その後慶安二年（一六四九）白河藩では榊原忠次（一四万石）が転出し、かわって本多忠義が一二万石で入封すると、その差二万石が上知、長沼領として幕領となった（元禄一三年まで）。ついで寛文四年（一六六四）には出羽米沢藩上杉氏が半知召上げで一五万石になったとき、同藩領のうち陸奥分の伊達郡と信夫郡の一二万石は上知、幕領とされ、関東郡代の伊奈半左衛門忠克の支配下におかれ、福島に陣屋を設置し配下の下代を派遣して支配にあたった。そして同一一年から延宝二年（一六七四）にかけて代官国領半兵衛重次が両郡の検地をおこない、上杉時代の古検高二四万二〇〇〇石余は一九万八四〇〇石に改められたが、表高は一二万石のままであった。その後延宝七年に、福島に本多忠国が一五万石（実高一九万八四〇〇石）で封ぜられると同領は消滅した。同六年には二本松藩預り地守山領一万五〇〇〇石は出羽漆山代官（岩出藤左衛門信吉）の支配下になったが、元禄一三年（一七〇〇）守山に松平頼元（二万石）が封ぜられると消滅した。天和元年（一六八一）には石川藩本多忠利、浅川藩本多忠晴の各一万石が転出し、両者は上知、幕領となり、桑折代官がおかれ柘植伝兵衛宗正の支配下になった。同三年には福島の本多氏が転出し再び幕領となり、桑折代官柘植宗正が福島陣屋を再置し入ったが、同年梁川に松平義昌が三万石で入封したため、これを幕領から割くとともに代官陣屋を再び桑折へ移している。この段階の桑折代官の支配地は一九万六八〇〇石に及んでいる。貞享元年（一六八四）には、窪田（菊多）藩土方雄隆の改易により同領一万石（実高九〇〇〇石）が上知、幕領となり、桑折代官（拓植宗正）の支配下となり窪田に出張陣屋をおいている。同三年には福島に堀田正仲が一〇万石で入封するとのこりの幕領は一〇万石になった。ついで元禄一一年には桑折代官所の一部七一〇〇石が割かれて上郡代官がおかれ窪田長五郎弘房が任ぜられた。同一三年福島の堀田氏の転出後桑折領は三たび幕領となったが、同年桑折に松平忠尚が二万石で入封したため、半田銀山も含めこれも幕領から割くとともに支配陣屋を岡に移している。さらに同年にはさきの長沼領二万石が松平頼隆にあたえられ常陸府中藩（三万石）の一部となった。

元禄一四、一五年（一七〇一、〇二）頃の陸奥幕領は出羽や関東筋の一部を含め二七万九五〇〇石で、内訳は、

池田新兵衛重富	大森代官	陸奥	一〇万　六〇〇石
依田五兵衛盛照	田島代官	陸奥・(下野)	五万五四〇〇石
平岡十左衛門	岡代官	陸奥・(下野)	五万石
窪田長五郎弘房	上郡代官	陸奥・(出羽・常陸)	七万三五〇〇石

と四人の代官によって支配されている。この段階では会津藩松平氏預り地は田島代官の支配下にあった。

その後元禄一五年には福島に板倉重寛が三万石（陸奥分二万六六〇〇石）で入封すると、その差七万三

四〇〇石が上知され、幕領（岡代官支配地）は一二万石になったため、翌一六年同領のうち小手郷一九カ村二万二一〇〇石を割いて伊達郡川俣陣屋を新設し、代官下島甚右衛門政武の支配下においた。この地域は絹織物の産地であり、経済的にも潤沢であったことも設置の理由であった。おなじく一五年には泉藩は内藤氏（二万石）にかわって板倉重同が一万五〇〇〇石で入封すると、その差五〇〇〇石を上知、幕領とし窪田陣屋支配下においた（合計一万五〇〇〇石）。宝永七年（一七一〇）には、

下島甚右衛門政武	岡代官	九万四六〇〇石
中川吉左衛門直行	川俣代官	二万二二〇〇石
窪田長五郎弘房	上郡代官	七一〇〇石

と三人の代官で一二万三九〇〇石を支配している。享保元年（一七一六）岡代官下島政武が死去すると、その支配地は三分割され、あらたに岡代官となった森山勘四郎実輝と飯島八郎右衛門国政、それに川俣代官の岡田庄大夫俊陳の三代官が支配にあたり、同五年には岡代官長谷川庄五郎忠国、大森代官鈴木平十郎正誠、本内代官山下伊右衛門の三代官が分割支配している。同七年には山下伊右衛門が岡代官になると、本内代官領は廃止され大半が岡代官領に、一部が川俣代官領に移された。大森代官領は同年に川俣代官となった岡田俊陳の支配下になったので、川俣・大森代官領は七万三〇〇〇石になっている。同一三年棚倉藩太田氏が転出すると同領白川郡二万四六〇〇石および菊多郡・磐前郡一万五〇〇〇石、常陸多賀郡一万石の計四万九六〇〇石が上知、幕領とされ、川俣・大森代官岡田俊惟の支配下となり竹貫に陣屋がおかれ

たが、翌一四年には岡代官会田資刑がかわって支配し、のち陣屋を塙に移した（塙代官所）。

中期の享保一四年（一七二九）の幕領は出羽や関東筋の一部を含め二〇万一八〇〇石で、内訳は、

岡田庄大夫俊惟	川俣・大森代官	陸奥	一〇万　四〇〇〇石
会田伊右衛門資刑	岡代官	陸奥・出羽・常陸	七万九四〇〇石（陸奥分四万九六〇〇石）
会津藩預り地（松平正容）		陸奥・下野	五万一八〇〇石

となっている。

享保一五年には前述のように川俣・大森代官支配地で岡田代官の苛政のため百姓一揆が起き、江戸へ越訴に及んだため岡田代官は責任をとらされ転出している。このため川俣・大森代官支配のうち大森代官領を中心に五万三〇〇〇石が二本松藩丹羽氏の預り地とされ（寛保二年まで）、川俣代官領は一万石になり、出羽尾花沢代官小林又左衛門正府の支配下におかれている。しかし同年梁川藩の松平通春（宗春）（三万石）が尾張藩を継承するに及び、同領は上知、幕領とされ川俣代官荒川権六郎直勝の支配下に入り陣屋を梁川に移した。また翌一六年には岡代官領一万石も梁川代官荒川直勝の支配下となり、同代官領は五～六万石にもどっている。同一七年段階の代官支配地は梁川、塙両代官支配地合計一四万四〇〇〇石となっている。寛保二年（一七四二）棚倉藩松平氏に窪田郡で一万石が加増されると塙代官支配地から割かれ、同代官支配地は三万五〇〇〇石となっている。

また二本松藩丹羽氏預り地五万三〇〇〇石が直支配にもどり大森代官支配下に入った。その一方白河に

松平定賢が一一万石で入封すると梁川・川俣代官所より二万五〇〇石が割愛された。延享二年（一七四五）に梁川・川俣代官に竹垣治部右衛門喜道が就任すると、翌年大森代官所の支配地の一部も支配下に入ったため、合計九六カ村、約一〇万石前後を支配し、陣屋を川俣へ移した。川俣は陸奥幕領の中心地となっている。しかし翌四年、平藩では内藤氏（七万石）にかわって井上正経が六万石（実高八万四五〇〇石）で入封すると、陸奥分は城付領三万七〇〇〇石のみとなり川俣代官所から割かれたためのこりは二万二三〇〇石になった。旧平藩ののこり四万七五〇〇石（伊達郡三万七五〇〇石、常陸多賀郡一万石）は上知、幕領とされ小名浜陣屋が設けられその支配下におかれた。しかし同代官は竹垣治部右衛門喜道が兼任し支配陣屋を小名浜に移したため川俣は出張陣屋となった。このため竹垣代官の支配地は七万石（実高新田分含め一〇万石）になっている。小名浜代官所の設置は幕領や磐城各藩における東廻り海運による江戸廻米の積出港としての小名浜の掌握が目的であったと思われる。

大森代官所（出羽長瀞代官柴村藤右衛門盛香兼任）は延享三年五万石を支配していたが、翌年宇都宮藩戸田氏へ一万三〇〇〇石、関宿藩久世氏に八〇〇〇石を分割したためのこりは三万九〇〇〇石になった。その後大森陣屋は寛延二年（一七四九）川俣代官に就いた川田六左衛門貞英の支配下に入ってその出張陣屋となり、この時点の支配高は八万六〇〇〇石になっている。延享四年桑折藩松平氏領（二万石）のうち、半田銀山の産出量が有望となったため、幕府は桑折陣屋も含め半田銀山領一万二四〇〇石を上野邑楽・吾妻・碓氷・緑野四郡と伊豆田方郡内に替地をあたえ上知させ（上野篠塚藩となる）、幕領として佐渡奉行の支配下におき、桑折陣屋で支配した。これはこれまでの幕府の鉱山政策と同様佐渡や石見などの鉱山を連携させて支配するもので、半田銀山も有望になったため佐渡金山の技術を導入して本格的稼動に入るためのものであった。同銀山の延享四年の産出額は、灰吹銀四五一貫、山吹銀一二三貫、筋金一五〇〇匁で以後も盛興であったため、宝暦六年（一七五六）には掘子四万人、掘大工二万二〇〇〇人、人足三〇〇〇人、鍛冶屋二六〇〇人など役人も含めると約七万五〇〇〇人ほどになり、このため飯米も年間で三七万五〇〇〇俵に及んだという（庄司吉之助『半田銀山の請山と直山経営』『上武大学論集』）。同じく寛延二年には桑折代官がおかれ岡代官の神山三郎左衛門由明が就いたため岡代官所は廃止された。同代官支配地は宝暦四年（一七五四）には六万二八〇〇石となっている。同五年会津藩松平氏の預り地南山領が上知、代官支配地となったため、かわりに川俣代官領より梁川領を中心に四万七五〇〇石が同藩の預り地とされた（明和五年まで）。また同六年平藩に安藤氏が五万石で入封すると、城付領のほかに川俣代官支配地のうち梁川領の三万石が割かれた。同年塙代官に渡辺半十郎広が就くと小名浜代官を兼ね、同一二年には小名浜に支配陣屋を移している。これ以後も塙代官はしばしば小名浜代官を兼任することが多かった。同一三年、先の会津藩預り地のうち一万四〇〇〇石が上知され、川俣代官支配にもどった。これは会津藩に南山領を再び預けたからであった。そして明和五年（一七六八）に先の会津藩預り地ののこり三万七一〇〇石が上知されれ川俣代官支配にもどっている（計四万七一〇〇石）。安永五年（一七七六）桑折代官支配地六万二三〇〇石は仙台藩伊達氏の預り地とされ（寛政元年まで）、同陣屋は廃止され同代官山中太郎右衛門幸正は陣屋を大森に移している。その一方、川俣代官は同七年平藩安藤氏領のうち替地で梁川領三万石が上知、川俣代官支配となり計七万五〇〇〇石を支配しているが、川俣代官の天明六年から寛政二年（一七八六～九〇）までは支配陣屋を梁川においていた。寛政元年仙台藩伊達氏の預り地六万二三〇〇石が直支配にもどり再び桑折代官がおかれその支配下に入った。同二年から享和三年（一七九〇～一八〇三）までは平藩安藤氏に先の替地分梁川領三万石が預り地とされ、同四年には福島藩城付領のうち一万石が三河に替地、上知され桑折代官の支配下となり、さらには寛政一三年足守藩木下氏に替地分として二万二三〇〇石を桑折代官所より割いたが、享和四年からは桑折代官支配地にもどり、その支配高は九万六〇〇〇石となっている。なお梁川は出張陣屋となっている。しかし文化元年から同四年（一八〇四～〇七）までは再び梁川領三万石は平藩安藤氏の預り地とされている。同四年には後述のように蝦夷地が上知、幕領とされたため松前氏に桑折領その他で九〇〇〇石を割き、翌五年川俣代官領二万六〇〇〇石が桑折代官支配地に入ったため同代官支配地は九万二〇〇〇石となっている。文化六年（一八〇九）には越後高田藩（榊原氏）の石川、田村、白河、岩瀬四郡にわたる八万石の飛地（石川郡浅川陣屋）が寛政一〇年（一七九八）におきた百姓一揆（浅川騒動）により、このうち五万石が高田周辺に替地されたため、上知、幕領とされ、これも桑折代官支配となっている。寛政四年（一七九二）塙代官に寺西重次郎封元が就き、同領三万石と小名浜代官も兼ねその支配地五万石を合わせ八万石を支配した。ついで文化一一年（一八一四）には桑折代官に移り、同領三万石（半田銀山含む）と塙、小名浜両代官も兼ねたため、さきの八万石を合わせ一一万石を支配した。翌一二年には三領で一四万石に、翌一三年には川俣代官も兼ね（文政四年まで）、同領二万石も合わせ一六万石となり陸奥幕領の大半を支配している。川俣領をのぞく一四万石の郡別内訳は伊達郡一万二八〇〇石、白川郡二万四〇〇〇石、石川郡六〇〇〇石、菊多郡一五〇〇石、磐城郡七七〇〇石、磐前郡一万二七〇〇石、楢葉郡二万五四〇〇石、常陸多賀郡一七〇〇石の合計九万一八〇〇石と、当分預り地伊達郡三万六一〇〇石、磐前郡六八〇〇石、信夫郡六一〇〇石の合計四万九〇〇〇石となっている。

寺西封元は文政元年（一八一八）には桑折代官兼任のまま勘定組頭に昇格し江戸詰となったが、翌二年組頭を辞め再び桑折にもどっている。この間寺西代官は、天明の大飢饉のあとの陸奥農村の荒廃を建て直すために活躍しており、民風改正、農民撫育、間引堕胎の禁止、勘定所公金貸付による育児基金の創設、北陸農民の移住等復興策を実施したほか、半田銀山の再開発などにも力を注ぎ、一定の成果を上げている。同一〇年彼が死去すると子の蔵太元栄が継ぎ、天保二年（一八三一）には足守藩木下氏領一万一一〇〇石も上知され彼の支配下に入り一五万一一〇〇石を支配した。また同年塙代官に添田一郎次彭章が就くと小名浜代官を兼ね、同領三万石と小名浜領二万石の計五万石を支配している。しかし同六年寺西元栄が転出するとその支配地は分割されるとともに陸奥幕領の再編成を促した。さらに天保二年には寛永二〇年以来、たびたび二本松藩丹羽氏の預り地となっていた一万四四〇〇石の幕領が会津若松藩松平氏の預り地となった（元治元年には会津若松藩領となる）。

天保九年（一八三八）では関東筋や越後の一部を含むが三一万五七〇〇石で、その内訳は、

島田帯刀政富	桑折代官	陸奥・(常陸)	八万三八〇〇石(常陸分一万石)
野村彦右衛門正邦	川俣代官	陸奥	八万六二〇〇石
篠田藤四郎隆之	塙代官	陸奥	五万七三〇〇石
会津藩預り地(松平容敬)		陸奥・(下野・越後)	八万八四〇〇石(越後分三万七二〇〇石)

となっており、島田政富は梁川、小名浜代官と文政三年に新設された浅川代官（天保五年就任）も兼ねていた。さらに半田銀山奉行も兼ね同山の増産にも成功している。

この間文政四年（一八二一）蝦夷地を再び松前藩に返還したため、梁川藩松前氏領九〇〇〇石が直支配にもどり梁川陣屋が再びおかれ、浅川代官島田帯刀政美が浅川領五万二二〇〇石と梁川領二万五〇〇〇石を合わせ七万八〇〇〇石を浅川陣屋で支配した。天保元年には一万二六〇〇石が加わり、合計九万石を支配した。その子島田政富は同六年跡を継承し前述のように桑折代官となっている。また川俣代官は

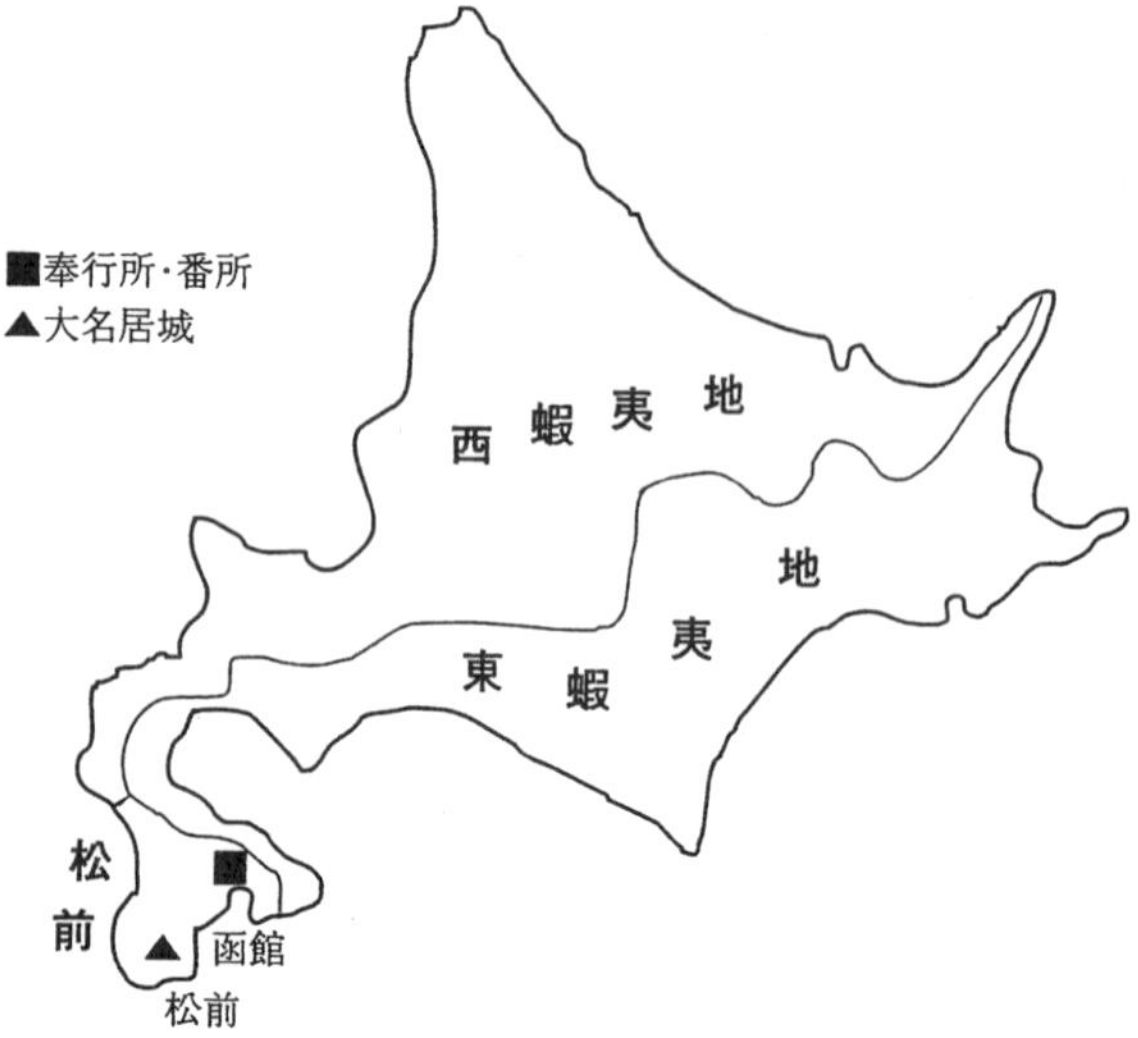

蝦夷地

箱館奉行所

文政五年寺西封元の支配から独立しており天保六年からは梁川代官も兼任している。

嘉永三年（一八五〇）下手渡藩立花氏では所領伊達郡一万石のうち五〇〇〇石が筑後へ替地され上知、川俣代官の支配下に入った。安政二年（一八五五）幕府は再び一部を松前藩にのこし蝦夷地を上知したため、松前藩に替地として松前周辺五四カ村（すべて無高）をのこしたほかは梁川領（二万五〇〇〇石）および出羽東根領（五〇〇〇石）で三万石（実高三万九七六〇石）をあたえ、再び梁川藩が成立したが、梁川領九一二〇石は桑折代官支配下の桑折領より六一二〇石、川俣領から三〇〇〇石が割かれており、梁川代官所は廃止されている。文久元年（一八六一）には平藩安藤氏では所領のうち一万四〇〇〇石が三河へ替地、上知され桑折代官支配下となっているが、翌二年、信正（信睦）は坂下門外の変による負傷、免職と在職中の失政を問われ、先の三河分を中心に二万石を没収、幕領とされている（残三万石）。その後同三年の川俣・小名浜代官森孫三郎政澄の支配高は一五万二〇〇〇石となっている。同二年には会津藩主松平容保が京都守護職に就くとその役料として同藩の預り地南山領の年貢があたえられ、元治元年（一八六四）には同領五万二一〇〇石は会津藩に加増されたため（会津藩二八万石）、幕領南山領は消滅している。慶応二年（一八六六）には白河藩阿部氏が棚倉へ転封となったため、同領一〇万石は上知され二本松藩丹羽氏の預り地となっている。

蝦夷地の幕領化のはじめは寛政一一年（一七九九）ロシア人が千島列島を南下したり、そのほかの外国船の出没のため幕府は国防上から蝦夷地経営の必要性を痛感し、日高の浦河から知床までの太平洋沿岸の地域と国後島などの東蝦夷地を仮上知したことにはじまる。松前藩へはかわりに武蔵久喜に五〇〇〇石をあたえた。その後、享和二年（一八〇二）前述の地域に室蘭や桧山地方を加えた東蝦夷地を永久上知、幕領とし、幕府は箱館奉行をおいて支配させたので、松前藩には先の久喜領にかえて毎年三五〇〇両を幕府から支給することにした。さらに文化四年（一八一七）には、西蝦夷地をふくめ蝦夷地全域を上知、幕領とし、松前藩には代替地として陸奥桑折領のほか常陸、上野の内で合計九〇〇〇石（実高一万八六〇〇石）をあたえたので、松前氏は陸奥伊達郡梁川に陣屋を構え梁川藩となった。これにより幕府は松前（福山）に松前奉行（箱館奉行を改称）をおいてアイヌ民族の懐柔と撫育につとめる一方、エトロフ島を開発し航路を設けて北方の守備を固めたため、太平洋沿岸の東蝦夷地は大いに開けた。しかし蝦夷地幕領は本来支配すべき田畑や農民がほとんどいないため、本州以南のように代官をおいて支配することはなく、松前藩時代同様海岸部の場所（漁場）を中心に奉行所の役人によって支配し、高田屋嘉兵衛や栖原角兵衛などの商人を通して、鮭、鯡、鮑、いりこ、木材、毛皮、巣鷹、砂金など豊富な蝦夷地産物の直捌きに力を入れ幕府財政の収益を図ったが経費ばかりかかり失敗している。この結果、財政負担が増大したこと、ゴローニン釈放以後、海防問題が穏やかになったこと等により、文政四年（一八二一）には蝦夷地全域を松前藩に返還し、先の領地は没収した。その後安政元年（一八五四）には日米和親条約の締結により箱館（のち函館）が開港場となったため、幕府は箱館とその近郊五〜六里四方を上知、幕領とし箱館奉行を再びおいた。しかし同年にロシアが樺太の占領を企てたり、アイヌ民族への虐待の弊害などがでてきたため、翌二年幕府は松前藩には渡島半島南西部、松前周辺五四カ村（すべて無高）だけを残し、乙部以北、木古内以東の全蝦夷地を再び上知、幕領化して全島支配と警備を強化した。とくに西蝦夷地の日本海沿岸の開発に力を注ぎ、同四年には箱館産物会所をおいて蝦夷地産物の流通統制をおこない、生産、流通段階から積極的な掌握を試みている。だが十分に効果を上げえなかった。同六年には津軽藩、南部藩をはじめとする奥羽六藩に蝦夷地を分割支配させて、諸藩による蝦夷地経営と密着した形で幕府の支配をおこない幕末まで大半が幕領として存続した。また元治元年（一八六四）には箱館奉行所を五稜郭に移している。なお松前氏には代替地として陸奥梁川領（二万五〇〇〇石）と出羽東根領（五〇〇〇石）で三万石（実高三万九七六〇石）をあたえ、かつ出羽尾花沢領一万三五〇石を込高として預り地としている。さらに毎年一万八〇〇〇両を支給しており、再び梁川藩が成立した。同じく元治元年には松前崇広が老中になると、乙部から熊石までの八カ村が松前藩にもどされたが、手当金七〇〇両が削減されている。

出羽における幕領は、主として現在の山形県域にあたる羽前に集中して設定されている。近世初期における最初の幕領は元和八年（一六二二）山形藩最上義俊（五七万石）の改易を契機に設定された。すなわち元和八年、旧最上氏領のうち村山郡寒河江領二万石と、同九年羽後由利郡内一五八石余である。寒河江領二万石は山形にあらたに入封した鳥居忠政（二二万石）の預り地となり、由利郡内一五八石余は、おなじく同郡仁賀保藩主となった仁賀保挙誠（一万石）の預り地とされた。その後村山郡では寛永三年（一六二六）に先の寒河江領二万石は鳥居氏領として加増（二四万石）され消滅したが、翌四年上ノ山藩蒲生氏（四万石）にかわって入封した土岐頼行の所領が二万五〇〇〇石であったため、その差一万五〇〇〇石が谷地領として幕領となり、山形藩鳥居氏預り地とされた（寛永一三年まで）。

ついで寛永八年村山郡左沢の酒井直次が無嗣断絶となって同領一万二〇〇〇石は幕領となり、庄内藩酒井氏の預り地とされた。翌九年肥後熊本の加藤忠広が改易され庄内藩にお預けとなったとき、忠広の堪忍分として一時同領のうち一万石が予定されたが、庄内藩の願いにより堪忍分一万石は庄内藩領のうち櫛引郡丸岡周辺を割いてあたえることとなったため、左沢領一万二〇〇〇石はその替地として庄内藩にあたえられこれにより同藩は一四万石となっている。

寛永一三年に山形藩鳥居氏（二四万石）が改易になると、同藩には将軍家光の異母弟保科正之が二〇万石で入封したが、その差四万石が寒河江領二万石と尾花沢領二万石とに分けて幕領とされた。これに先の山形藩預り地谷地領一万五〇〇〇石も直轄支配となり、合計五万五〇〇〇石の幕領が伊豆代官より転任してきた小林十郎左衛門時喬の支配となり、はじめて専任代官のいる延沢陣屋がおかれた。また尾花沢領内には近世初期に隆盛をきわめた延沢銀山があり、小林代官は銀山奉行も兼任し支配の中心となっていた。なお小林時喬は寛永一九年、子で伊豆三島代官である彦五郎重定が私曲により処分されたとき、これに連座して同年六月罷免され、三河長沢代官から転任した松平清左衛門親正がこれにかわった。

さらに同一五年には旗本酒井忠重が断絶し、その所領白岩領八〇〇〇石も幕領とされ小林代官の支配とされたため、その支配高は六万三〇〇〇石となっている。ついで正保元年（一六四四）正月、山形藩保科正之（二〇万石）が会津へ転出し、かわって松平直基が一五万石で入封すると、その差五万石（山辺領、長崎領、蔵増領、楯岡領、大石田領）も幕領となったため、出羽の幕領は後述の由利郡の分も含め合計一一万五〇〇〇石となっている。このため尾花沢、寒河江、白岩、谷地などに出張陣屋がおかれた。

これにたいし羽後由利郡の幕領は寛永五年（一六二八）仁賀保但馬（兵庫家分家）の死去により断絶し、同領七〇〇石が本家の仁賀保良俊（挙誠子、寛永二年弟への分知により七〇〇〇石の旗本となる）の預り地となった。しかし翌八年仁賀保良俊も死去し、嗣子なく断絶したため、この良俊領七〇〇〇石と先の良俊の預り地一五八石余および旧但馬領七〇〇石の合計七八五八石余が庄内藩酒井氏の預り地となった。さらに寛永一一年矢島領主打越光久が死去し断絶したため、矢島領三〇〇〇石も庄内藩預り地となり、同藩の預り地は合計一万八五八石余となった。ついで同一四年、元和八年以来山本郡大沢に配流されていた本多正純が死去したため、その領地一〇〇〇石も幕領となり、これも庄内藩預り地に組み入れられた（合計一万一八五八石余）。同一七年には讃岐高松藩主の生駒高俊（一七万石）が改易され由利郡矢島に一万石をあたえられて配流されたため、庄内藩預り地から由利郡九〇〇〇石と山本郡一〇〇〇石を割いている。このため庄内藩預り地は由利郡一八五八石余のみとなった。

正保四年（一六四七）の出羽幕領は一一万四九〇〇石であり（出羽国正保郷帳）、その内訳は、

松平清左衛門親正　延沢代官　一一万三一〇〇石
庄内藩預り地（酒井忠義）　一八〇〇石

となっている。

その後承応二年（一六五三）丸岡領の加藤忠広が死去すると同領一万石は上知され、庄内藩預り地に加えられている（元禄元年まで）。また寛文四年（一六六四）米沢藩上杉氏三〇万石が半知召上げとなり、出羽では置賜郡屋代郷三万石が上知、幕領とされたが、これは米沢藩の預り地（高畠陣屋）とされている（元禄二年まで）。さらに同八年には大山藩酒井忠解が無嗣断絶し同領一万石が上知、翌年幕領とされた（寒河江代官所支配）。また慶安元年（一六四八）山形藩に奥平氏が九万石で入封すると、前領主との差額のうち漆山領三万石が上知、幕領とされ、漆山代官所がおかれて佐野平兵衛正勝が任ぜられた。これにより幕領は一四万三〇〇〇石になった。寛文一一年（一六七一）には尾花沢領および大山領支配のため延沢陣屋及び延沢銀山支配所（銀山新畑）を廃止し、陣屋を長瀞に移しており長瀞代官所が成立した。また同年から

延宝四年（一六七六）にかけて代官松平清兵衛親茂と佐野正勝が幕領検地をおこなって、一万二〇〇〇石を増していたため一五万石に達している。

天和二年（一六八二）には新封の村山藩本多利長に一万石を、貞享二年（一六八五）には山形藩堀田正仲に一万石をおのおの割愛したため一三万石になったが、同四年に長瀞代官所より三万五〇〇〇石を割き寒河江代官所がおかれ、太田半左衛門好重が任ぜられた。これにより長瀞代官松平清三郎親安の支配地は八万石になった。またこれにより出羽には長瀞、漆山、寒河江の三代官所が成立した。

元禄二年（一六八九）には、米沢藩上杉氏預り地の屋代郷三万石が代官小林儀助正明の直支配下になり、糠野目（のち高畠）に陣屋がおかれた。これ以後代官支配は寛保三年（一七四三）まで継続し、同年より再び米沢藩預り地になったが、明和四年（一七六七）、織田信浮が高畠藩二万石で立藩すると、これに四六〇〇石が割かれ、陣屋も亀岡に移った。安永二年から寛政二年（一七七三〜九〇）まで再び代官支配下におかれたが、以後は米沢藩の預り地としてつづき、慶応二年（一八六六）米沢藩上杉氏に屋代郷三万七〇〇〇石を加増したため同藩は一八万石になっている。おなじく由利郡二一〇〇石（新田分を含む）と丸岡領（一万石）は元禄二年に庄内藩酒井氏預り地から高畠代官小林正明の支配になり、のち寒河江代官小野朝之丞高保の支配、同六年からは長瀞代官に移った小野の支配下であり、同六年に大山に出張陣屋がおかれ大山領とともに支配された。この小野の支配高は九万石に及んだ。このうち由利郡二一〇〇石は天保二年（一八三一）にこのなかから一八〇〇石を秋田藩佐竹氏へ割いたためのこりは四六〇石になっている。

ついで元禄七年には、諸星内蔵助同政が出羽幕領全体支配の責任者として長瀞代官に就任すると三代官所は長瀞で一括支配することになり、漆山、寒河江両代官所は出張陣屋（この他にも尾花沢、延沢、白岩、楯岡などの出張陣屋がある）となったが、同一五年に漆山代官所が復活し、さらに正徳四年（一七一四）に諸星同政が罷免されると寒河江代官所も復活し、再び三代官所体制となった。この間、同一二年には村山藩（本多氏）が転出し同領一万石は上知、幕領となり長瀞代官の支配下におかれている。

元禄一四、一五年（一七〇一、〇二）ごろの出羽幕領は武蔵を含むが一七万五六〇〇石で、その内訳は、

諸星内蔵助同政	長瀞代官	出羽・（武蔵）	一二万五六〇〇石
杉山久助信行	漆山代官	出羽	五万石

と二人の専任代官が支配し、このほかに陸奥上郡代官の窪田長五郎弘房が出羽の一部を支配している。

中期以降もこのような幕領の変化があるが、それは主として山形藩の石高の変化に対応して変化しているのである。

享保一四年（一七二九）の幕領は二一万六一〇〇石であり、その内訳は、

森山勘四郎実輝	尾花沢代官	出羽	六万　八〇〇石
小林又左衛門正府	漆山代官	出羽	六万　五〇〇石
長谷川庄五郎忠国 小宮山杢之進昌世	寒河江代官	当分預り地	六万五〇〇〇石

の四人の専任代官が支配し、このほかに陸奥塙代官会田伊右衛門資刑の出羽支配分二万九八〇〇石がある。その後、代官所支配地の再編成があり、元文五年（一七四〇）には尾花沢代官は出羽幕領のうち一〇万石を支配した。寛保二年（一七四二）には白河藩松平氏の転出により飛地の東根領が上知、幕領とされる一方、村山郡および屋代郷の五万一八〇〇石が米沢藩の預り地とされているが、宝暦三年（一七五三）には山村山郡預り地のうち漆山領一万五〇〇〇石が越後岩船郡に替地されている。延享元年（一七四四）には山形藩堀田氏が大坂城代になり、所領のうち四万石が畿内へ替地され上知、さらに明和元年（一七六四）山形藩松平氏の転出後、後任がなく城付分四万一〇〇〇石が上知されるなど、大名領の減少により幕領は同年に二三万二〇〇〇石になっている。この上知分のなかには最上川舟運の重要港で米や紅花の集散地でもある大石田河岸や船町河岸が含まれている。この背景には幕府財政の逼迫により経済的拠点を幕領に組み込みその利潤を得る目的があった。

しかしこれ以降は新規大名領や飛地の設定により、村山郡の幕領を中心に徐々に減少していく。すなわち明和四年（一七六七）に山形藩にあらたに秋元凉朝が入封し六万石（村山分三万五〇〇〇石）、同年屋代郷の高畠に前述のように織田信浮が入り二万石（村山分一万二〇〇〇石）、寛政二年（一七九〇）土浦藩土屋氏の飛地として一万二〇〇〇石（村山）、同一〇年長瀞に米津通政が一万一〇〇〇石で入封（村山分六〇〇〇石）、文政六年（一八二三）には白河藩阿部氏の飛地として山辺領二万七〇〇〇石がおのおの幕領から割かれたため、文政六年では幕領は一四万四〇〇〇石になっている。この間寛延二年（一七四九）長瀞代官所は庄内大山に移り、さらに宝暦一〇年（一七六〇）には柴橋に移っている。また同年には漆山代官所が廃止され、長瀞代官所の出張陣屋になり、同一三年には寒河江代官所も廃止され柴橋代官所の出張陣屋になっているが、天明三年までには寒河江代官所は復活しており、以後両代官所は並立している。そして明和七年（一七七〇）には漆山領一万五〇〇〇石は米沢藩上杉氏の預り地になり、漆山陣屋で支配にあたっている。さらに安永五年（一七七六）楯岡・大石田等柴橋代官所支配のうち一万石が米沢藩上杉氏預り地となっている。

天明三年（一七八三）の幕領は一九万七二〇〇石で、その内訳は、

野田松三郎政晟	柴橋代官	七万　二〇〇石
力石荻之進武福	寒河江代官	五万九〇〇〇石
早川八郎左衛門正紀	尾花沢代官	五万　二〇〇〇石
米沢藩預り地（上杉治憲）	漆山領	一万七八〇〇石

と三代官と一大名預り地となっている。なお屋代郷はこの時期三万六六〇〇石のうち四六〇〇石が明和四年（一七六七）以来高畠藩織田氏領に割かれており、のこり三万二〇〇〇石は柴橋代官所支配下にあった。この代官所の支配下には幕府の有望銅山である幸生銅山があった。だがのち同領は米沢藩預り地になった。

このような変化をうけて天保九年（一八三八）では幕領は一四万八〇〇〇石で、その内訳は、

大貫次右衛門光証	尾花沢代官	七万八〇〇〇石

添田一郎次彭章　　柴橋代官　　七万石
米沢藩預り地（上杉斉定）　　五万五四〇〇石（越後含）
庄内藩預り地（酒井忠器）　　二万七二〇〇石

と二代官と二大名預り地となっている。

ついで同一三年には天保改革の一環として庄内（鶴岡）藩預り地の由利・庄内幕領が上知、尾花沢代官大貫光証の当分預り地とされた。しかし長年庄内藩の支配に慣れていた領民が反対する大山騒動（三方領知替）がおき、かつ天保改革が挫折したこともあり、同一五年に再び庄内藩預り地にもどっている。

天保一三年（一八四二）の幕領は一五万三一〇〇石であり、その内訳は、

大貫次右衛門光証（七万八一〇〇石）
　尾花沢代官　　三万四八〇〇石
　東根代官　　四万三三〇〇石
添田一郎次彭章（六万五七〇〇石）
　柴橋代官　　四万二四〇〇石
　寒河江代官　　二万三三〇〇石
米沢藩預り地（上杉斉憲）　　漆山領　　九三〇〇石

と庄内藩預り地が消滅しているほか、米沢藩預り地も天保九年にくらべ大きく減少している。しかし同一五年に由利・庄内幕領は再び庄内藩預り地に戻り、のちに屋代郷も米沢藩預り地に戻っている。

これ以後の動向をみると、弘化二年（一八四五）山形藩で秋元氏にかわって水野氏が五万石で入封した

が、このとき漆山領四万六〇〇〇石余が館林藩秋元氏の飛地になったため、先の米沢藩預り地も消滅している。また翌三年白河藩阿部氏の出羽の所領一万八四〇〇石が遠江、播磨、信濃等に替地され上知、幕領となっている。さらに嘉永元年（一八四八）天童藩織田氏の高畠領四六〇〇石が上知され、村山郡内と交換されたため、米沢藩上杉氏の預り地になっている。安政二年（一八五五）には、先に述べた蝦夷地が第二次幕領となったため、松前藩松前氏には三万石（実高三万九七六〇石）があたえられた（梁川藩）。

その内訳は東根領のうちから五〇〇〇石が割かれ、のこる二万五〇〇〇石分は陸奥伊達郡梁川領から割かれ、さらに尾花沢領のうちから二四カ村、一万九三〇〇石余が松前藩の預り地とされ、その支配に委ね同藩に経済的余裕をあたえている。元治元年（一八六四）江戸市中警固の功労により庄内藩酒井氏の預り地二万七〇〇〇石（大山領、余目領、由利領）が同藩に加増され、同藩は一七万石格となった。また慶応二年（一八六六）には米沢藩上杉氏預り地に戻っていた屋代郷三万石が米沢藩に加増され、同藩は一八万石になっている。同じく慶応二年には大規模な百姓一揆の襲来に備えて、柴崎、寒河江両代官所は統合され、陣屋は寒河江の長岡山におかれて長岡陣屋となった。

以上のように出羽幕領の代官所のうち幕末までつづいたのは尾花沢、柴橋、寒河江の三代官所である。このほか出張陣屋としては東根、宮崎がある。これら出羽代官のなかで顕著な足跡をのこしたものに寒河江・柴橋代官の池田仙九郎但季がおり、彼の文化七年から天保五年（一八一〇〜三四）迄の在任中、凶作時に年貢減免をしたり、養蚕を奨励するなど民政と農村復興にあたっている。また安政五年から文久二年

（一八五八〜六二）にかけて柴橋代官であった儒者出身の林鶴梁は、幸生銅山の増産に成功するなど民政以外でも活動している。

第二章　関東筋の幕府領

関東筋の幕領は武蔵、相模、下総、上総、安房、常陸、下野、上野の八カ国に存在したが、近世初期においては必ずしもこの八カ国とは決まっておらず、順次固まっていったものと思われる。また幕領も同様に順次設定されていったのである。

すなわち天正一八年（一五九〇）徳川家康が旧領五カ国から関東に移封されたときの徳川領国は武蔵、相模、下総、上総、上野（ただし北部の吾妻郡は沼田真田氏領のためのぞく）、下野（ただし南部の足利、梁田両郡と都賀郡榎本領など）の六カ国に伊豆を含めた七カ国であり、七カ国合計の石高は二四〇万石といわれた。このほかに近江で九万石、伊勢、遠江の一部に一万石の合計一〇万石が豊臣秀吉より在京賄料としてあたえられており、徳川氏の石高総計は二五〇万石であった。関ケ原後慶長七年（一六〇二）佐竹氏領であった常陸を同氏の転出により、同一九年には里見氏領であった安房を同氏の改易によりおのおの徳川領国としている。その後伊豆を海道筋に入れここに関東筋八カ国が成立した。

また関東は江戸幕府の政治的、経済的基盤であり、天正一八年の徳川氏入封以降幕府初期においては一〇〇万石といわれる幕領が設定された。これらは関東各地に設定され、代官頭およびその配下の手代代官や下代等によって支配されていた。この状況は関ケ原後においても同様と思われる。彼ら代官頭や代官による支配は各地に配置された陣屋を中心におこなわれた。この初期における陣屋支配の動向をみると、まず代官頭である伊奈備前守忠次、大久保石見守長安、彦坂小刑部元正、長谷川七左衛門長綱らの合議制による支配を中心におこなわれる一方、彼らの配下の手代代官や下代によって支配されている。伊奈忠次は武蔵足立郡小室陣屋を中心に武蔵の足立、葛飾、埼玉、秩父、橘樹、久良岐郡、下総の葛飾郡などを支配し、とくに足立、葛飾、埼玉郡におよぶ荒川、利根川、江戸川、庄内古川、綾瀬川などの氾濫原の新田開発により幕領を増大させている。大久保長安は武蔵多摩郡八王子陣屋を中心に武蔵多摩、入間、新座郡、上野緑野、甘楽郡や桐生領などを支配している。彦坂元正は相模鎌倉郡岡津陣屋を中心に鎌倉代官も兼ね、鎌倉、高座、淘綾郡、伊豆などを支配した。長谷川長綱は相模三浦郡浦賀陣屋を中心に主として同郡および武蔵橘樹、久良岐郡など多摩川以南の地域の一部を支配した。また彼らは分担して関東領国の総検地を行い、生産力と生産農民の掌握、さらに戦乱により荒廃した農村の復興や新田開発にあたっている。

これら代官頭の陣屋を含め初期においては少くとも武蔵では三四カ所、相模では一三カ所の代官陣屋が確認できる。これらの陣屋のうち主なものをあげてみると、武蔵では多摩郡八王子陣屋に大久保長安配下の手代代官高室四郎左衛門昌重、糸原勘兵衛正安、福村長右衛門政直、近山与左衛門久次、近山五兵衛安俊、設楽長兵衛能業、窪田源五郎正成、下島市兵衛政真、岡登甚右衛門景親、深谷忠兵衛盛吉、竹本権右

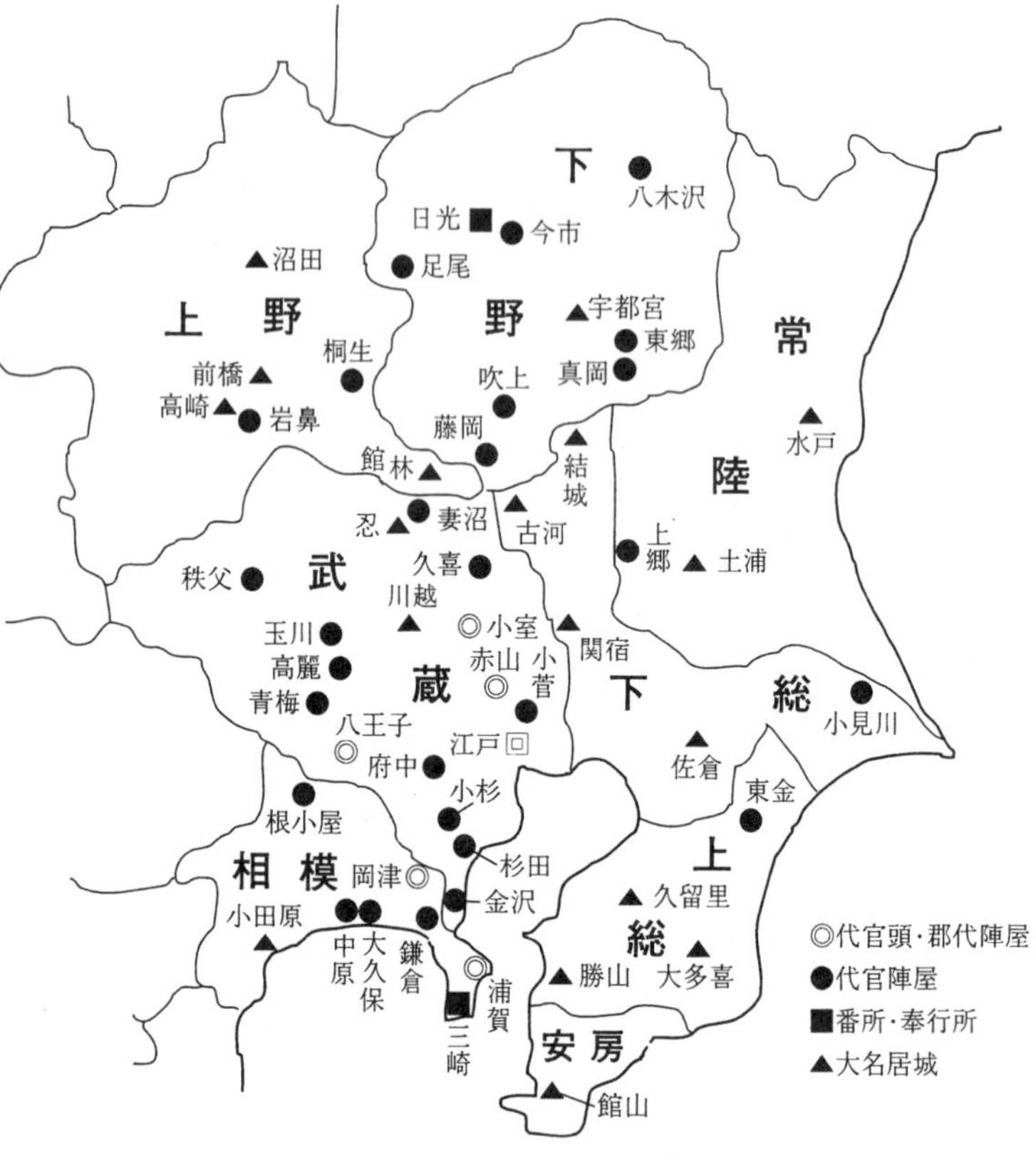

関東筋

衛門光成、雨宮勘兵衛忠能、諸星民部右衛門政次、小宮山喜左衛門宣重、今井九右衛門昌吉、中川弥五兵衛勝定、市川孫右衛門定吉、青柳内匠信正、大柴清兵衛昌能、平岡次郎右衛門和由らいわゆる「十八代官」といわれる武田旧臣系代官や後北条旧臣系代官が集中しており、大久保長安の支配地を分割して支配にあたっていたが、元禄から宝永年間までにはすべて江戸へ引き揚げ廃止されている。おなじく青梅（多摩郡）の森下や高麗本郷や栗坪村（高麗郡）にも大久保長安配下の大野善八郎や鈴木孫右衛門らの陣屋があった。また府中郷（多摩郡）にも高林市左衛門吉利の陣屋があり、のちに守屋左大夫行広や野村彦大夫為重が入り、津久井郡等も支配した。御所村（横見郡）には中川弥五兵衛勝定の陣屋があり、同家は天和二年（一六八二）のころ断絶したので廃止された。玉川郷（比企郡）にも文禄三年（一五九四）以来陣屋がおかれ、大久保長安配下の平岡帯刀良知、風祭才兵衛らが支配にあたり関ケ原以後は中川勝定らが支配したが、元和二年（一六一六）以降諸星藤兵衛盛次は男衾、秩父、入間郡にわたる五〇カ村を支配した。内宿村（男衾郡）には伊奈忠次配下で家老格の代官大河内金兵衛秀綱・久綱父子の陣屋があり、延宝元年（一六七三）白岩村へ移したという。妻沼村（幡羅郡）にはおなじく大河内久綱の陣屋があり、寛永一五年（一六三八）に廃止されたという。杉田村（久良岐郡）には後北条旧臣系代官の間宮新左衛門常信・直元父子の陣屋がおかれ、本牧領や杉田領など六六八〇石の代官を勤めている。金沢村（同郡）には長谷川長綱配下の八木次郎右衛門重朋の陣屋があった。小杉村（橘樹郡）にはおなじく長谷川長綱配下の小泉次大夫吉次の陣屋があった。この陣屋は吉次が慶長二年（一五九七）稲毛・川崎二カ領用水の開削にあたったときにおかれ、同用水が完成すると下袋陣屋（荏原郡）に移り、寛永六年（一六二九）子の次大夫吉綱が一時知行を没収されたとき廃止されたようである。小机村（都筑郡）には神谷弥五助重勝の陣屋がおかれ、幕領小机領の支配にあたった。土屋村（足立郡）には伊奈忠次支配下の永田市大夫可清・八兵衛可次父子の陣屋が、大川戸村（葛飾郡）にはおなじく忠次配下の杉浦五郎右衛門定政の陣屋があり、おなじく小菅村には伊奈半十郎忠治の陣屋および御蔵がおかれたが、これらは伊奈氏の新田開発の拠点となったところである。

相模では中原宿（大住郡）には伊奈備前守忠次配下の坪井次右衛門長勝、成瀬五左衛門重能、中川勘助安孫、興津甚左衛門良信、大谷清兵衛定次、有谷善三郎らの陣屋があり、元禄一〇年（一六九七）代には廃止された。ここは中原街道沿いにあり東海道にも近く、交通の要衝であると同時に関東南部幕領の統括陣屋でもあった。藤沢宿（高座郡）の大久保町にも深津八九郎貞久の陣屋があり、以後米倉助右衛門永時、依田肥前守信政、服部惣左衛門直次らが支配にあたったが、貞享年間（一六八四〜八七）小長谷勘左衛門正綱のときに廃止されたという。熊坂村（愛甲郡）には鈴木喜左衛門の陣屋があった。彼は慶安から寛文年間（一六四八〜七二）の代官でここに陣屋をおいたが、元禄年中に廃止されたという。根古屋村（津久井郡）には後北条旧臣系代官守屋左大夫行昌の陣屋があり、以後武蔵府中陣屋の出張陣屋として、子の行広、行吉、野村彦大夫為勝とつづき寛文四年（一六六四）野村彦大夫為利のときに廃止されたという。津久井郡の幕領はほぼ一郡全部が幕領でおよそ五〇〇〇石ほどである。二宮村（淘綾郡）には万年七郎左衛門高頼の陣屋があり、ここも東海街道沿いにあった。

上野では慶長六年（一六〇一）に大久保石見守長安配下の大野八右衛門尊吉が桐生新町の町立てを行い陣屋をおき、山田郡と勢多郡にまたがる桐生領五四カ村、永高二三五一貫文余、石高換算で一万一七〇〇石余、（一貫文＝五石）を支配した。また緑野郡高山領、山中領、甘楽郡南牧・西牧地方も幕領で、ここは伊奈忠次支配の武蔵秩父郡の大宮陣屋で支配され、配下の成瀬権左衛門、のちに大河内金兵衛久綱が支配にあたった。

下野では真岡（芳賀郡）に慶長八年陣屋がおかれ、大河内金兵衛秀綱配下の片倉九郎兵衛と福岡善助の両下代が支配にあたったが、同一〇年、真壁藩浅野長重（五万石）の領知にあたえられ消滅した。

下総では幕領が多くあった香取郡では小見川陣屋に吉田佐太郎（支配高五〇〇〇石）、笹川陣屋に清彦三郎、府馬陣屋に三宅辰之助等の陣屋が集中していた。この小見川陣屋では利根川の水郷地帯、十六島の開発にもあたっている。また結城陣屋は慶長六年（一六〇一）結城領主結城秀康が越前へ転出し、さらに結城領に北接する常陸下妻の多賀谷氏も転出したため、これらはすべて上知、幕領とされ、結城陣屋がおかれ伊奈備前守忠次の支配下におかれて配下の大河内秀綱・久綱が支配にあたった。

上総では東金（山辺郡）に陣屋がおかれ、後北条氏旧臣の酒井氏領を中心に支配にあたり、清彦三郎、島田次兵衛重次、高室金兵衛昌成、野村彦大夫為重らが順次入った。野村為重は寛永二年から同一八年（一六二五～四一）まで代官であったが、この間東金領と下総千葉領七〇〇〇石を支配していた。寛文一一年（一六七一）鷹狩用の東金御殿が取壊されているので、陣屋もこのとき廃止されたものと思われる。

以上のように時期はずれているが多くの陣屋が設定されて幕領の支配にあたっている。とくに代官頭が相ついで死去ないし失脚した慶長一〇年代には、彼らの配下にいた手代代官や下代等のなかから代官として独立していく者が多くでている。

この代官頭は初期の幕府成立期には幕領支配の全権を握り、合議制により統括支配にあたった。とくに慶長一二年（一六〇七）以後江戸と駿府の二元政治下では、伊奈備前守忠次は将軍徳川秀忠の江戸政権下で関東および東海地方の幕領を支配するとともに、単なる代官頭の地位を脱却し江戸政権の年寄衆に近い立場になっている。大久保石見守長安は大御所徳川家康の駿府政権下で江戸政権の支配地以外の鉱山や山林などを含む幕領を支配するとともに、彼もまた単なる代官頭の地位を脱却し、駿府政権の年寄衆の地位について幕政全般の諸政策に関与しているのである。

しかし幕府政治の確立にともない強力な権限をもった代官頭の存在は足かせになっていき、長谷川七左衛門長綱（慶長九年）、彦坂小刑部元正（同一一年）、伊奈備前守忠次（同一五年）、大久保石見守長安（同一八年）と順次断絶したり、改易されたり、さらには権限の縮小などによって代官頭は消滅していった。それにより彼らの配下にいた手代代官や下代たちが前述のように独立し慶長末年以降の幕領支配にあたるが、そのなかでも伊奈忠次の次子伊奈半十郎忠治は代官頭伊奈忠次の地方支配の権限を継承し、関東郡代としてとくに寛永一九年（一六四二）以降、その子孫が継承し関東および海道筋の代官の統括者の地位に立ち、関東の幕領支配の中心となっていた。

関ケ原後の関東筋の武蔵、相模、下野、上野、下総、上総、常陸、安房の八カ国の幕領の展開をみると、まず**武蔵**では天正一八年の徳川氏の入封以来、葛飾、足立、埼玉の東部三郡は伊奈氏によって新田開発が進み幕領が増大していった。このうち埼玉郡忍領は慶長五年（一六〇〇）忍城主松平忠吉が転出したあと、同領一〇万石は上知、幕領とされた。忍城には番城がおかれ、地方は伊奈忠次のほか大河内金兵衛久綱、深津八九郎貞久らの代官が支配にあたり、寛永一〇年（一六三三）までの延べ三二年間（ただし途中寛永三年から四年までは酒井忠勝が入封）つづき、同年松平信綱が三万石で入封し消滅している。番城にははじめ上野吉井藩主菅沼定利が任ぜられ地方支配は伊奈忠次がおこなった。その後高木広正・広綱が番城となり、地方は大河内久綱を中心に深津貞久、天野彦右衛門忠重、小栗庄右衛門正勝、豊島十左衛門勝直、服部惣左衛門直次、肥田与左衛門正勝、彦坂平九郎吉成ら多くの代官による立合代官支配が行われた。この間慶長一七年（一六一二）には大河内と深津の二人は駿府の家康の下に行き「令問当年関東畠之事、忍代官衆上御年貢米金数千両、松平右衛門奉之」（当代記）と関東の豊凶の状況を家康に報告するとともに、忍領の年貢代金数千両を駿府勘定頭の松平正綱に納めている。このほか羽生領は慶長一九年羽生領主大久保忠隣（小田原藩主）が改易されると同領は上知、幕領となり、翌元和元年から忍領代官の大河内久綱の支配下になった。この支配には彼の配下の代官小泉次大夫吉綱、曽根与五左衛門吉重、南条金左衛門則門らが相代官支配であたり、同領は忍領支配の一環とされ寛永一〇年忍領とともに松平信綱領となった。多摩郡の山之根筋とよばれる山間部は入封以来、青梅森下陣屋を中心に慶長一八年から寛永元年（一六一三〜二四）ごろまでは乙幡勘次郎重義や秋山国之介らが支配したほか、鉢形領も入封以来成瀬吉右衛門正一や日下部兵右衛門定好らが支配したが、寛永の地方直しにより旗本領に割愛され減少している。

橘樹郡小杉陣屋による長谷川七左衛門長綱配下の小泉次大夫吉次は慶長二年より多摩川流域に稲毛・川崎二カ領用水および六郷用水などを開削し、新田開発を進めつつ同郡の神奈川・稲毛・川崎・六郷・子安・

小机の六領五万石余を支配している。とくにこれらの領の年貢勘定証文は寛永元年七月秀忠より出されており、それによれば（貞享家譜）、

一武蔵国神奈川・稲毛・川崎領、従慶長十巳年元和八戌年迄十八ケ年分之事

一同国六郷・子安・従慶長十三申年元和八戌年迄十五年分事

一同国小机領、従慶長十八丑年元和八戌年迄十五（マヽ）ケ年分事

一所々上給

と前述六領について領別に年貢勘定を行っているが、慶長一〇年（一六〇五）から順次吉次の支配に入ったことがわかる。これらの六領と上給分で五万石余の幕領を支配していたものであろう。さらに元和六年（一六二〇）吉次を継いだ次大夫吉勝は子安領をのぞく六郷・稲毛・川崎・神奈川・小机の五領を支配している。しかし寛永六年（一六二九）吉勝が死去すると、その子吉綱は死後の養子願いということで知行を没収され、代官職も継げなかったためさきの支配地も没収されたものと思われる。

正保・慶安年間（一六四四〜五一）では武蔵の幕領は四八万四八〇〇石（武蔵田園簿）で、その内訳は表1にみるように、関東郡代の初代伊奈半十郎忠治の二七万七一〇〇石を筆頭に二〇人の代官と五三石を支配した樽、奈良屋、喜多村の三人の江戸総町年寄によって支配されている。樽ら総町年寄は神田・玉川両上水を支配するとともに、その沿道の関口、小日向、金杉の村々を支配する代官でもあった。また伊奈忠治の支配地は武蔵のほかにも下総や相模にもあったので、それらを含めると最低三〇万石ほどはあった

と思われる。しかもその支配地の中心は前述のように武蔵では葛飾、足立、埼玉の三郡であり、近世後期まで足立郡赤山陣屋を中心に葛飾郡小菅出張陣屋などにより支配にあたっていた。このほか後述するように、野村為重も相模で約六八〇〇石を（合計三万三九〇〇石）、成瀬重治も相模で四万石を（同四万一六五石）、八木重糸も下野で九五〇〇石を（同一万五〇〇〇石）、諸星政長も下野で八五〇石を（同五七五〇石）おのおの支配している。

相模では関ヶ原以降も大名領は足柄上郡と下郡を領有する小田原藩（大久保忠隣、六万五〇〇〇石）のみで、ほかは旗本領と幕領であった。とくに幕領は入封以来鎌倉郡岡津に陣屋をおき、鎌倉代官も兼ねた代官頭彦坂小刑部元正がおり、相模中部の幕領を支配したが、慶長一一年（一六〇六）彦坂失脚後は鎌倉

表1　武蔵支配高（正保）

代　　官	支配高
	石
伊奈半十郎忠治	277,100
小泉次大夫吉綱	18,000
野村彦大夫為重	27,100
南条金左衛門則門	21,800
曽根与五左衛門吉重	21,600
高室喜三郎昌成	31,300
熊沢彦兵衛忠徳	11,000
今井八郎左衛門忠昌	20,700
間宮権三郎正信	7,000
岡登甚右衛門景親	6,700
福村長右衛門政直	6,400
八木次郎右衛門重糸	5,500
設楽権兵衛能真	5,100
諸星庄兵衛政長	4,900
天羽七右衛門景安	4,800
松木市左衛門勝成	3,700
近山与左衛門永嘉	18,500
成瀬五左衛門重治	165
天野彦八郎忠詣	32
窪田喜左衛門正次 深谷喜右衛門吉政	10,000
松木勝成 小泉吉綱	36
樽藤左衛門元次 奈良屋市右衛門 喜多村彦右衛門	53
	484,886

代官には米倉助右衛門永時が就き寛永元年（一六二四）まで勤めている。その後東部では高座郡藤沢の大久保陣屋を中心に深津貞久、米倉永時、依田肥前守信政、服部惣左衛門直次、小長谷勘左衛門正綱らが順次支配にあたった。また中部では入封以来おかれていた大住郡の中原陣屋が支配の中心になり、坪井次右衛門良重、成瀬五左衛門重治以下多くの代官による立合代官支配が行われた。三浦郡は入封以来の代官頭長谷川七左衛門長綱が慶長九年に死去すると、その支配地は中原代官の支配下に入った。津久井郡は根小屋陣屋で守屋左大夫行広・行吉父子があたり、同二一年よりは野村彦大夫為重が支配にあたっている。これらの幕領はその後寛永の地方直しにより旗本領に割かれたりして減少している。

小田原藩は慶長一九年（一六一四）大久保忠隣が改易されると同領は上知、幕領となった。小田原城は忍城同様番城となり牧野正成ら大名があたり、小田原町奉行には三島代官の揖斐与右衛門政景、小林十郎左衛門時喬らがあたり、地方支配には中原代官の中川勘助安孫や武蔵金沢代官の八木次郎右衛門重朋らが兼任してあたった。彼らは「小田原代官」とよばれ慶長一九年から寛永九年（一六三二）まで、延べ一五年間つづいた（ただし元和五年から九年まで阿部正次が入封）。これらの代官は小田原町政、伝馬制度の整備や農政のほか、箱根、根府川、仙石原などの関所支配、さらに足柄下郡や伊豆の一部で新田開発をおこない検地を実施している。寛永九年小田原に稲葉正勝が入封すると同領はすべて組み込まれた。

正保期の推定幕領は六万六〇〇〇石ほどであり、同期の相模一国高二二万六〇〇〇石の約三〇パーセントを占めている。その中心は中原代官で、このうち成瀬重治の正保三年の支配地は一万六〇〇〇石であり、もう一人の代官坪井次右衛門良重や津久井郡および高座郡の代官野村為重らの支配地は、推定で坪井が約一万二五〇〇石、野村が約七一〇〇石、成瀬の支配地はさらに高座郡と三浦郡で約二万九〇〇〇石あり、これに成瀬と坪井の立合代官支配地が約三一〇〇石、三崎奉行支配地約一四〇〇石、走水奉行支配地約一九〇〇石がある。(三浦郡の高は延宝四年高)。中原代官は初期には多数の代官がいたが、寛永一三年(一六三六)以降は成瀬、坪井両氏による相代官支配になっている。

寛文年間では、中央部の大住、淘綾、愛甲の三郡では中原代官の坪井良重が一万五〇〇〇石、成瀬五左衛門長俊が八六〇〇石、父の重治が三二〇〇石を支配している。もちろん彼らの支配地はこれだけではないが、正保以降も旗本領の増加により幕領が減少したため、中原代官の支配地も減少したものと思われる。津久井郡は寛文四年から天和三年(一六六四〜八三)までは関宿藩久世氏の領地となっているが、同年以降は再び幕領にもどっている。また初期に比較的幕領が多かった三浦郡や鎌倉郡、高座郡にも大名領や寛永地方直しによる旗本領が多く設定され幕領は減少しており、この段階には津久井郡をのぞき相模幕領はほぼ中原代官の支配下に入り、成瀬、坪井の両氏による立合代官支配となっているが、坪井次右衛門良次は元禄二年(一六八九)に逼塞、成瀬市郎左衛門も同一六年改易され、彼らにかわって平岡三郎右衛門尚宣が中原代官となったが、まもなく陣屋は廃止され、江戸へ引き揚げている。

下野における幕領は、南部の足利、梁田両郡は天正一八年(一五九〇)の徳川氏の関東入封以来徳川領国で、主として館林の榊原康政領(一〇万石)であった。また都賀郡榎本領二四カ村、一万五五四八石余も徳川領国であった。慶長五年（一六〇〇）の関ケ原合戦後は下野中央部において大名の再編成がなされ、譜代大名が送り込まれて徳川領国化が進んでいる。すなわち宇都宮には蒲生秀行（一八万石）の転出後、奥平家昌（一〇万石）を封じ下野支配の要とする一方、板橋には松平一生（一万石）を封じている。しかし下野北部の太田原（太田原氏）、黒羽（大関氏）、那須（那須氏）、烏山（成田氏）および西部の佐野（佐野氏）の各氏は従来のままであった。この間にあって幕領も設定されていった。まず結城の結城氏を越前へ転出させるとその領地一〇万石（下野と下総の北部）をすべて幕領とし、さらに山川の山川朝信（二万石）を除封して幕領とし、これらを代官頭伊奈備前守忠次が結城に陣屋を構え支配にあたる一方、旧結城領のうち下野の鹿沼領や壬生領は忠次配下の代官大河内金兵衛秀綱（のち子の金兵衛久綱が継ぐ）が支配にあたり、元和元年（一六一五）には鹿沼の町立もおこなっている。慶長一五年鹿沼領のうち五〇〇〇石は阿部正次領に、元和元年一万石が山川藩水野氏領になるが、同三年阿部領は上知、幕領にもどり、寛永一二年（一六三五）には水野領も幕領にもどるが、一万石が再び鹿沼藩に入った阿部氏にあたえられた。同一六年にはのこりが壬生藩三浦氏にあたえられ同領は消滅した。さらに旧宇都宮領（一八万石）のうち奥平氏（一〇万石）との差八万石のうち真岡領など一部は幕領とされ、真岡に陣屋をおき同じく大河内秀綱（久綱も）の支配下におかれた。宇都宮と真岡の町は慶長七年に伊奈忠次と大河内秀綱により地子免許とされている。慶長一四年笠間藩の小笠原吉次（三万石）が改易されると、同領は上知、幕領となり、やはり大河内秀綱の支配下となって、同一七年松平康長が入封するまでその支配下にあった。ついで足利、梁田両郡の一部が再編成されて旗本領が多く設定される一方、足利周辺が幕領とされ代官小林十郎左衛門重勝が支配にあたっている。さらに慶長一九年七月、佐野藩主の佐野信吉（三万九〇〇〇石）が改易になると同領の一部が幕領とされ、関東郡代伊奈半十郎忠治、大河内久綱、川西兵九郎親秀、小林重勝らが分割して支配にあたっているが、寛永九年（一六三二）以降佐野領の多くが彦根藩領（井伊氏）とされたため大きく減少している。このように関東各地の幕領の多くを大河内秀綱・久綱父子が支配したため、大河内金兵衛が「関東四八万石の地方奉行」を勤めたといわれるように、慶長一五年以降、一時的には四八万石を支配した可能性もある。なお慶長一八年都賀郡足尾銅山が稼働し幕領とされたが、これは代官藤川甚左衛門重勝が銅山奉行も兼ね、慶安元年（一六四八）よりは公儀御台所銅山として江戸在住の下野代官（諸星藤兵衛政長）が銅山奉行を兼ね、本格的に稼働して関東における幕府の有力鉱山へと成長していく。したがって足利や佐野周辺の幕領は足尾銅山の飯米供給地とされた。元和・寛永年間になると、大名領の転入封が頻繁に行われたため所領の出入りも多く、したがって幕領の増減もはげしかった。都賀郡では元和二年（一六一六）西方藩藤田氏が断絶しその所領一万五〇〇〇石が、同三年には板橋藩松平氏が転出しその所領一万石が、同八年下野内一万石を領した成田氏宗が死去し、その所領一万石が各々上知、幕領とされた。寛永一三年（一六三六）には鹿沼藩が阿部正次（二万二〇〇〇石）から朽木稙綱（一万石）にかわるとその差一万二〇〇〇石が、同一七年には榎本藩皆川氏（二万八〇〇〇石、うち皆川領一万八〇〇〇石）が改易となり、皆川に松平重則（一万五〇〇〇石）が入封するとその差一万三〇〇〇石がおのおの高は不明であるが、その一部が幕領に組み込まれている。芳賀郡では慶長一六年真岡藩の浅野氏（二万石）にかわって堀親昌（一万六〇〇〇石）が入封すると、その差四〇〇〇石が幕領とされるが、寛永六年（一六二九）稲葉正成（二万石）の入封により消滅している。寛永一〇年に那須衆の旗本千本義等（三八七〇石）が断絶、正保元年（一六四四）にはおなじく旗本千本長勝（八八〇石）が改易となり、合計四七五〇石が幕領になっている。那須郡では寛永二〇年那須藩那須資重が改易となり、所領一万四〇〇〇石のうち資重の父資景に五〇〇〇石があたえられ、のこり九〇〇〇石の大半と、同年那須衆で旗本の伊王野数馬が断絶しその領地一八〇〇石も幕領となった。塩谷郡では寛永二〇年から前述の陸奥会津若松藩（保科氏）の預り地「南山御蔵入」の一部、九五一石余があったほか、正保元年那須衆の旗本岡本義政の改易によりその所領三八六〇石が幕領となった。これらの支配代官については不明な点が多い。

慶安元年（一六四八）の下野幕領は七万三六〇〇石（『東野地誌』）であり、その内訳は、

高室喜三郎昌成 熊沢彦兵衛忠徳	一万七六〇〇石
福村長右衛門政直 樋口又兵衛家次	一万七六〇〇石
市川孫右衛門定吉	一万八一〇〇石
八木次郎右衛門重糸	九五〇〇石

松下八大夫正直　八二〇〇石
深谷喜右衛門吉政　一四〇〇石
諸星庄兵衛政長　九〇〇石

と九人の代官によって支配されている。このほか寛永一一年（一六三四）以降日光東照宮領として順次所領が幕領からの割愛や、大名領の替地等により宛行われ、明暦元年（一六五五）には正式に一万三六〇〇石が宛行われた。この所領は塩谷、河内、都賀郡等に及んでいる。その後寛文六年（一六六六）、日光領の総検地がおこなわれ、七二〇〇石余が打出され、所領高は二万一〇〇〇石になり、さらに元禄一三年（一七〇〇）三八〇〇石余が新御領として幕領から割愛され、所領高は約二万五〇〇〇石となっている。

上野では慶長三年（一五九八）の上野国高四九万六四〇〇石のうち、大名・旗本領がおよそ四二万九七〇〇石ほどであるため幕領はのこり六万七〇〇〇石ほどであったと思われる。関ケ原後の幕領は北部の沼田藩領や東部の館林藩領をのぞいた地域に存在したものと思われるが、まとまった地域としては緑野郡山中領、日野領、甘楽郡南牧・西牧地方のほか山田郡と勢多郡にまたがる桐生領があった。緑野郡山中領および高山領は入封直後から設定され代官頭伊奈備前守忠次が支配し、神流川を挟んで対岸の武蔵秩父郡も合わせ支配していた。ここには配下の成瀬権左衛門をおいて支配にあたらせていた。ここでは文禄三年（一五九四）と慶長三年の二度にわたり伊奈忠次の検地が実施されている。また甘楽郡南牧・西牧地方はおなじく代官頭の大久保石見守長安の支配をうけ、文禄三年に検地を実施している。これらの地域は信濃に接する地域であるため、信濃への押さえと信濃との交通の掌握、木材、漆、紙など山間資源の掌握が目的であった。さらに南牧砥沢の砥石は文禄二年に在地土豪市川氏が同領での開発を許され幕府の御用砥石とされていた。

桐生領は五四カ村でここは大久保長安の支配下におかれ、配下の代官大野八右衛門尊吉が支配した。慶長三年に総検地が実施され永高二三五一貫文余、石高換算で一万一七〇〇石余を打ち出した。また支配陣屋として大野尊吉が桐生新町をあらたに町立している。山中領、日野領、南牧・西牧領、桐生領などは、その後一時的私領化や支配高に変更はあったものの、基本的には幕末まで継承されている。またこれらの地方は山間部にあるため、石高制とはことなり基本的には中世以来の貫高基準にもとづく永高制による一部現物納はあるものの、原則として金納原則であった。したがって検地およびそれを基準とする年貢割付状も永高制であった。しかしながらこの永高制も石高制に対応したものであり、一貫文＝五石の換算基準で石高に直されていた。

関ケ原合戦後においては上野でも大名領の再編成がなされた。まず高崎藩井伊氏（一二万石）が転出すると同領は上知され、伊奈忠次が支配し総検地をおこなった。その領域は高崎のある群馬郡を中心に碓氷郡、片岡郡にわたっていた。このうち碓氷郡安中領三万石は井伊氏領としてのこされ、のこりの多くが幕領になったが、ここから高崎藩（慶長九・酒井氏五万石）をはじめ新規配置の大名領や旗本領にあたえられたため九万石すべてが幕領ではなかった。そのほか緑野郡藤岡三万石の松平康真が慶長五年に断絶し上知、甘楽郡小幡三万石の奥平信昌領は同六年に転出し上知されたが、慶長年間に小幡藩主となった水野忠清に同領のうちから一万石を加増分として割き、のこり二万石となっている。多胡郡吉井二万石の菅沼定利領は子の忠政が同七年加納藩を継承したため上知、那波郡那波一万石の松平家乗領は同六年転出し上知されている。群馬郡では白井二万石の松平康長領が同七年転出し上知されたが、同一五年にこのうち五〇〇〇石が井伊直孝へ加増されている。しかし元和元年直孝が彦根藩を継承したため上知され、翌二年白井藩二万石で入封した西尾忠永にあたえられ、同四年本多忠貞に一万石があたえられのこり一万石は上知、同九年本多氏が断絶したため一万石も上知された。同郡惣社一万五〇〇〇石の秋元泰朝領も寛永一〇年転出し上知、慶長一九年邑楽郡青柳で五〇〇〇石をあたえられた近藤秀用（遠江井伊谷一万石）は元和五年同領を遠江へ替地され上知された。勢多郡大胡二万石の牧野康成領は元和二年転出し上知、佐位郡伊勢崎の稲垣長茂は慶長六年同郡で七〇〇〇石を加増され一万石の大名となったが、元和二年転出し上知された。碓氷郡板鼻一万石の里見義成領は慶長一八年に改易となり上知された。おなじく豊岡の袮津信政は同七年に同郡で五〇〇〇石を加増され一万石になったが寛永三年（一六二六）断絶し上知されている。

以上のように関ケ原後の慶長年間に大名の独立、転出入の再編成があったが、多くは元和、寛永段階までに上知されている。しかし前橋、館林の両藩では有力譜代や親藩大名が封ぜられたため、その後大きな変化があり、その過程でこれら上知された幕領も組み込まれたりして増減を繰り返した。

まず前橋藩ははじめ平岩親吉が三万三〇〇〇石で支配していたが、慶長六年酒井重忠がかわって入封し三万三〇〇〇石に先に上知された松平家乗の那波領一万石を加え四万三〇〇〇石に、同一四年には群馬郡善養寺領五〇〇〇石を加増、元和二年には先に上知された牧野康成の勢多郡大胡二万二〇〇〇石とおなじく上知された稲垣長茂の佐位郡伊勢崎領一万石を加増、同五年には先に上知された碓氷郡里見領一万石を加増、同八年には先に上知された緑野郡藤岡領三万石を加増され、元和末年では八万五〇〇〇石を領した。さらに寛永一三年（一六三六）には先に上知されていた碓氷郡板鼻領三万石が加増され、同年には他の国での所領および新田高を含め一五万二五〇〇〇石とピークになっている。このうち上野分は分家への分知分を差し引くと一〇万石余に上っている。このように慶長、元和期に再編成によって上知された幕領の多くを前橋藩領に割いているのである。

館林藩ははじめ榊原康政が一〇万石で支配していたが、この内訳は館林のある邑楽郡で七三カ村、勢多郡で一一カ村、隣接する下野梁田郡で二五カ村である。寛永二〇年（一六四三）榊原氏が転出すると同領は上知され幕領とされた。正保二年（一六四五）松平乗寿が六万石で入封すると邑楽郡の幕領のうちから六六カ村が割かれている。寛文元年（一六六一）松平氏が転出すると将軍家綱の弟徳川綱吉が二五万石で封ぜられた。このうち上野分は邑楽郡館林領七万五八四六石余、山田郡桐生領一万九五三七石余、新田郡新田領一万九六〇六石余の合計約一一万五〇〇〇石であった。このほかは下野佐野領、足利領で約三万五〇〇〇石、甲斐、美濃、近江で一〇万石となっている。しかし天和三年（一六八三）綱吉の子徳松が夭逝すると断絶し上知され、代官の支配下におかれた。これに対し高崎藩は慶長六年井伊氏転出後、上知、藩領となり、同九年に酒井家次、元和二年（一六一六）には松平康長、同三年に松平信吉がおのおの五万石で入封、同五年に安藤重信が群馬、片岡郡と近江の内で五万六六〇〇石で入封した。寛永一〇年（一六三三）子の重長に旧秋元氏領群馬郡惣社領一万石を幕領から割き加増したため、同藩は六万六六〇〇石となっている（明暦三年六万石に）。このほか安中藩井伊氏が正保二年（一六四五）転出し、かわって水野元綱が碓氷、群馬郡内二万石で入封すると、その差一万石が幕領となっている。寛文七年（一六七七）、水野元知が改易されると、かわって堀田正俊が碓氷郡内一万六四〇〇石、群馬郡内三五〇〇石の合計二万石で入封したため、幕領碓氷郡内五九〇〇石、群馬郡内四一〇〇石の合計一万石はそのままであった（代官竹村弥兵衛嘉有、岡登次郎兵衛景能、雨宮勘兵衛）。

以上のような大名領の変遷をふまえ寛文八年（一六六八）の上野幕領の状況をみると、

岡登次郎兵衛景能	一万九八〇〇石
近山五郎右衛門安高	一万三〇〇〇石
竹村与兵衛（弥太郎）嘉有	一万　五〇〇〇石
伊奈兵蔵忠公	三五〇〇石
深谷喜右衛門吉政	三〇〇〇石
雨宮勘兵衛	三〇〇〇石
久保田平九郎房充	二七〇〇石

中川八郎左衛門秀時　一一〇〇石
と七人の代官により五万六八〇〇石（『上野国郷帳』）が支配されていた。

近世前期上野における幕領支配での特色は、代官岡登氏の支配である。すなわち元和元（一六一五）井伊直勝の白井領五〇〇〇石が上知、幕領とされ、代官岡登景親が岡崎陣屋において支配し、以後二代景親、三代景能まで五〇年にわたり勢多郡の笠懸野をはじめ未開拓地の開発にあたっている。その仕法は渡良瀬川より導水する岡上用水を開削し、その延長線上に岡崎新田、笠懸新田、大原新田などを開発し幕領に組み入れている。その高は二九カ村、二万石以上に上っている。また幕領足尾銅山から銅の輸送路として銅山街道を整備している。しかし、貞享四年（一六八七）年貢の不正などにより自刃させられその支配は終わっている。その後は先の前橋、館林周辺をのぞくと、天和元年（一六八一）戦国期以来北部の吾妻、利根両郡の大半を支配してきた沼田藩真田氏が改易となり所領三万七〇〇〇石が上知、幕領とされ代官竹村惣左衛門嘉躬と熊沢武兵衛良泰の二人が支配にあたった。同藩は寛文二年（一六六二）に検地を実施し、一四万四〇〇〇石と表高の五・三倍を打ち出したため農民の猛反対をうけ、ついには磔茂左衛門一揆がおき、領内不取締の故をもって改易されたのであった。このため竹村代官らは貞享元年（一六八四）再検地を実施し、六万五四〇〇石に直している。この結果七万六六〇〇石の減石となったため、この検地は俗に「お助け検地」といわれている。この代官支配は元禄一六年までつづいている。同じく天和元年安中藩堀田正俊（二万石）が転出すると、かわって板倉重形が二万石で入封したが、このとき、群馬郡内の渋川、金井、南牧、石原の四カ村は幕領となっており、高室安右衛門政興（江戸代官）の支配に入っており、以後幕末まで幕領としてつづいている（寛政五年より岩鼻代官所支配）。吉井には天和二年（一六八二）堀田正休が一万石で封ぜられたため、幕領から割かれているが、元禄一一年（一六九八）転出、上知されている。高崎藩では元禄八年安藤氏（六万石）にかわり、松平輝貞が五万二〇〇〇石で入封したため、のこり八〇〇〇石が上知、幕領となった。また同一〇年には元禄の地方直しにより旗本領が設定され、上野では六一人に及んでいる。

元禄一六年ごろの状況を示す『上野一国高辻』（渋川市立図書館所蔵）によると上野の幕領は旧沼田藩領にあたる一万九四〇〇石、旧館林藩領の邑楽郡二万五〇〇〇石、新田郡二万五七〇〇石、旧前橋藩領にあたる勢多郡二万二三〇〇石、元々の幕領甘楽郡一万五〇〇〇石などを中心に勢多、山田、佐位、緑野、多胡、碓氷郡などに及び約一三万一〇〇〇石となっている。これは同国高の二二パーセントにあたっている。

下総では前述のように関ケ原合戦直後に香取郡や結城領、山川領などに幕領があったと思われるが、その後の変遷をみると結城領は下総、下野、常陸にまたがる地域で、結城秀康時代（一〇万石）は結城領、土浦領、鹿沼領、壬生領などにわかれていた。このうち結城領は慶長九年（一六〇四）に山川領で五〇〇〇石をあたえられた松平定綱に一部が割かれ、さらに同一七年には安藤重信に結城郡と香取郡のうちで一万石が、青山成重にも結城郡内で五〇〇〇石（同一八年結城分没収、幕領に）がおのおの割かれている。元和元年（一六一五）には山川藩に水野忠元が三万石で入封した。同藩領は山川領一万石、結城領一万石、鹿沼領一万石であった。寛永一二年（一六三五）水野氏が転出すると幕領にもどり、代官設楽長兵衛能業が支配にあたるが、同一六年この一部の鹿沼領が壬生藩に入った三浦正次（二万五〇〇〇石）に割かれている（鹿沼領一万三〇〇〇石、結城領五六〇〇石）が、のこりの結城領や山川領は幕領として市川孫右衛門定綱以下の代官によって寛文四から九年（一六六四〜六九）、同一一から延宝四年（一六七一〜七六）の間大名領となったものの、一貫して元禄年間（一六八八〜一七〇三）まで代々支配されていた。さらに元和六年（一六二〇）千葉郡生実五〇〇〇石の西郷家員が、安房東条藩（一万石）を立藩すると、同領は上知、幕領となり、代官高室金兵衛昌重が支配した。同八年、代官は八木二郎右衛門重糸にかわったが、寛永四年（一六二七）森川重俊が生実藩（一万石）を立藩すると、すべて同藩領となった。

このほか下総の幕領は中央部の佐倉藩や西部の古河藩という譜代有力大名が封ぜられる藩の石高の増減により大きく変動している。佐倉藩では土井利勝が慶長一五年（一六一〇）に三万二四〇〇石で入封してからは順次加増され、一四万五〇〇〇石余になり、藩領は寛永二年には香取、埴生、印旛、匝瑳、相馬、海上の六郡（ほかに常陸、上総分あり）に及んでいるが、利勝の古河転出後は石川忠総（七万石）、松平家信（四万石）、松平康信（三万六〇〇〇石）、堀田正盛（一一万石）、松平乗久（六万石）、大久保忠朝（八万三〇〇〇石）と領主が交替するごとに藩領高は変化し、それぞれの差額が幕領となっている。古河藩も元和五年（一六一九）奥平忠昌が一一万石、寛永一〇年（一六三三）土井利勝（佐倉より転封）が一六万石のときは葛飾、結城、猿島、岡田、豊田、相馬、印旛郡など七郡（ほかに常陸、下野分あり）に及んでいるが、その後はその子利隆（一三万五〇〇〇石）、利重、利久（各一〇万石）とつづき、利久が夭逝すると、利久の兄利益が七万石で相続、その後堀田正俊（一三万石）、松平信之（九万石）、松平信輝（七万石）と領主が交替するごとに藩領高は変化し、こちらもそれぞれの差額が幕領となっている。しかし寛永一〇年と元禄一〇年（一六九七）の地方直しによる旗本領の分散的設定などによって幕領は徐々に減少しており、その結果としてまとまった幕領の設定と永続する幕領は少なかったものと思われる。したがって代官陣屋の設定も不明である。さらに幕領の一部である佐倉牧は、寛永一九年（一六四二）、堀田正盛が松本から一一万石で入封すると、松本藩時代から支配していた安房の峯岡牧とともに佐倉藩の預り支配となり、以後二つの牧は幕末まで佐倉藩の支配下となっている。このようななか元禄八年（一六九五）には椿海の干拓により椿新田が成立し、代官の検地により二万石余が打ち出され新田村々は幕領となっている。

上総では前述のように天正一八年以来の幕領のほかに関ヶ原後、大多喜の本多氏（一〇万石）、成東の石川氏（二万石）、久留里の大須賀氏（三万石）、本納の三浦氏（一万石）等が転出したため大量の空白地が生じた。このうち久留里には土屋忠直（二万石）が入封し、また大多喜は本多忠勝の子忠朝があらためて五万石をあたえられたため、のこりの五万石は成東領とともに検地をうけ、ほかの地域とともに幕領とされた。しかしその後順次大名領や旗本領が設定されたため幕領は減少しているが、それでも成東領は代官島田次兵衛重次の支配地、旧大多喜藩領ののこりの夷隅郡山間部の西畑郷、筒森郷等は大久保石見守長安の支配地となっている。その後元和三年（一六一七）、大多喜の本多政朝（五万石）にかわって阿部正次が三万石で入封したため、のこり二万石が上知、幕領とされ、さらに同九年かわって青山忠俊が二万石（実高二万一〇〇〇石）で入封したとき、勘定頭伊丹康勝や老中土井利勝らからの知行宛行状によれば（『大多喜町史』）、

一万　二六八石余　　南条帯刀（則勝）代官所（大多喜）
一万　二〇〇石余　　富田彦兵衛代官所（同所）
五〇五石余　　豊島十左衛門（勝直）代官所（同所）
二〇〇石　　同人代官所（上之郷渡残）
二〇五石余　　南条帯刀代官所（権田孫大夫上納之内）
　高合二万一一七三石

となっている。これは元和五年阿部正次（三万石）を転出させたあと同領を幕領としたとき、南条則勝（一万四七三石余）、富田彦兵衛（一万二二〇〇石余）、豊島勝直（七〇五石余）の三人の代官に立合支配をさせたのであり、その三万石のうち二万一一七三石を同九年に入封した青山忠俊にあたえたものである。しかし青山忠俊はほどなく除封となり、再び寛永一五年まで幕領となり、同年このうち一万石があらたに大多喜に入った阿部正令にあたえられ、のこりの幕領は以後減少しつつも存続している。このほか上之郷にも豊島勝直の支配する幕領、さらに権田孫大夫の上り地二〇五石が南条則勝支配の幕領となったことがわかる。このほかに前代との差一万石も前述の南条、富田らの代官が支配していたものと思われる。また東金

領は寛永の地方直しにより多くが旗本領へ割愛され減少したものの存続しており、寛文から延宝年間（一六六一～八〇）ごろの『東金御鷹場旧記』では御鷹場村々一三三カ村のうち一万四八〇〇石が幕領で、野村彦大夫為利、八木二郎右衛門重糸、中川八郎左衛門秀時、関口作左衛門正満ら四人の代官が支配している。

常陸は慶長七年（一六〇二）佐竹義宣を出羽へ転封させたあと、徳川系大名や外様大名を配置し、そのあいだに幕領を設定し、さらにはその後の大名の改易や転出入による上知でも設定されていった。慶長七年では水戸、笠間、土浦、下館、宍戸、手綱、府中などに大名領があったため、これらの所領のあいだ、とくに常陸南部に幕領が設定されたものと思われる。

その後の展開をみると、水戸藩領は武田信吉時代は一五万石で那珂全郡と茨城郡北部の久慈郡、新治郡、河内郡の一部である。次の徳川頼宣時代（慶長八年）は二〇万石で、翌九年に五万石を加増され二五万石となり、さきの信吉領に加え久慈郡保内領、下野那須郡武茂領等が組み込まれた。その後元和八年（一六二二）多賀郡手綱領二五万石で入封したが頼宣時代とほぼ同領域をあたえられた。徳川頼房は同一四年に三万石を加増され二八万石（茨城、那珂、久慈、多賀四郡のほぼすべてと行方郡の一部）になり、寛永一八年の領内検地で三六万九〇〇〇石を打ち出した。このため常陸北部にはほとんど幕領を設定する余地はなかった。その後水戸藩は元禄一四年（一七〇一）に表高が三五万石となっている。

笠間藩小笠原吉次は慶長一四年（一六〇九）に改易となり同領三万石は上知され、同一七年まで幕領となった。この支配は大河内金兵衛久綱があたった。同一八年には牛久藩の山口重政（一万五〇〇〇石）が改易となり常陸領分一万石が上知、幕領となったが、寛永六年（一六二九）重政に再びあたえられた。元和二年には小張藩松下重綱一万六〇〇〇石が転出し上知された。同三年には土浦藩松平信吉（四万石）が転出、かわって入封した西尾忠永（二万石）は二万石を上知され、慶安二年（一六四九）かわって入封した朽木稙綱は三万石のためその差一万石を割愛し、寛文九年（一六六九）にも土浦藩に四万五〇〇〇石で入封した土屋数直に一万石をあたえた。かわって天和二年（一六六二）松平信興が二万二〇〇〇石で入封するとその差二万五〇〇〇石が上知、幕領がふたたび設けられたが、貞享四年（一六八七）土屋政直が六万五〇〇〇石で入封すると、幕領は消滅している。

寛永一九年（一六四二）下館藩松平頼重（五万石）が転出すると同領のうち三万三〇〇〇石が上知、正保二年（一六四五）府中藩皆川成卿（一万三〇〇〇石）が無嗣断絶で上知、おなじく宍戸藩秋田実季（五万石）が転出すると同領は上知、おのおの幕領とされて代官高室金兵衛昌成と熊沢武兵衛忠勝が支配にあたっている。しかし寛文三年（一六六三）になり下館に増山正弥が二万石で入封するとのこりの幕領は七万石となった。その後下館には元禄一六年（一七〇三）黒田直邦がかわって入封すると同郡内で一万石が割かれた。府中領一万石も同一三年松平頼隆が二万石で入封すると消滅している。下妻は慶長六年多賀谷重経が改易となり同領六万石は上知、幕領となり伊奈備前守忠次の支配となったが、同一〇年徳川頼房が一〇万石で入封すると消滅している。同一四年頼房の水戸転出後同領六万石は再び幕領となり、元和元年松平忠昌、同二年松平定綱がおのおの三万石で入封すると、のこりは三万石となったが、同五年定綱が転出すると三たび幕領となっている。このほか天和二年（一六八二）松平頼雄が宍戸に一万石で入封すると、これも幕領から割かれている。

慶長一六年（一六一一）浅野長重が真壁藩五万五〇〇〇石（常陸分五万石）を継承すると、長重が真壁郡内であたえられていた二万石は上知、幕領とされ、元和八年長重が転出すると同領五万石もすべて上知、幕領とされている。慶長一九年里見氏領鹿島郡三万石が同氏の改易により上知、幕領となったが、寛永一〇年地方直しにより全領が二五人の旗本に分与されている。

このような変化により、正保年間には常陸幕領は推定で一〇万石ぐらいになっていたと思われる、これを代官の関口作兵衛満継や松下八大夫正直らが支配にあたったと思われるが、詳細は不明である。

その後元禄一五年（一七〇二）の常陸の幕領は筑波、河内、真壁郡など水戸藩領のない常陸南部を中心に約八万四〇〇〇石があったが、支配代官は不明である。

安房は慶長一九年（一六一四）までは里見氏の支配下であったが、同年改易されると、安房一国九万二〇〇〇石は上知、幕領とされたが、大坂冬の陣直前であったため、上総佐貫藩主内藤政長らが安房国中の守備と支配にあたった。大坂冬の陣終了後、代官中村弥右衛門吉繁（吉照）や田辺清右衛門安直（惟良）らを送り支配にあたらせる一方、在地支配に通じている里見氏の旧臣行方隼人佑勝重も代官に登用している。中村吉繁は館山に陣屋をおき支配にあたった。大坂の陣直後には上総佐貫藩（内藤政長）に平郡勝山領一万石を加増したため、幕領より割いている。さらに元和四年（一六一四）代官中野七蔵重吉をはじめ伊奈半十郎忠治、中村吉繁ら二十数名の代官によって内藤氏の勝山領一万石を除く安房一国の総検地が実施され、安房一国高は九万二六〇〇石となったが、同六年以降安房に順次譜代大名が封ぜられると幕領から割愛されていった。すなわち同五年に佐貫藩（内藤氏）に安房の内で五〇〇〇石を加増、同六年西郷正員が安房、朝夷二郡で一万石をあたえられ東条に入封、同八年には内藤清政が勝山に三万石で入封（翌年没収）、さらに寛永一〇年（一六三三）には寛永の地方直しで旗本領にも割愛されている。このため、安房幕領は大きく減少した。同年からは田辺、行方らの他に有力代官の一色忠次郎直次が加わって支配にあたっている。

勝山藩は寛永三年（一六二六）内藤正勝が二万石で入封したが、子の重頼が同六年五〇〇〇石に減封され、一万五〇〇〇石が上知、その後同地には寛文八年（一六六八）酒井忠国が一万石で入封（安房分三〇〇〇石）、さらに天和二年（一六八二）同国で二〇〇〇石を加増され、以後幕末までつづいている。寛永一五年には駿河大納言徳川忠長が改易された後、その家老だった屋代忠正が北条に一万石、おなじく三枝守昌が安房国内で一万石におのおの封ぜられた。その後北条藩は正徳二年（一七一二）年貢増徴をめぐる百姓一揆、いわゆる万石騒動により改易され、三枝氏は寛永一七年守昌死後に子の守全が七〇〇〇石、おなじく頼増が三〇〇〇石を分割相続し旗本になっている。

このように大名、旗本領に多くを割愛したため幕領は大幅に減少しており、正保二年（一六四五）では五カ村、二二〇〇石（『安房国知行高之帳』）となっており、これを武蔵代官樋口又兵衛家次が支配している。その後元禄五年（一六九二）には東条藩西郷寿員が転出したため同領一万石は上知、幕領とされた。このような変動をうけたため元禄一〇年代には全村数二七二カ村のうち幕領の村数は一一二カ村と大幅に増加している。この支配高は不明であるが、代官樋口又兵衛と清野半右衛門貞平によって分割支配されている。

近世前期においては関ヶ原合戦および慶長八年（一六〇三）の幕府成立を契機として天正一八年（一五九〇）の関東入封以来の徳川家臣団が順次譜代大名化して自立していく過程で、さらに常陸、安房、下野などの新領土の徳川領国化と大名領の再編成の過程で所領の増減があり、これにより幕領も再編成されていった。そのなかで前述のように代官の支配陣屋が関東各地に設定されたが、元禄期頃までに代官の粛正が行われて世襲的な在地代官や豪商代官たちが消滅していくとともに、代官陣屋も関東郡代伊奈氏の武蔵足立郡赤山陣屋以外はほとんど廃止され、江戸へ引き揚げて、江戸の代官役所などから支配にあたる体制が確立していった。この過程で在地代官にかわって幕府勘定所の役人やそのほかの役職から代官に任用される官僚的代官が成立していった。

このような状況の下での関東筋における支配代官と幕領の存在形態を元禄一四、一五年（一七〇一、〇二）ごろでみると、

伊奈半左衛門忠順　　関東郡代　　二四万八一〇〇石

平岡三郎右衛門尚宣　武蔵・相模・上総・下総　九万三七〇〇石
今井九右衛門兼直　武蔵・相模・下総　一一万九八〇〇石
他に武蔵（大里郡）反高四一町一反八畝余
小長谷勘左衛門正綱　武蔵・相模・下総・（伊豆）　六万八八〇〇石
平岡次郎右衛門信由　下総・下野（甲斐）　五万七四〇〇石
清野半右衛門貞平　武蔵・上総・下総・安房　六万石
他に
下総（布鎰手賀沼）反高五一八町八反一畝余
下総（椿新田）反高砂間六四六町三反八畝余
野田三郎左衛門秀成　武蔵・上野・下野　五万九八〇〇石
滝野十右衛門忠央　武蔵・常陸・下総　五万　一〇〇石
下島甚右衛門政武　上野・下野・常陸　五万　五〇〇石
他に上野　反高三八二町三反一畝余
比企長左衛門　武蔵・上野・下野　五万九六〇〇石
古川武兵衛氏成　武蔵・上総・下総・常陸　五万石
樋口又兵衛　安房・上総　四万石
中川吉左衛門直行　上野・下野・常陸　五万　二〇〇石

江川太郎左衛門英暉　伊豆・相模・武蔵　四万七一〇〇石
能勢権兵衛　常陸・下総　五万石
　他に常陸（鹿島郡）七町一反四畝歩
雨宮勘兵衛　武蔵・上野　四万六九〇〇石
細田伊左衛門時矩　武蔵・下総・常陸　四万七五〇〇石
　他に　下総（香取郡）反高六三一町六反一畝余
　　　　常陸（行方郡）田二二町四反余
伊賀衆預り地　武蔵　八二石

と伊豆を含め合計一一九万九八〇〇石と反高一八三五町七反七畝余、田二二町四反余、砂間六四六町三反八畝余となっている。しかも彼らの支配地は一カ国内に限ったものではなく、二カ国から四カ国にまたがって支配地をもつ者が多くなっているのである。

この後**上野**では沼田藩に元禄一六年本多正永が二万石で入り、宝永二年（一七〇五）に一万石加増されたほか、同四年には館林に松平清武が二万四〇〇〇石（上野分二万石か）であらたに入封し、同七年に一万石がさらに加増されている。その後同藩には享保一三年（一七二八）太田資晴が五万石（全領上野）で入封すると、上野幕領は二、三万石までに減少している。**相模**では宝永四年（一七〇七）富士山の噴火により被害をうけた駿河や相模の藩領村々を美濃や三河の幕領と替地して幕領とし、関東郡代伊奈半左衛門忠順・忠逵の二代にわたり支配させ復興にあたらせている。このうち相模では旧小田原藩領の足柄上郡四万四〇〇〇石、足柄下郡六七〇〇石、淘綾郡一カ村、高座郡三カ村となっている。**下総**では佐倉藩が享保八年（一七二三）稲葉氏（一〇万二〇〇〇石）にかわって松平乗邑が六万石で入封すると、下総分はのこり一万六〇〇〇石が上知、幕領となった。古河藩も正徳二年（一七一二）松平氏（七万石）にかわり本多忠長が五万石で入封すると、その差二万石が上知されるなど、若干増加している。**上総**では宝永七年（一七一〇）久留里藩に阿部正鎮が一万六〇〇〇石であらたに封ぜられたため、幕領から割かれている。**安房**では正徳二年北条藩の屋代忠位が万石騒動により改易され、同領一万石は上知、幕領とされたが、享保一〇年（一七二五）あらたに水野忠定が一万二〇〇〇石（安房分一万石）で入封している。このため同一二年では八七〇〇石にまで減少しており、これを代官野田秀成が支配している（『安房国村々助郷請帳』）。**常陸**では正徳二年（一七一二）下妻に井上正長が一万石で入封、立藩すると、常陸真壁郡内の幕領より、石高は不明だが割かれている。

中期以降では、享保期に八代将軍徳川吉宗の新田開発政策により武蔵野の新田開発や下総の佐倉や小金原などの開発が代官小宮山杢之進昌世の進言により進められ、その開発形態も代官の見立新田と町人請負新田がおこなわれている。そして前者では開発にあたった代官に開発高の年貢の十分の一があたえられた。またこの新田開発のためこれまでの勘定所系の代官とは別に町奉行大岡忠相配下の代官や農政技能者（地方巧者）九人があらたに登用され、新田開発や河川の普請、改修などが推進されている。この代官たちには大岡配下の三代官といわれた蓑笠之助正高、田中休蔵喜乗、上坂安左衛門政形らのほか、岩手藤左衛門信猶、荻原源八郎乗秀、田中休愚喜古（喜乗の父）、川崎平右衛門定孝らであり、彼らの出自は荻原、岩手をのぞけば農民、猿楽者、与力、浪人などの多様な出身である。彼らの支配高はおおむね三万石から七万石ぐらいであった。このほかに新田開発方役人として小林平六や野村時右衛門などが登用されている。この享保改革時にこのような従来の勘定所系の代官とは別に大岡支配の代官ら地方巧者が登用された理由は改革推進のための勘定所体制が確立するまでの臨時的組織としての性格をもつものであった（大石学『享保改革の地域政策』）。また中期以降では一国内のみの支配が少なくなり、二カ国以上にまたがって支配にあたる代官が多くなっている。このため以後は各国別の幕領支配の変遷よりも関東領国全体における幕領支配と代官について考察する。

　享保一四年（一七二九）の幕領は一〇二万七二〇〇石で八カ国に展開している。その内訳は、

伊奈半左衛門忠逵（関東郡代）	武蔵・相模・下総	二五万五四〇〇石
鈴木平十郎正誠	武蔵・下総・下野	一四万六二〇〇石
池田新兵衛富明	上野・下野	一一万八六〇〇石
後藤庄左衛門正備	武蔵・上野・下野	六万二四〇〇石
岩手藤左衛門信猶	武蔵・相模	七万九四〇〇石
荻原源八郎乗秀	武蔵・相模	五万二〇〇〇石

日野小左衛門正晴	武蔵・相模	六万四七〇〇石
野田三郎左衛門秀成	安房・下総・上総・常陸	一四万一三〇〇石
中島内蔵助正広	常陸・下総	五万　四〇〇石
田中休蔵喜乗	武蔵	三万　四〇〇石
小出加兵衛照方 八木清五郎茂時	下総・下野	二万　六〇〇石
妻木平四郎頼隆（浦賀奉行）	相模	七六〇石

と一二人の代官と一奉行によって支配されているが、その大半が二カ国以上を支配している。しかも代官の大半は元禄期の代官とはことなっているのであり、彼らは短期間で任地がかわる官僚的代官であった。このうち荻原乗秀や岩手信猶、田中喜乗らの支配地は、武蔵野新田開発地が中心であった。こののち享保一九年（一七三四）、荻原乗秀が西丸納戸頭へ転出すると、同一七年に日野正晴の後任代官になっていた上坂安左衛門政形がそれも合わせ支配し、彼は武蔵野新田開発地の大半である合計九万四〇〇〇石を支配した。

　その後各国の動向をみると**上野**では享保一五年（一七三〇）に沼田藩本多氏が転出すると、同領三万石は再び幕領となり、代官後藤庄左衛門正備が支配した。同一七年黒田直邦が三万石で入封すると、上野の幕領は利根郡東部の村々がのこるのみであり、これも後藤正備が同一八年まで支配した。**安房**では元文年間に幕領は二六カ村となっているほか、元禄一六年（一七〇三）に地震によって廃止されていた幕府の牧は享保七年八代将軍吉宗によって再興されている。すなわちこのときの牧は下総の佐倉牧と小金牧、安房の嶺岡牧で、寛政年間には駿河の愛鷹牧がおかれている。このうち嶺岡牧では五牧があり、その地域は平郡一八〇〇石、長狭郡一万九一〇〇石、朝夷郡四三〇〇石の計二万五一〇〇石である。宝暦元年（一七五一）**下野**では真岡領の半分が上知、幕領となり、代官吉田久左衛門佳国の支配となった。同一一年**下総**の幕領は一二郡中六郡分しか判明しないが約七万石あった（『下総国各村級分』）。なお再興された下総の佐倉牧は七牧、小金牧は五牧である。

その後の関東筋の幕領は宝暦七年（一七五七）では一〇九万三一〇〇石（『御料高御代官并御預所高書付』）で八カ国に分布しており、その内訳は、

伊奈備前守忠宥（関東郡代）	武蔵・上野	二七万三一〇〇石
辻源五郎盛陰	武蔵	九万三〇〇〇石
横尾六右衛門昭平	上野・下野	一三万七八〇〇石（上野当分預り含）
吉田久左衛門佳国	下野・下総・常陸	七万七三〇〇石（下総当分預り含）
小田切新五郎光禄	上総・下総	五万三三〇〇石
会田伊右衛門資敏	武蔵・上野	五万三一〇〇石
前沢藤十郎光寛	常陸・下総・武蔵	五万五四〇〇石（武蔵・下総当分預り含）

高階伝次郎経道	武蔵・下総・常陸	五万二六〇〇石
吉田源之助春達	安房・上総・下総・常陸	五万四二〇〇石
志村新左衛門師智	武蔵・相模	五万二一〇〇石
久保田十左衛門政邦	下野・常陸	四万九三〇〇石
岩松直右衛門純睦	武蔵	四万八九〇〇石
万年七郎左衛門頼英	武蔵	五万三七〇〇石
青山市左衛門政陽	武蔵	三万九三〇〇石

となっており、このほかに会津田島代官江川太郎左衛門英彰（旧会津藩預り地南山領五万四八〇〇石支配）が下野塩谷郡の一部九五〇石を支配していたので、合計は一一〇万石近くになっており、これを一四人の代官が支配していた。その後明和六年（一七六九）には寛永年間以来つづいたのこりの真岡領（小田原藩）が上知、幕領となり、真岡領すべてが代官鵜飼左十郎実道の支配下に入った。寛政元年（一七八九）同領は真岡（台町）陣屋による中井清大夫九敬代官と東郷陣屋による篠山十兵衛景義と大岡源右衛門孟清の立合代官という二つの支配体制に分割されている。ついで寛政三年（一七九一）では幕領高は不明だが、陸奥および信濃の一部を含め支配代官は、関東郡代伊奈右近将監忠尊（翌年改易）、飯塚常之丞政長（武蔵、下総、上野、常陸）、浅岡彦四郎胤直（武蔵、下総、常陸）、大岡源右衛門孟清（常陸）、佐藤友五郎重矩（上野、信濃）、山中太郎右衛門幸正（上野、下野）、川崎平右衛門定孝（常陸、下野）、内方鉄五郎恒忠（上総、

下総、安房）、荻原弥五兵衛友標（武蔵）、庵原六郎兵衛忠恕（常陸、陸奥）、中井清大夫九敬（上野、常陸、奥州）、篠山十兵衛景義（上野、下野）、野口辰之助直方（武蔵、上野）、菅沼安十郎定昌（上野、下総）の一四人で、おなじ人数だが宝暦期の顔ぶれとはことなっている。翌寛政四年、関東郡代伊奈忠尊が個人的失態に加え関東の幕領支配における関東郡代の存在がもはや足かせとなっていたため、ついに失脚させられ改易となった。このため勘定奉行久世丹後守広民が同職を兼帯し、その下に大貫次右衛門光豊、篠山景義、三河口太忠輝昌、菅沼定昌、伊奈友之助忠富の五人の代官が「郡代付代官」として江戸馬喰町の元郡代屋敷において関東郡代伊奈氏の支配地三三万石を分担支配した。その分担高は大貫が一〇万石、篠山が七万石、三河口が六万石、菅沼が五万石、伊奈が五万石となっている。彼らは農村復興と支配のため幕府の公金貸付業務も兼務している。その後文化三年（一八〇六）関東郡代が廃止されると、この五人の代官は引きつづき支配にあたったが、代官等の転出などにより大貫光豊、伊奈忠富、竹垣三右衛門直清の三人になり、これ以後馬喰町の御用屋敷詰代官制度がはじまった。この三人の代官による支配は農村地域のほか、千住（奥州・日光街道）・品川（東海道）の貫目改所や江戸川の金町・松戸（水戸街道）、小岩・市川（佐倉街道）の両川関の支配、利根川の房川・中田（奥州・日光街道）の川関支配などにもあたっている。

また寛政五年には元禄以降廃止されていた地方陣屋が復活し、主として北関東の幕領を支配する上野岩鼻、下野藤岡、同吹上の三代官所がおかれた。この代官には吉川栄左衛門貞寛と近藤和四郎（以上岩鼻代官、支配高上野八郡で五万八七〇〇石）、岸本武大夫就美と田辺安蔵（以上藤岡代官、支配高六万八〇〇〇石、同九年以降岸本一人となり五万四〇〇〇石支配）、菅沼安十郎定昌と山口鉄五郎高格（以上吹上代官、支配高五万石）がおのおの任ぜられている。彼らの役割はこれまでの頻繁な交代をあらため同一任地を長く支配することにより、関東農村の復興と治安維持などに本格的に取り組むことであり、藤岡代官の岸本氏は就美、荘美の二代にわたり二四年間勤めている。また少しのちにおかれた真岡代官の竹垣氏は直温、直清の二代にわたり三一年間勤めている。さらに在地をきめ細かく支配する必要に応じ、以後も各地に本陣屋や出張陣屋がおかれている。すなわち同九年には下野真岡代官所（代官竹垣三右衛門直温、支配高六万石、のち八万四四〇〇石）と常陸上郷代官所（竹垣代官兼帯）が増設され、両者で一一万石を支配している。同一一年には下野東郷代官所（岸本代官兼帯）がおかれ五万四〇〇〇石を支配している。享和元年（一八〇一）には武蔵久喜代官所（代官早川八郎右衛門正紀）がおかれ（文化五年まで）、同三年には下野八木沢代官所（山口代官兼帯）がおかれるなど、計八陣屋となったのである。その後文政六年から九年（一八二三～二六）にかけて藤岡、吹上の両代官所が廃止されている。しかし代官は引きつづき江戸で事務を執っていたのであり、代官が任地に常駐するようになるのは岩鼻代官の場合、文久三年（一八六三）小笠原甫三郎義利からである。また農村の荒廃と治安の悪化が進むと、これに対応するため文政一〇年にはこれまでの郡中総代に加えて郡中取締役が村方より任命され、上野幕領での風俗取り締りにあたった。しかしこれでも対応できず、のちには関東取締出役（八州廻り）がおかれ、関東全域の公私領を問わず取り締りにあたることになる。さらに荒廃による農民の減少をうめるため、北国筋の代官と連携し北国筋の本願寺門徒の農民を下野や常陸に移住させたり、間引きの禁止、田畑の起返しなどをおこなっている。

このように代官所の再編成がおこなわれるなか、文化六年（一八〇九）には八カ国で九〇万八〇〇〇石（『御料郷村多寡記』）となり、その内訳は、

＜江戸詰代官＞		
早川八郎右衛門正紀	武蔵	一〇万石
大貫次右衛門光豊	武蔵・相模	一〇万三〇〇〇石
伊奈友之助忠富	武蔵	七万四二〇〇石
竹垣三右衛門直温	武蔵・安房・上総・下総・常陸・上野	八万四四〇〇石
浅岡彦四郎直澄	武蔵・下総	六万二一〇〇石
野田源五郎孝成	武蔵・下総・下野	六万二一〇〇石
稲垣藤四郎豊勝	上野	五万　八〇〇石
吉岡四郎右衛門義休	武蔵・上野	五万三五〇〇石
鈴木伝一郎正恒	上総・下総・安房	五万二二〇〇石
山上藤一郎定保	常陸・下野	五万二三〇〇石
＜下野藤岡代官＞		
岸本武大夫就美	下野・下総	四万四六〇〇石

〈同吹上代官〉

山口鉄五郎高格　下野・下総　四万　一〇〇石

〈上野岩鼻代官〉

吉川栄左衛門貞寛　上野　三万七一〇〇石

となっている。このほか信濃御影代官榊原小兵衛長義（四万九五〇〇石）が武蔵と上野の一部を支配、伊豆韮山代官江川太郎左衛門英毅（四万一八〇〇石）が相模の一部をおのおの支配しており、合計一五人の代官が支配にあたっている。このうち岩鼻代官は文化一〇年（一八一三）より足尾銅山奉行を兼ねていた。

ついで天保九年（一八三八）では伊豆諸島を含め九八万五二〇〇石で、その内訳は、

〈江戸詰代官〉

中村八大夫利則	武蔵・相模	一三万五〇〇〇石
山田茂左衛門至意	武蔵・下野	一一万五四〇〇石
伊奈半左衛門忠信	武蔵	一〇万五〇〇〇石
森覚蔵貫之	安房・上総・下総	八万七五〇〇石
羽倉簡堂秘道	下総・上野・下野・（伊豆諸島）	八万五七〇〇石
林金五郎政幸	常陸・下総	八万五一〇〇石

〈上野岩鼻代官〉

山本大膳雅直　　武蔵・上野・下野　　一三万五〇〇〇石

<下野真岡代官>

川崎平右衛門定保　　下総・常陸・上野・下野　　九万四六〇〇石

<同東郷代官>

伊奈友之助忠貞　　下総・常陸・下野　　八万八五〇〇石

となっている。このほか伊豆韮山代官江川太郎左衛門英龍が武蔵二万八七〇〇石、相模一万八〇〇〇石を支配し、相模浦賀奉行（太田運八郎資統、池田将監頼方）が支配地六五〇〇石（浦賀周辺）を預っており、合計一〇人の代官と一奉行により支配されている。これらの代官のうち川崎定保は常陸上郷陣屋も支配し、伊奈忠貞は武蔵小菅陣屋と奥州街道の宇都宮貫目改所も支配し、羽倉簡堂は下野今市陣屋も支配し、山本雅直は足尾銅山奉行を兼ね中山道の板橋貫目改所もおのおの支配していた。また中村利則が浦賀や城ケ島、森貫之が上総富岡と竹岡、江川英龍が武蔵や相模のうちと江戸湾沿岸の各海防係を兼任するなど幕末の状況を反映している。さらに山本雅直（岩鼻代官）、川崎定保（真岡代官）、伊奈忠貞（東郷代官）の各代官も江戸住いが多く、このころには代官の陣屋常駐が寛政期ほど地方支配の面での比重をもっていなかったようである。

幕末の天保一四年（一八四三）に東郷代官となり、嘉永元年（一八四八）に真岡代官となった代官山内総左衛門薫正は下野の真岡、東郷の両陣屋を真岡代官所に統合し、東郷（安政五年廃止）、今市は出張陣屋になり、下野幕領八万六〇〇〇石を一手に支配した。山内薫正は二宮尊徳を代官手附に任じている。二宮尊徳は仕法役所を陣屋内におき、さらに安政二年（一八五五）に今市の報徳役所に移るまで、ここで農村復興にあたった。しかし慶応四年（一八六八）薫正の子の真岡代官山内源四郎崇正は世直し一揆に同陣屋が攻められると、事前に逃亡して難をのがれているが、その後官軍に攻められ処刑されている。その一方元治元年（一八六四）には関東郡代が再びおかれ、松平対馬守正之、花房近江守職補、杉浦越前守正尹の三人が任命されている。また、同年には天狗党の乱の折に岩鼻代官所がその追討の拠点となっている。そして慶応元年には岩鼻代官に木村甲斐守勝教が任ぜられると、彼は岩鼻に常駐を命ぜられ直接五万石の在地支配にあたることになり、その下に関東郡代付組頭がおかれ、代官の甘利八右衛門為徳と木村董平定政が任ぜられているが、慶応三年に両者は廃止されている。

このような関東郡代の再置は公私領を問わず関東全域の統一的支配の確立であり、木村の場合は上野全域と武蔵北部の秩父、賀美、児玉、那賀、榛沢、男衾の六郡をその支配下においている。

近世後期から幕末になると、本来関東筋の幕領は代官による直支配が原則であったため大名預り地はほとんどみられなかったのであるが、この時期外圧の影響により幕府は危機感をもち、江戸湾の海防のため諸大名に湾岸の防衛箇所を割りあてて支配にあたらせた。しかし遠方の大名にとっては財政的負担が重かったため江戸湾周辺の幕領の一部を預り地としてあたえ、その年貢をもって費用をあてさせている。すなわち、早くは彦根藩が天明四年（一七八四）に相模三浦、鎌倉郡等で七〇〇〇石を預り地としてあたえられた（文化三年迄）。その後文化三年に再び相模で一万五〇〇〇石を預けられている。また会津若松藩も文化八年（一八一一）に同藩越後預り地のうち三万石を相模に預け替えされており、これは相模幕領（大貫次右衛門光豊代官支配地）から割かれている（文政三年迄）。房総では文化八年白河藩が海防を命ぜられ、房総で幕領三万二〇〇〇石を預けられた（文政六年迄）。その後幕府代官支配をへて、天保一三年（一八四二）には忍藩が命ぜられ、翌年播磨と伊勢の領地を安房と上総の幕領と替地した（嘉永六年迄）。弘化四年には会津若松藩が命ぜられている。同じく弘化四年（一八四七）には彦根藩井伊氏に相模三浦郡と鎌倉郡で一万四六〇〇石を、嘉永五年（一八五二）にも同藩に三浦郡で六〇〇〇石をおのおの預けている。同六年からは柳川藩立花氏に上総望陀、周准、天羽三郡で一万一〇〇〇石を、同七年には岡山藩池田氏に上総、安房で二万九九〇〇石を預けている。安政元年（一八五四）には熊本藩細川氏に武蔵で二五〇〇石、同四年にも一万石を預けているのである。同五年からは二本松藩丹羽氏が柳川藩預り地を引継いでいる。慶応三年（一八六七）からは前橋藩松平氏が品川台場支配からかわって預り地一万五〇〇〇石が所領としてあたえられている。このほか武蔵では品川台場支配がある。これは海防策の一環として江川太郎左衛門英龍の献策により、嘉永六年から安政元年（一八五三〜五四）にかけて六基の砲台が建設された。これらの台場は前橋藩松平氏が支配にあたったが、前述のように慶応三年からは二本松藩が支配にあたっている。

以上のように関東筋の幕領は初期以来一〇〇万石から一二〇万石程であり、全国幕領のなかでも最大の領地を誇っていたのであり、幕府のお膝元らしい体制となっている。また関東筋の代官は寛政四年（一七九二）までは関東郡代伊奈氏が大量の支配地をもち、ほかの代官の監督もあわせおこなっていたが、同年伊奈氏の改易後は彼の支配地を他の代官が分割支配したため、他の郡代支配地に匹敵するような一〇万石以上の者もみられるようになった。さらに初期に登用された世襲的在地代官は、正保期ごろまでに江川氏をのぞき消滅しており、官僚的代官が主流となっている。

第三章　海道筋の幕府領

海道筋の幕領は遠江、駿河、三河、甲斐、伊勢、美濃、伊豆（伊豆諸島含む）、飛驒、尾張の九カ国に存在した。これらのうち駿河、三河、遠江、甲斐の四カ国と信濃南部は天正一八年（一五九〇）までは徳川氏の領国で、いわゆる「五カ国」であり、徳川氏が戦国大名から近世大名へ発展する権力基盤となったところであった。このため関ケ原合戦後、いち早くそれまでいた豊臣系大名をほとんど転出させ、徳川幕府の親藩大名や譜代大名を配置する一方、幕領も多く配置している。また慶長一二年から元和二年（一六〇七〜一六）まで、幕府の江戸と駿府の二元政治の下で大御所となった徳川家康が駿府城にいて、幕府の全国政権としての政治的、経済的基盤を確立するための諸政策を江戸政権（将軍秀忠）と連携しつつ実施していたように幕府にとっては重要地域であった。このため幕領も多く設定されているのである。

以下に各国別に幕領の形成と代官の動向について考察していく。

遠江の幕領は慶長五年の関ケ原合戦後、徳川領国に復帰してからはじまる。まず浜松（松平忠頼、五万五〇〇〇石）、掛川（松平定勝、三万石）、横須賀（大須賀忠政、六万石、以上慶長六年）、久野（久野宗能、

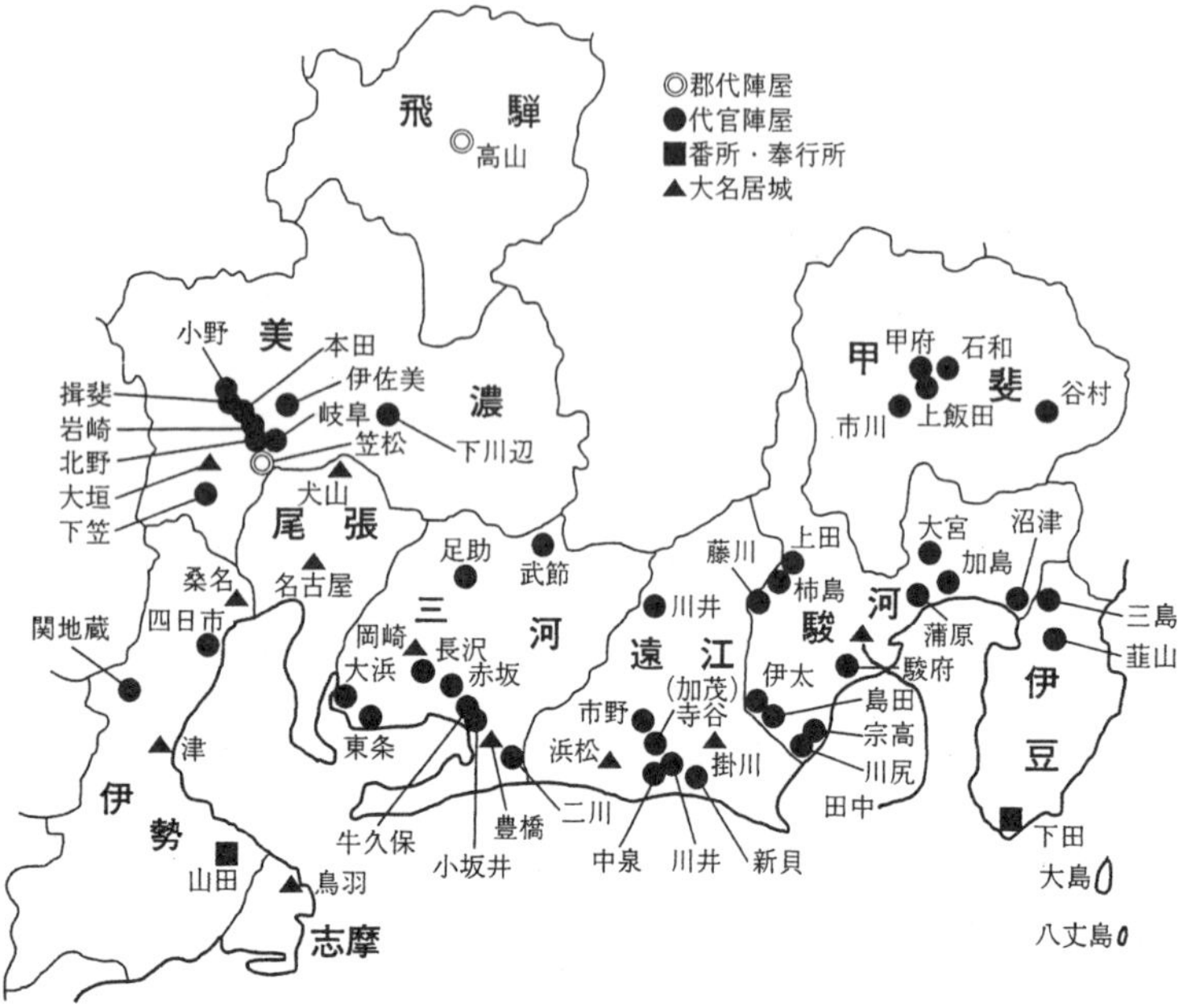

海道筋

一万石、同八年）に譜代の大名を配置する一方、この大名領や旗本領をのぞく地域で、主として遠江中部と北部に幕領が設定された。その支配の中心は豊田郡中泉代官所であった。中泉は徳川氏の五カ国時代以来、遠江における徳川蔵入地支配の中心地であった。近世初期には遠江幕領の支配は代官頭伊奈備前守忠次が中心となり、中泉には彼の配下の森右馬助高重や岡田五郎助・郷右衛門直高父子らが配置され、このほかにも常駐ではないが袴田善兵衛直信、石原源兵衛吉次、石河善左衛門らがおり、いずれも忠次の指揮の下に中泉を中心に民政・農政・寺社領などの支配にあたっている。

遠江では中泉代官のほかに豊田郡加茂村に居住し五カ国時代から伊奈忠次配下とし

て同郡の寺谷用水の開削や新田開発に活躍し、慶長七年以後加茂、匂坂などの代官となった平野三郎右衛門重定、おなじく五カ国時代以来長上郡市野村に居住し鷀代、本坂、三ケ日などの浜名十郷、その他を支配した市野惣太夫実久、おなじく榛原郡川尻村に居住し周辺の幕領を支配した万年三左衛門重頼、おなじく宗高村に居住し同郡内八三〇〇石を支配した池谷清右衛門、磐田郡見付に居住し新貝新田周辺を支配した安間平次弥（慶長一〇年ごろまで）、おなじく山名郡新貝村に居住し周辺幕領の代官となった大草太郎馬正次、中泉府八幡宮の神職で慶長五年豊田郡野河沼原を開発し、新田二〇〇〇石をあたえられ天竜川の西岸、川西領七五九九石の代官となった秋鹿長兵衛直朝、慶長七年登用され豊田郡西手領川井村のうち田島に居住し、同郡の西手領や奥山領を支配した片切権右衛門家正（川井陣屋）、中泉御殿を守衛し中泉周辺の代官を勤めた大石十右衛門康正、関ケ原後引佐郡井伊谷筋の代官となった松下常慶安綱、飯田助右衛門、松下勘左衛門、中井新左衛門、引佐郡気賀・坂部代官の角岡仁右衛門らがいるが、これらは中泉代官とことなり近世初期においておのおの本貫地に居住し、その周辺の幕領の支配にあたる在地土豪や有力農民出身の在地代官ともいうべき代官であった。伊奈忠次はこれらさまざまな代官を指揮して遠江支配にあたったのであるが、彼自身は代官頭として広範な幕領支配にあたっていたため実質的な支配は中泉代官に委ねていたのであり、中泉代官はこれら遠江諸代官を統括する役割を果たしていた。同時に中泉代官はほかの在地代官とことなり、伊奈忠次以来中央から派遣された代官が任命されている。

彼らの支配は残存史料からみると幕領の寺社領支配や新田開発、争論裁許、年貢上納などさまざまな仕事をおこなっている。もちろん忠次自身も慶長五年一二月から翌六年正月にかけては大久保長安、彦坂元正との三人連署で遠江、三河を中心に寺社領の安堵をおこなっているが、同六年二月からは忠次が単独でやはり遠江、三河を中心に各郷村に寺社に所領の安堵や新規宛行をおこなっているほか、掛川藩（松平定勝）や久野藩（松平重綱）領内の寺社にたいし、家康の命令による所領安堵を伝えるなど私領への伝達もおこなっている。さらに慶長九年の遠江一国総検地は大名領をのぞいて忠次の指揮の下におこなわれている。

慶長一四年（一六〇九）には、さきに述べたように同一二年以来駿府の大御所家康の政治体制の下で徳川頼宣が水戸から駿河、遠江二カ国を領する駿府藩主として入封するが、駿遠の基本的所領配置は変化せず、ただ遠江では浜松に頼宣の付家老水野忠英（二万五〇〇〇石、のち三万五〇〇〇石）、掛川にはおなじく安藤直次（三万八〇〇〇石）が配置され、従来からの横須賀の大須賀氏、久野の久野氏らは頼宣に付属されている。頼宣の所領は水戸藩時代同様幕領に準じて幕府代官が頼宣付代官としてそのまま支配にあたった。その支配の中心はやはり中泉代官であり、前代の大石十右衛門康正が「中泉御郡代」として支配の中心となったほか、着任年代は不明だが、おなじころ豊島作右衛門忠次も中泉代官となり大石とともに支配にあたっている。ほかに先に述べた在地代官たちもそのまま頼宣付の代官となり、幕領支配の一翼を担っていたものと思われる。これら幕領支配の統括は従来の伊奈忠次にかわり、駿府政権の一員で慶長一四年以降井出志摩守正次のあとをうけて駿府町奉行として駿河の幕領支配にあたっていた彦坂九兵衛光正が駿河とともに遠江の支配にあたることになったため、中泉代官もその指揮下に入っていた。

元和五年（一六一九）徳川頼宣が和歌山へ転出すると大名領は浜松、掛川、横須賀、久野とも領主がかわっただけで存続し、ほかの多くは再び幕領となり、中泉代官を中心に再び在地代官によって支配された。中泉代官豊島忠次は元和二年ごろ、八丈島代官を兼任し、大石康正は同五年頼宣の紀州転封にしたがっていったため、彼らにかわって中野七蔵重吉が関東筋代官から転任してきた。中野重吉は府八幡宮の元和七年の棟札に「国代　中野七蔵重吉」とあるところから、単なる代官にとどまらず、遠江一国の幕領を統括する立場にあったものと思われる。寛永元年（一六二四）重吉が死去すると、一時期子の吉兵衛重弘が中泉代官になるが、翌二年には高室金兵衛昌重がやはり関東から転任してきている。なお幕領支配については、元和五年以降従来中泉代官の支配下だった豊田郡の北部山間部五領のうち西手領、阿多古領と片切家正（元和五年紀州へ従う）支配だった奥山領の三領が、信濃伊那代官の宮崎三左衛門道次の支配下に編入され、その後も代々宮崎氏の支配下であった。また引佐郡西部は元和五年より代官米倉平太夫重種の支配下に入り、彼は浜名郡野地に陣屋を構え市野惣大夫実久にかわって浜名十郷を支配したが、寛永九年にいたり中泉代官の支配下に入っている。秋鹿朝正も前代同様豊田郡を中心に六九六二石を支配している。

寛永元年遠江の東部は駿府藩徳川忠長領になるが、この地方支配は駿河同様、村上三右衛門吉正を総代官として配下に忠長付代官の岩波七郎右衛門道能、平岡岡右衛門千道、竹川監物信経らが甲駿代官兼任で遠江代官としても入っているので、遠江にも彼らの支配地があったものと思われる。したがって彼らとともに中泉代官（高室四郎右衛門昌重）をはじめ、従来からの在地代官も加わり多数の代官による複雑な支配が行われたものと考えられるが、この時代の中泉代官と忠長付代官との支配区分はかならずしも明確ではない。寛永九年忠長が除封されると、これら忠長付代官の多くは処断されたため、遠江幕領の支配は再び中泉代官を中心に従来の在地代官らによる支配にもどった。中泉代官は寛永一二年高室氏にかわり三河長沢代官の松平清左衛門親正が長沢代官兼任のまま移っており、その子清兵衛親茂が継承し延宝三年（一六七八）までつづいている。

近世前期の大名領と幕領の動向をみると、元和元年（一六一五）横須賀藩大須賀氏が断絶すると城東、榛原両郡を中心とする同領六万石は上知され、中泉代官の支配下に入っている。同五年松平重勝が横須賀に二万六〇〇〇石で入封すると、のこりの幕領は三万四〇〇〇石になり、同八年かわって井上正就が五万二五〇〇石で入封すると幕領は消滅しているが、天和二年（一六八二）西尾忠成が二万五〇〇〇石で入封するとその差二万石余が上知、また天和元年掛塚藩加々爪直清（一万三〇〇〇石）が除封されると、同領のうち遠江分六五〇〇石が上知、寛永一七年（一六四〇）久野藩北条氏重が転出すると同領一万石が上知、おのおの幕領とされ、これらは島田代官長谷川氏や伊豆代官川井氏、川井代官宮崎氏の支配地とされたほか掛川藩預り地とされている。

正保四年（一六四七）では幕領は一一万九六〇〇石（遠江国正保郷帳）で麁玉郡をのぞく全域に及んでおり、同国高の四三パーセントに上っている。その内訳は、

松平清兵衛親茂	中泉代官	三万九八〇〇石
秋鹿長兵衛朝正	川西代官	二万一四〇〇石
大草太郎左衛門政信	新貝代官	二七〇〇石
万年七郎左衛門忠頼	川尻代官	二五〇〇石
平野三郎右衛門重政	加茂匂坂代官	一八〇〇石
市野惣大夫実利	市野代官	一二〇〇石
川合助左衛門忠次	伊豆代官	一万八三〇〇石
宮崎三左衛門道次	川井代官	九八〇〇石
		他に永高六二八貫文
長谷川藤兵衛長勝	島田代官(駿河)	八六〇〇石
掛川藩預り地(松平忠晴)		一万　六五〇〇石

と一〇人の代官と一大名の預り地となっており、在地世襲代官がなお多く存続していた。

延宝元年（一六七三）の遠江代官の支配高は不明であるが、中泉代官松平市右衛門正周、川尻代官万年忠頼、新貝代官大草政信、市野代官市野実利、川西代官秋鹿内匠朝重の五人となっている。

この後元禄段階までに遠江に関与した初期代官のうち、在地代官の池谷清右衛門、安間平次弥、片切権右衛門家正、飯田助右衛門、松下勘左衛門、宮崎仁左衛門道常（寛文八年遠流）、秋鹿長四郎朝就（元禄一〇年没収)、市野惣大夫真防(同年小普請)、平野三郎右衛門繁貞(同一三年没収)、長谷川藤兵衛勝峯(同一六年逼塞)らが姿を消しているほか、川合助左衛門忠次は延宝三年に伊勢四日市代官に、大草太郎左衛門政清は関東代官に転出した。元禄一一年(一六九八)には、島田代官野田三郎左衛門秀成が中泉代官に就くと、以後中泉代官が島田代官を兼任することになった(享保六年まで)。

駿河の幕領は関ケ原合戦後徳川領国に復帰すると、家康は沼津(駿東郡)、興国寺(同)、駿府(安倍郡)、田中(益頭郡)など要所に譜代大名を配置する一方、幕領も多く設定し、関東領国につぐ幕府の権力基盤としているのである。その後慶長一一年(一六〇六)までにこれらの藩は改易、転出などにより田中、沼津の二藩のみになっている。この慶長段階における幕領は興国寺藩天野氏に二万石の幕領を預り地として委ねているが、これを含め六万から八万石ほど存在していたといわれる。この幕領の支配は預り地をのぞけば関ケ原後伊豆三島代官兼任で再び駿河代官になった井出正次が中心である。これは慶長期の井出志摩守正次の駿河における発給文書が志太、益頭の二郡をのぞく五郡に出されていることでも裏づけられ、主として駿東郡や富士郡を中心としている。井出正次はまた慶長一二年に成立した大御所家康の駿府政権の下で駿府町奉行となり、都市と村方の両者の支配にあたっている。慶長期のほかの代官では、代官頭長谷川七左衛門長綱が先に述べたように慶長九年死去するまで駿河支配にも関与し、駿府周辺の有渡郡や安倍郡の幕領を支配したり、富士郡の新田開発にもあたっている。また伊奈備前守忠次配下の浅原四郎右衛門安近(志太郡伊太陣屋)や小長谷勘右衛門晴次(学仙、同藤川陣屋)、さらに海野弥兵衛本定(安倍郡上田陣屋)、朝倉六兵衛在重(同柿島陣屋)、長綱の兄長谷川藤兵衛長盛(同島田陣屋)らの駿河在地の土豪出身である、いわゆる在地代官が志太郡や益頭郡の支配にあたっている。浅原安近は天正一八年(一五九〇)、秀吉から徳川家康にあたえられた在京賄料のうち駿河島田周辺の代官に任ぜられ、伊太陣屋で支配にあたっていたが、元和二年(一六一六)より島田代官となった長谷川長盛にかわっている。小長谷学仙は志太郡大井川筋五三カ村(山間部)を支配し、海野本定や朝倉在重らは同郡最北部の梅地、長島、太間などの金山を支配する一方、海野は隣接する安倍郡北部の井川筋七カ村を支配し、一帯の木材を管理して駿府築城の用材奉行を勤めたり、井川茶の管理や流通にも関与している。その後彼らは、徳川頼宣領時代には頼宣付属の代官となっている。島田代官長谷川長盛は同郡南部を支配し、彼はのちに小長谷、浅原ら大井川筋の支配地も掌握し、近世前期をとおして長盛の子孫は同地域の支配を世襲している。なお長谷川長綱の支配地は慶長九年彼の死後、井出正次が継承している。さらに慶長一五年、田中藩酒井忠利(一万石)が転出すると上知、幕領とし、代官浅井六之助道多が支配にあたり、寛永二年(一六二五)から徳川忠長領となったが、同一〇年松平忠重が二万五〇〇〇石で入封するまではそのまま浅井が支配にあたった。

慶長一四年井出正次が死去すると、かわって彦坂九兵衛光正が駿河幕領支配の中心となる。彼は駿府政権家康の出頭人であり、駿府町奉行も継承して広く国内の支配にあたるとともに、同年に徳川頼宣の駿遠二カ国、五〇万石の駿府藩が成立すると、それまでの幕領は同藩領となり消滅するが、その地方支配は幕領に準じておこなわれたため、彼は駿府町奉行として代官も兼ねてその支配の中心となり、従来からの在地代官をも指揮して支配にあたっている。同時に元和二年には家康の遺命により頼宣の付家老となった。このほか慶長一八年に改易された駿東郡の沼津藩領は幕領とされ、これは代官頭伊奈忠次の配下だった長野九左衛門清定（後北条氏旧臣）が沼津代官として支配しており、駿府藩の外にあった。同領はこの後伊豆三島代官の支配となり、さらに寛永一九年（一六四二）からは関東筋代官の野村彦大夫為重が沼津代官兼任で支配している。なお富士郡も彦坂光正の支配外にあった可能性が高く、さきの志太郡や益頭郡などの一部が在地代官によって支配されているものの、彼の支配地はおおむね富士川以西を中心としていたという。

元和五年（一六一九）頼宣が和歌山へ転出するとふたたび一国すべてが幕領となるが、彦坂光正は和歌山へしたがっていったため、駿府町奉行になった門奈宗勝、山田重勝の二人が支配の中心となった。しかし寛永元年（一六二四）甲府藩主の徳川忠長に駿河一国と遠江の東半分が加増され、駿府藩五五万石が成立すると再度幕領は消滅するが、この忠長時代の地方支配は前述のように村上三右衛門吉正を総代官とし、郡代近藤正次、代官大野十右衛門元継、岩波七郎右衛門道能、平岡岡右衛門千道、竹川監物信経ら甲府藩以来忠長に付属していた代官たちが支配の中心となるが、島田代官長谷川長勝をはじめ従来からの在地代官もおのおの支配地の支配にあたったと思われ、支配区分は不明だが両者による共同支配がおこなわれたものと思われる。

寛永九年（一六三二）忠長が改易になると一国支配体制はくずれ、再び田中に松平忠重が益頭郡を中心に二万五〇〇〇石で入封して田中藩が成立し、駿東郡には小田原藩領（稲葉正勝）として一万石が設定されたほか、若干の旗本領が設定されるが、ほかはすべて幕領とされており、翌一〇年のいわゆる「寛永の地方直し」でも駿河ではあまり影響をうけていない。この寛永九年の幕領化の直後には下島市兵衛政真が駿府代官として支配の中心となっているが、翌一〇年からは安藤弥兵衛次吉、間宮彦次郎忠次に加え従来からの代官井出半左衛門正勝ら三人が支配の中心となっている。このうち安藤次吉は駿府代官として安倍郡や有渡郡などにある駿府城付領の支配にあたり、間宮忠次は庵原郡蒲原代官として同郡の支配にあたるが、寛永一八年に安藤次吉にかわって駿府代官になり、蒲原代官には関東筋代官の一色忠次郎直為が就任している。しかし翌一九年、間宮忠次が死去すると駿府代官は駿府町奉行の落合小平次道次と神保三郎兵衛重利の二人が兼任し、以後寛文二年（一六六二）までこの体制が継続している。この駿府町奉行による駿府代官兼任については、寛永末年の飢饉などの状況をふまえ、またすこしあとの慶安、承応期にほかの駿府代官が江戸廻米をおこなっているのに、駿府代官領からはそれがおこなわれていないのは同領の年貢米は駿府城詰米・城米として機能していたとの考察から、駿府城付領の支配強化と城詰米・城米の確保を意図した地方支配の町奉行移管と考えられるとしている（関根省治『近世初期幕領支配の研究』）。

井出正勝は父正信の慶長一四年以来、途中一時伊豆代官として転出するが、代々富士郡大宮代官であり、忠長時代もその付属代官であった。そして寛永一〇年再び幕領の大宮代官にもどっている。

これらの代官のほかにも、従来からの在地代官である長谷川藤兵衛長勝らも幕府代官に復帰し、おのおの従来からの支配地を支配したものと思われるが、駿東郡の幕領は寛永九年以降、小田原藩領をのぞき伊豆三島代官領となっていたが、寛永一九年（一六四二）からはあらたに沼津代官となった関東筋代官の野村為重の支配をうけた。また富士郡加島郷の土豪古郡孫大夫重政は、先祖が弘治年間（一五五五～五七）から同郡の籠下村の開発にあたり、家康の代に代官に登用されその後忠長の付属代官となったが、忠長改易後ふたたび駿府代官に復しており、元和元年以降富士川東岸に堤防を築き富士川の流路を安定させるとともに、その流域の加島郷一帯の新田開発をおこない、寛永年間以降多くの新田を成立させ、その地域の代官に登用されている。さらに寛永一九年田中藩領が水野忠善の四万五〇〇〇石から松平忠晴の二万五〇〇〇石になったため、その差二万石は幕領に組み込まれ、これは井出正勝や長谷川長勝および遠江代官の大草正信、万年忠頼らの分割支配となっている。

以上のように寛永九年以降、寛永期の駿河幕領は駿府代官を中心に関東から派遣された代官や周辺諸国の代官、さらに従来からの在地代官等によって支配されたのである。

慶安年間に作成されたと思われる『寛永改　駿河国高附帳・下』によれば、幕領は一二万九三〇〇石（駿河国高の六七パーセント）であり、その内訳は、

落合小平次道次 神保三郎兵衛重利	駿府町奉行（駿河代官兼任）	四万六二〇〇石
野村彦大夫為重	沼津代官	二万八四〇〇石

一色忠次郎直為	蒲原代官	二万二二〇〇石
井出半左衛門正勝	大宮代官	一万四三〇〇石
古郡孫大夫重政	加島代官	七三〇〇石
長谷川藤兵衛長勝	島田代官	五五〇〇石
		他に高八四三貫文
大草太郎左衛門政信	新貝代官(遠江)	三三〇〇石
万年七郎左衛門尉忠頼	川尻代官(遠江)	一八四〇石

と二人の奉行と七人の代官によって支配され、遠江代官二人が兼帯している。

慶安期以降近世前期の各代官の動向をみると、島田代官は長谷川長盛以来元禄五年（一六九二）まで長谷川氏が世襲したが、同年藤兵衛勝峯が遠江川井代官へ転出し同氏による支配は終わっている。大宮代官も井出藤左衛門正信以来元禄五年まで井出氏が世襲したが、同年正基（三万二五〇〇石支配）が死去し断絶すると、陣屋も廃止されている。駿府代官は寛文二年（一六六二）にいたり駿府町奉行の兼任が解かれ、再び専任代官の諸星庄兵衛政照が任ぜられ駿府紺屋町に陣屋がおかれた。この支配地は安倍、有渡、庵原、富士、志太、益頭の六郡で五万九一〇〇石余であったが、天和元年から元禄五年（一六八一～九二）のあいだは加島代官古郡氏が兼任し、元禄五年以降近山六左衛門安政が中泉代官から移り、再び専任がおかれた。加島代官は古郡重政以来元禄五年まで古郡氏が世襲したが、同年古郡年明が結城代官へ転出すると廃止されている。蒲原代官は寛文二年（一六六二）以降、大宮代官井出氏の兼任で出張陣屋となり、元禄五年廃止されている。沼津代官は、野村為重以下天和三年（一六八三）まで野村氏が世襲したが、同年彦大夫為政が罷免されると、かわって国領半兵衛重次が任ぜられている。元禄五年同領は分割され、沼津代官（大草太郎左衛門正清）と原代官（野田三郎左衛門秀成）とになり、同一〇年原代官領はさらに沼津代官と島田代官（太田弥大夫重長）、中泉代官（内山七兵衛永貞）の三者の分割支配となったが、同一一年には島田、原、沼津の三代官所は廃止され、駿府代官外山五郎左衛門雅国の支配下におかれている。同一五年には島田陣屋は中泉代官の出張陣屋に、沼津陣屋は駿府代官の出張陣屋となっている。

このように駿河の代官は元禄段階までに大宮代官井出氏、島田代官長谷川氏、加島代官古郡氏等の世襲代官が消滅し、駿府代官に収斂されている。この間沼津代官支配地は、延宝七年（一六七九）には三万六〇〇〇石だったものが翌八年に小田原藩に駿東郡一万三〇〇〇石を加増したため、のこり二万三〇〇〇石になり、その後天和二年（一六八二）に小田原藩領のうち一万石が上知、幕領とされ三万三〇〇〇石にもどっている。そして元禄の地方直しによりその大半が旗本領とされたため、廃止されている。

美濃では、関ケ原後譜代大名や旗本領の設定とともに幕領も設定されているほか、中心都市岐阜も支配下においている。美濃幕領支配の中心は代官頭大久保石見守長安であり、彼の配下の手代代官や下代などが支配にあたっている。そして彼らを駆使して慶長一三年から翌年（一六〇八～〇九）にかけて、一国総検地を実施している。慶長一〇年（一六〇五）ごろの幕領は七万五〇〇〇石（『美濃一国郷牒』）で、内訳は、

大久保石見守長安	岐阜代官	四万二五〇〇石
山田長右衛門直弘	伊佐美代官	九六〇〇石
栗原右衛門盛清	三輪代官	七五〇〇石
岡田将監善同	姫郷代官	三三〇〇石
山村甚兵衛良安	木曽代官	二七〇石
氏名不明		一六〇〇石
高須藩預り地（徳永昌重）		四九〇〇石
苗木藩預り地（遠山友政）		一六〇〇石
旗本預り地（林勝正）		三七〇〇石

となっており、大久保長安が岐阜陣屋で全体の支配にあたるとともに、山田、栗原、岡田、山村ら配下の代官と、大久保長安の代官として活動していた徳永、遠山、林らの大名、旗本たちを駆使していた。また信濃木曽谷の木材を木曽川により川下げしていたため、美濃の同川沿いの要地はほとんど幕領とされていた。しかし同一八年大久保長安が失脚すると、配下だった岡田善同がかわって美濃幕領支配の中心となり岐阜陣屋に入り、大久保長安の支配地は岡田以下の代官が分割支配している。

その後慶長一七年から元和五年（一六一二～一九）にかけて、尾張藩徳川義直に順次美濃国内の幕領八万八六〇〇石を割愛している。このとき岐阜も尾張藩領となったため、岡田善同は姫郷に陣屋を移し、さらに寛永八年には子の将監善政が揖斐陣屋に移った。この揖斐陣屋は元和九年（一六二三）揖斐藩西尾氏（三万石）が断絶、上知されて幕領とされて、代官岡田善同の支配下となったものである。また元和元年に信濃の木曽谷も尾張藩にあたえられており、木曽代官山村甚兵衛良豊および伊那代官千村平右衛門良重も尾張藩の代官を兼任するようになった。また同五年には、下代の不正により大久保長安の有力代官の一人だった栗原盛清は失脚させられている。寛永五年（一六二八）高須藩徳永昌重が改易されると同領五万三七〇〇石が上知、幕領とされ、同九年には加納藩菅沼忠隆（一〇万石）が断絶し、かわって松平光重が七万石で入封すると、その差三万石も上知、幕領とされるなど、徐々に増加している。

寛永一三年（一六三六）の幕領は、一五万九二〇〇石（『美濃国郷帳』）であり、内訳は、

岡田将監善政	揖斐代官	七万一二〇〇石
山田長右衛門直弘	伊佐美代官	二万二五〇〇石
石原清左衛門正重	下笠代官	一万九七〇〇石
深谷忠兵衛盛吉	小野代官	一万三六〇〇石
市川茂左衛門満友		一万六二〇〇石
近藤与兵衛登正		一万五九〇〇石

の六人の代官によって支配されている。その後同一七年高須に小笠原貞信が二万二七〇〇石で入封すると旧高須藩領の幕領からあたえられている。

正保四年（一六四七）には幕領は一二万九九〇〇石（『美濃国正保郷帳』）となっており、その内訳は、

岡田善政　　揖斐代官　　七万七五〇〇石
深谷盛吉　　小野代官　　三万　七〇〇石
石原正重　　下笠代官　　一万七五〇〇石
旗本預り地（大島義唯）　　　　　四二〇〇石

と三人の代官と一旗本の預り地とからなっているが、大島氏の預り地は寛永一四年に本家大島義豊の断絶、上知分があり、このほかに後述するように摂津でも一〇〇〇石を預っているが、これらは慶安三年（一六五〇）に代官の直支配になっている。その後承応二年（一六五三）には徳野藩平岡頼資が改易され同領一万石が上知、幕領とされ、岡田代官支配地に入り、徳野に出張陣屋がおかれた。この段階でも岡田代官の支配地は図抜けて大きく、美濃幕領支配を統括しているのである。その後岡田代官支配地から徐々に大名領などへの割愛が進み、万治二年（一六五九）ではその支配地は五万九九〇〇石であり、このうち旧徳永氏領四〇〇〇石、旧平岡頼資領九二〇〇石、旧長谷川小兵衛領一一〇〇石となっており、大名領地は岡田代官の支配地となっている。寛文二年（一六六二）名取半左衛門長知代官のとき、これまでの揖斐陣屋を笠松に移し、笠松陣屋は中期以降美濃支配の拠点となるとともに、元禄一二年（一六九九）には辻六郎左衛門守参が美濃郡代に昇格している。これ以外の前期代官には下笠代官石原清左衛門正永・正利父子が明暦二年から元禄一二年（一六五六〜九九）まで、岩崎代官が南条金左衛門則弘以降小野惣左衛門則正まで

元禄三年から享保七年（一六九〇〜一七二二）まで、赤坂代官支配下の北野代官が窪島市郎兵衛長敬以降野田甚五兵衛古武まで元禄一三年から元文五年（一七〇〇〜四〇）までおのおの存在していたが、享保改革によりこれらの多くは笠松の美濃郡代へ統一されて行き、岩崎、北野陣屋も廃止された。なお、元禄一〇年（一六九七）の美濃幕領は一五万四八〇〇石であり、内訳は笠松代官支配地が一一万七一〇〇石、三河赤坂代官支配地が二万八八〇〇石、飛驒代官支配地八九〇〇石となっている（『美濃国元禄郷帳』）。

三河は徳川氏発祥の地であるだけに、戦国期からその領国経営がおこなわれていたが、天正一八年関東へ転封になり伝来の地を離れた。慶長五年（一六〇〇）関ケ原合戦後再び徳川領国になると、譜代大名を要所に配置するとともに幕領も設定している。その支配地ははじめは岡崎におかれ、のちに赤坂に陣屋がおかれたが、このほかにも東海道の各宿や脇往還の宿や町場にも拠点があった。これら幕領の支配には彦坂元正や伊奈忠次らが中心となり、とくに伊奈備前守忠次は岡崎を拠点に慶長五年から六年にかけて遠江、駿河と同様に寺社領の安堵や寄進、朱印状の取次などをおこなう一方、在地の代官を取り立て地方支配の体制を固めている。ほかにこの時期の三河代官には岡崎の「松応寺起立略記」（『岡崎市史』近世史料編）によれば、慶長一〇年の時点では三浦庄兵衛直正、鳥山洞意精俊、設楽郡代官菅沼伊賀守三照、畔柳寿学正盛、彦坂九兵衛光正、額田郡代官浅井金右衛門、額田郡足助代官三宅辰之助の七人がいたという。さらに額田郡長沢代官松平念誓親宅や幡豆郡前後新田等を開発して代官に登用された鈴木八右衛門重直らがおり、おのおの幕領を分割支配しているが、彼らの多くは在地土豪であるものの、彦坂のように駿府代官から兼任しているものもいた。具体的には、関ケ原後岡崎藩田中吉政（一〇万石）が転出すると、かわって本多康重が五万石で入封し、その差五万石が上知、幕領となり岡崎に陣屋がおかれ、同年在地から登用された鳥山精俊（はじめ岡崎、のち幡豆郡吉良東条陣屋による）、三浦直正（元和五年紀州へ従う）、畔柳寿学（同上）らが支配にあたった。このほか慶長一五年作手藩奥平忠明（一万七〇〇〇石、三河分一万石）が転出すると上知、また同一四年三河国内にあった水野忠胤領一万石も改易され上知、同一七年深溝藩松平忠利（一万石）が吉田へ転出し上知されおのおの幕領となっている。

さらに元和五年（一六一九）挙母藩三宅康貞（一万石）が転出し上知、同年形原藩松平家信（一万石、三河分五〇〇〇石）が転出し上知されおのおの幕領となっている。これらの幕領もさきの代官や宝飯郡牛久保陣屋の鈴木八右衛門隆次、小坂井陣屋の安藤弥兵衛次吉や米倉平大夫重種らによって支配されている。

この後寛永一三年（一六三六）には幕領は統廃合、再編成されて前代からの代官も三河全郡に支配地をもつ牛久保代官鈴木隆政、八名・渥美二郡をのぞく六郡に支配地をもつ吉良東条陣屋の鳥山精明、額田・宝飯・設楽三郡に支配地をもつ長沢代官松平親正の三人になっている。このうち鳥山、鈴木両代官は三河専任の代官であるが、松平は寛永一二年より遠江中泉代官に転出したものの、長沢代官も兼任している。

寛永一七年（一六四〇）の幕領は六万五九五〇石（『三河国郷帳』）であり、その内訳は、

鈴木八右衛門隆政　一万一六〇〇石
松平清左衛門親正　七五〇〇石

鈴木隆政
鳥山牛之助精明　五万一六〇〇石
田原藩預り地（戸田忠能）　二〇〇〇石

となっており、鈴木、鳥山の立合支配地がもっとも多く、松平の支配地はごくわずかで遠江中泉代官が主であった。この後正保二年（一六四五）新城藩水野分長が転出し上知され、その所領一万二〇〇〇石を中心に設楽郡の幕領は鳥山牛之助精元の支配下に入ったが、延宝元年（一六七三）より信濃駒場代官の宮崎太郎左衛門公重が同郡武節陣屋で支配にあたり、天和二年（一六八二）からは同族宮崎三郎兵衛重尭が、貞享元年（一六八四）からは滝野十右衛門忠央が代々支配にあたった（元禄五年まで）。さらに天和二年には東海道の赤坂宿に赤坂陣屋がおかれている。また長沢代官は松平市右衛門正周が死去すると、天和三年から近山六左衛門安致が支配したが、彼は中泉代官であり、駿河代官も兼帯であった。さらに同年国領半兵衛重次が赤坂に陣屋をおき三河の牛久保代官鈴木八右衛門重政支配地（旧挙母藩一万石上知分等）の一部を支配したが、彼は畿内筋代官や野村彦大夫為重の後の沼津代官を兼帯しており、元禄五年（一六九二）以降は長沢代官支配地も兼帯した。加茂、設楽郡の幕領は元禄五年遠江川井代官となった長谷川藤兵衛勝峯が兼任して支配にあたっている。延宝八年鳥山藩板倉氏の飛地額田郡など一万一二〇〇石が上知、幕領となり牛久保代官鈴木重政の支配下に入った（元禄一一年まで）。天和元年には鳥羽藩内藤氏に渥美郡などで二万二〇〇〇石が割愛されている。

一七世紀末の三河代官には、鳥山精明（赤坂・大浜代官）、滝野十右衛門忠英（武節代官）の専任代官のほかに、近山六左衛門安致（遠江中泉代官）、長谷川藤兵衛勝峯（同川井代官）、平野三郎右衛門繁貞（同加茂代官）といった他国の兼帯代官がいた。そして元禄一〇年の地方直しにより大量に旗本領が設定されたため、三河の幕領は大幅に減少している。

甲斐は慶長五年関ケ原合戦後、豊臣系大名の浅野氏転出のあと再び徳川領国となり、都留一郡に鳥居成次を一万八〇〇〇石で封じたほかはすべて幕領とした。このほぼ一国に等しい幕領化は、関ケ原合戦に勝利したとはいえ、なお大坂方および西国大名にたいする徳川領国の西の押さえとしての政治的役割があった。さらに山梨、八代、巨摩三郡にわたる国中平野の穀倉地帯と五カ国時代以来の黒川金山をはじめ多くの鉱山を掌握し、徳川氏の経済的基盤の一つにする意図があった。甲斐の支配は甲府城代に平岩親吉を任じ、領国全体の支配にあたらせ、その下に代官頭大久保石見守長安を「国奉行」（甲斐国の職制としての）として実質的支配にあたらせた。さらにその下の四奉行には五カ国時代以来の桜井信忠ら四人を任じたほか、代官には天正一八年以来大久保長安の配下となっていた大野主水元貞、小宮山民部、田辺庄右衛門、秋山甚右衛門（汝舟）、平岡岡右衛門千道、岩波七郎左衛門道能、雨宮次郎右衛門忠長および坂田与一右衛門正清ら甲州系の代官がいて国内の地方支配、農政、鉱山経営などにあたっていた。

そして慶長六年から七年にかけて大久保長安は先の代官らを駆使して一国総検地を実施している。これにより山梨郡六万五一九八石余、八代郡五万三七六三石余、巨摩郡九万八七一一石余の三郡の二一万九七六七石余に、さらに郡内領の一万八四一八石余（鳥居氏領）を合わせ合計二三万八一八五石余を打ち出した。このうち幕領は山梨、八代、巨摩三郡二一万九七六七石余である（ただし、このほか旗本や津金衆、武川衆および九一色衆の渡辺囚獄佑などに知行地をあたえているので、この高がすべてではない）。国高は慶長三年（一五九八）が二二万七六一六石であるから、この検地ではさほど増加はみられない。さらに正保期（一六四四〜四七）の国高は二四万五二九八石であり、正保期にいたってもさほど増加していないことがわかる。これらの幕領のうち、山梨郡には武田氏以来の黒川金山、巨摩郡には保金山、黒桂金山、御座石金山、八代郡には湯之奥金山などがあり、近世初期には最盛期をすぎていたものの、なお重視されており、これらから産出する金ははじめは大久保長安が掌握していたが、その後慶長一〇年代からは松木五郎兵衛忠次に委ねられた。さらに慶長期には江戸と甲府を結ぶ甲州街道も整備され、同一〇年竜王村の一部に新宿が立てられ竜王新町も成立している。また慶長一二年には長安は角倉了以にたいし富士川舟運のための開削を命じ、鰍沢、黒沢から富士川を下り駿河岩渕にいたる舟運路が完成し、駿河との物質の流通、とりわけ幕領の年貢米の廻米ルートが確立した。

慶長八年甲斐一国は徳川義直の領知となったが、義直は幼少のため入封せず、甲府城代の平岩親吉がそのまま義直の家老となってのこり、大久保長安以下の役割もそのまままつづけられ、実質的には幕領時代と同様の支配体制であった。この義直時代も鳥居成次、平岩親吉をはじめ津金衆や武川衆の領地はそのままであったので、幕領もそれらをのぞいた高となる。

慶長一二年閏四月、徳川義直は尾張へ転封となって甲斐は再び幕領となり、平岩親吉や義直家臣となっていた一部の津金衆、武川衆等は尾張にしたがっていったが、鳥居氏はのこったため、幕領はこの鳥居氏領をのぞく、ほぼ先の三郡高二一万九七六七石に近いものであった。この段階の支配は大久保長安が実質的支配者となり、配下の四奉行や代官を駆使して支配にあたった。同一八年四月、大久保長安が死去し彼の生前の罪悪が暴かれると、配下の手代代官や下代にも処断されるものがでるなど、甲斐の幕領支配にもすくなからず動揺をあたえたものと思われる。

ついで元和二年（一六一六）には、将軍秀忠の子徳川忠長が甲斐一国二三万八〇〇〇石で入封したので幕領は消滅した。しかし地方支配は従来からの甲斐代官があたっている。こののち同八年には信濃佐久郡七万石（小諸城）を、寛永元年（一六二四）には駿河一国と遠江東半分二〇万石を加増され、四カ国で五五万石となったため居城を駿府へ移している。寛永元年の甲斐の忠長領は谷村藩（忠長家老鳥居氏）領や旗本知行分四万七二〇〇石と寺社領分三五〇〇石等をのぞいた一六万七〇〇〇石であった。これら四カ国の地方支配は、村上三右衛門吉正を総代官として郡代近藤正次以下、代官は大野十右衛門元継、岩波七郎右衛門道能、平岡岡右衛門千道、竹川監物信経ら甲州系代官が各地を分担して支配にあたった。このうち甲斐の支配は寛永元年平岡次郎右衛門和由が代官触頭に任ぜられたが、これは代官頭だった大久保長安のような強力な権限はないものの、甲斐の代官を統括する役目であり、一般の代官よりは高い地位（郡代に相当か）にあったもので、この代官触頭の任命はおなじ忠長領にあっても甲斐の支配は平岡和由を中心に独自の支配をおこなっていたのではなかろうか。

寛永九年（一六三二）忠長が改易になると、再び甲斐一国は幕領とされた。翌一〇年には甲府城代に幕府勘定頭伊丹康勝が任ぜられ、山梨郡徳美に一万二〇〇〇石で封ぜられた。また郡内領谷村には秋元泰朝が一万八〇〇〇石で封ぜられ、このほか同一〇年の寛永の地方直しにより甲斐には多くの旗本領が配置された。これらの私領をのぞいた分が幕領であり、その支配は甲府城代伊丹康勝の下、前代からの甲府町奉行日向半兵衛政成を中心として、その下で代官触頭平岡次郎右衛門和由以下平岡勘三郎良時、諸星庄兵衛政長らの代官が支配にあたっており、この体制は寛文元年（一六六一）までつづいた。この間平岡和由らにより竜王町の新田開発も進められたほか、甲府以下の宿も整備され、甲州街道を中心とする交通、物流体制が整備された。また先の富士川舟運も寛永一五年（一六三八）青柳に直轄蔵が設置され、鰍沢、黒沢とともに年貢米の江戸廻米ルートが整備、強化されている。

慶安四年（一六五一）将軍家光の弟、徳川綱重（甲府藩）に甲斐国内の笛吹川以西の山梨、八代、巨摩三郡内で一四万四〇〇〇石、四二三カ村を、徳川綱吉（館林藩）に西河内領などで三〇〇〇石をあたえている。このとき、笛吹川以西にあった旗本三〇人の知行地一万一六三〇石余が上知され、甲府藩領に組み込まれている。その後寛文元年（一六六一）徳川綱重に武蔵羽生領三万一六〇〇石、駿河六〇〇〇石、近江三万石、信濃三万七〇〇石が加増され、甲府藩は二五万石となっている。このなかにあって徳美藩（伊丹氏）、谷村藩（秋元氏）は存続しており、徳美藩の甲斐分は七九〇〇石、谷村藩は都留一郡一万八〇〇〇石であるため、のこりの幕領は旗本領などを差し引いても約五万石ぐらいはあったものと思われ、これらは寛文元年より平岡勘三郎良時が石和陣屋をおいて支配にあたった。元禄一一年（一六九八）徳美藩伊丹氏は改易となり、甲斐分七九〇〇石は幕領に組み込まれている。

伊勢では天正一八年（一五九〇）以前に豊臣氏より徳川氏に在京賄料としてあたえられた関地蔵、四日市、羽津など三五〇〇石の徳川領があった。関ケ原後これらは幕領に移行し、関地蔵はそのまま代官篠山理兵衛資家が支配にあたったが、元和元年（一六一五）子の理兵衛資友が改易され同所は亀山藩領になっている。

四日市代官にはあらたに在地土豪の水谷九左衛門光勝を任じている。なお四日市周辺には慶長一五年（一六一〇）以前にはすくなくとも先の四日市、羽津を含め一一カ村、九九〇〇石があり、水谷の支配地の一部であった（四日市市史）。また四日市は木曽川を川下げしてくる信濃木曽谷の木材の集積地で、ここから江戸や駿府へ送り出している。

このほか伊勢神宮の門前町山田も直轄化し、慶長七年甲州系代官の日向半兵衛政成や長野内蔵允友秀を山田奉行に任じている。彼らは伊勢国奉行も兼ね国内幕領の統括にあたっている。彼らはまた代官でもあるので支配地をもっており、全体の支配高は不明だが、元和二年（一六一六）前後ではすくなくとも日向政成が七〇〇〇石余、長野友秀が三五〇〇石弱を支配している。同三、四年にかけて山田奉行は日向、長野にかわって水谷と近江水口代官山岡図書頭景以がなり、山田町の支配にあたるとともに伊勢支配の中心となった。そして寛永元年（一六二四）中川半左衛門忠勝が就任すると二人体制は終わっている。同七年からは山田奉行に美濃代官岡田将監善政や花房志摩守幸次らが任ぜられ四日市代官も兼任しているが、同一〇年になり四日市代官に佐野平兵衛正重が就任すると山田奉行の兼任は解かれている。その後大名領の変化により幕領も変化しており、同一三年には神戸藩一柳氏の転出により同領五万石は（内伊勢分一万五〇〇〇石）上知、幕領となって四日市代官佐野正重の支配下におかれた。

慶安二年（一六四九）の幕領は三万六八〇〇石（『伊勢国正保郷帳』）となっており、その内訳は、

佐野平兵衛正勝　　四日市代官　　二万九二〇〇石
川合助左衛門忠次　　遠江代官　　四八〇〇石
水口城番預り地（山口弘隆）　　二八〇〇石
鳥羽藩預り地（内藤忠重）　　二五〇〇石

と三人の奉行と代官に一大名の預り地からなっている。これらの幕領は東海道の四日市、石薬師、関などの宿を中心に街道沿いに設定されている。

飛騨の幕領は、元禄五年（一六九二）高山藩主金森頼旹が出羽へ転封され飛騨一国三万八七〇〇石が上知、幕領とされたのにはじまる。飛騨の実高は本高に新田高二万二〇〇〇石、金山領三万石を合わせ九万石余と表高の三倍近かった。また飛騨は豊かな山林と神岡、茂住などの諸鉱山がありその実高はかなりあったのであり、財政難にあえいでいた幕府はこのような資源に着目し、金森氏を排除し幕領としたのであ

る。この支配には関東郡代の伊奈半十郎忠篤が兼任してあたり高山に陣屋をおいた。伊奈忠篤は農民への諸条目を布達したり、税制改革、山林や鉱山の管理などさまざまな諸政策を実施し幕府直支配をおこなっている。以後伊奈氏は正徳五年（一七一五）まで半左衛門忠順、半左衛門忠逵と三代にわたり支配にあったが高山には手代を派遣して治めさせ、自ら常駐することはなかった。

伊豆は天正一八年（一五九〇）以来徳川領国であり、韮山（内藤信成、一万石）、下田（戸田尊次、五〇〇〇石）、梅縄（石川家成、五〇〇〇石）および井出正次領三〇〇〇石ら若干の領主をのぞけば大半が幕領であった。

慶長五年関ケ原合戦後は韮山の内藤氏をはじめ下田の戸田氏、梅縄の石川氏らが転出したため、井出氏をのぞきすべて幕領となっている。その支配は三島代官と韮山代官を中心におこなわれたが、なかでも三島代官は初期には代官頭の伊奈備前守忠次や彦坂小刑部元正、さらに井出志摩守正次など有力代官が任ぜられ伊豆の総括的な支配をおこなっている。井出正次のあとは順次代官が常駐し直接支配をおこなっており、宝暦八年（一七五八）韮山代官が再置されると、その出張陣屋となったまま幕末まで存続している。

これに対し韮山代官は天正一八年直後に小田原北条氏の旧臣で在地土豪の江川太郎左衛門英長を代官に登用したのにはじまり、以後江川氏が享保八年から宝暦七年（一七二三～五七）までの就任しなかった時期をのぞけば代々支配し幕末にいたっている。韮山代官の支配高は初期には韮山周辺の田方郡約五〇〇〇石と思われる。

伊豆　韮山代官所

このほか初期の伊豆代官には曽根源左衛門長次・家次父子や竹村九郎右衛門嘉理らの名もみられるが、彼らの支配高や陣屋所在地などは不明である。

伊豆には金銀山があり関東入封直後から彦坂元正が支配にあたっていたが、慶長一一年（一六〇六）大久保石見守長安がかわって支配にあたった。彼の代になり縄地金山などあらたな有望鉱山を開発し、「伊豆国金やまに銀子多可出と云々、大方は佐渡国より出る程も可有之と云也、此已前代官彦坂小刑部たりしを引替、向後大久保石見守可為代官と也」（当代記）のように繁栄したという。大久保長安は、この伊豆の金山の開発と経営を彼が支配していた佐渡金山および石見銀山などと有機的に連携させて、人の交流を盛んにおこなっている。すなわち佐渡や石見から山師や鉱夫を呼び、新しい鉱山の発掘にあたらせ、縄地金山なども発見している。そして発掘した鉉《つる》（鉱脈）がよいかどうかを調べることも長安が伊豆に派遣した見立人三島惣左衛門におこなわせている。

初期の縄地金山の状況については、慶長一三年と思われる長安よりの二月廿日付の書状によると「一すなわち家数多出来候由尤候、一家之儀は大かたニいたし、山をほんニかせかせ可申候（下略）、一川合作共其元へ被参候由尤候、左も候ハヽ、町中仕置けんくわ等諸事左様之処可被申付と可被申候」（「佐渡川上文書」）と労働者の家が多くできてきたこと、家作は簡単にし山稼に精をだすこと、川合作兵衛政忠を遣わすので喧嘩など町中の仕置をきちんとするよう命じているのである。このほか鉱山付村々で不足する物資は周辺代官の支配地から調達するよう命じている。さらに諸物資の国外からの集積と産出金などの積出しは下田港を拠点にしておこなったため、下田は慶長末年には家数一〇〇〇軒、人口五〇〇〇人を数えたという（『地方史伊豆下田』）。そして元和二年（一六一六）には下田奉行（今村伝四郎正勝）をおき、寛永四年（一六二七）下田廻り四カ村、一一五〇石をその支配下においている。この大久保長安時代の伊豆金山および周辺諸村の支配については慶長一八年（一六一三）四月付大久保長安より藤堂高虎宛の書状によれば、伊豆銀(金)山の勘定および運上、大仁や縄地の金山周辺村々の地方支配については和田河内守恒成、竹村嘉理、川合政忠の三人がおこなうとしている（国立国文学資料館史料館蔵「紀伊国古文書」）。したがって慶長一〇年代の伊豆支配は三島、韮山の両代官と伊豆金山奉行によっておこなわれている。こののち伊豆金山奉行は佐野主馬吉綱が任ぜられており、彼は元和七年（一六二一）までその職にあった。

寛永七年（一六三〇）ごろの伊豆代官および下田奉行の支配は、次の八人で支配高合計が七万六〇〇〇石となっており、その内訳は、

小林十郎左衛門時喬　　三島代官　　二万九八〇〇石

江川太郎左衛門英利	韮山代官	四八〇〇石
川合助左衛門久定		八四〇〇石
今宮惣左衛門		五〇〇〇石
下田与四右衛門		五〇〇〇石
市川喜三郎		七五〇〇石
竹村弥太郎嘉勝	伊豆金山奉行	一万四三〇〇石
今村伝四郎正勝	下田奉行	一二〇〇石

このうち、竹村嘉勝のように佐渡奉行へ転出したり市川喜三郎のように他国の代官へ転出したりして寛永九年までには竹村、市川、川井、下田、今宮らの支配は終わり、これらの地域は翌一〇年に金沢代官八木次郎右衛門重朋の支配、同一一年からは韮山代官江川氏および下田奉行今村氏の支配地をのぞき三島代官小林彦五郎重定と諸星庄兵衛政長の二人によって分割支配されており、小林は伊豆北部を、諸星は伊豆南部を支配した。しかし同一九年三島代官小林重定は、私曲により罷免されたため、かわって伊奈忠公が任ぜられた。このため諸星政長も転出し、伊豆の幕領の支配は三島代官伊奈忠公と韮山代官江川英利、下田奉行今村正勝の三人によっておこなわれた。

正保期（一六四四～四七）の幕領は七万八三〇〇石（「正保伊豆国絵図」）で、その内訳は、

伊奈兵蔵忠公	三島代官	七万　五〇〇石

江川太郎左衛門英利　　韮山代官　　　四八〇〇石
今村伝四郎正勝　　　　下田奉行　　　三〇〇〇石

と二人の代官と一奉行からなり、幕領の大半は三島代官があたり、以後伊奈忠公・忠易父子が天和三年（一六八三）まで支配している。元禄四年（一六九一）には三島代官が下田奉行支配下の四カ村の地方支配にもあたることとなり、以後下田奉行は浦方、廻船改のみを担当することになった（享保六年廃止）。同六年には韮山代官江川太郎左衛門英暉の支配地は伊豆、相模、武蔵の三カ国内で一〇万石を支配し、三島代官も支配高は不明であるが伊豆のほか相模、武蔵などの支配にあたるようになり、支配高も大幅に増加している。しかし元禄一〇年の地方直しは伊豆にも旗本領を大幅に設定したため、幕領は減少している。

伊豆諸島は天正一八年（一五九〇）後北条氏の滅亡後、徳川氏の支配下に入り幕府に引き継がれている。その支配は後北条氏時代からの在地代官奥山縫殿之助が引きつづき幕府代官として登用されている。慶長一三年（一六〇八）に彼が死去するとその子弥九郎が継承しているが、元和三年（一六一七）彼の苛政が幕府に訴えられたため改易され、同四年には芝山小兵衛正親、佐野平兵衛正重、今宮惣左衛門の三人が伊豆諸島の検地を実施し、完了後今宮が代官としてのこり支配にあたった。そして彼の死後は小宮八兵衛が任ぜられたが、小宮もまた苛政のため寛永二年（一六二五）放逐され、かわって三島代官豊島作左衛門忠次が兼帯した。しかし正保元年（一六四四）彼は子の作十郎忠松をともなって巡島をしている途中、大時化に遭い行方不明になったという。以後は伊豆三島代官が兼帯することになった。これらの代官は各島からの年貢徴収と民政の安定に重点をおき支配にあたったが、彼らは任期中ずっと在島することはなく、時々本人または手代が巡回にきただけであり、実際の支配は手代や各島の島年寄に委ねていた。

尾張は慶長五年（一六〇〇）、知多郡全部と海西郡、中島郡の一部を除いた尾張一国が松平忠吉（五二万石）にあたえられ清洲に入封した。知多郡では豊臣氏蔵入地一〇万石が幕領とされた（支配代官不明）ほか、小川城には水野分長が九八二〇石を、河和には水野（戸田）光康が一四六〇石を、師崎には千賀重親が一五〇〇石を各々領有していた。慶長一一年にいたり、知多郡幕領の大半（一〇万石）と、他の領主の所領が転出、または尾張藩の家臣として忠吉に付属されたことにより、知多郡のほぼ全域（熱田神宮領一四〇石余および一部の幕領を除く）が忠吉領となった。しかし幕領の一部は同一三、一四年時点でも幕府の代官頭伊奈備前守忠次らの支配下にあり、在地より任命された代官中村源右衛門と平野彦右衛門政寿が支配にあたっていることから、まだ幕領が存在していたものと思われる。

このような状況の下元禄一四、一五年（一七〇一、〇二）ごろの海道筋の幕領は、信濃の一部をふくむものの四九万七三〇〇石であり、その内訳は、

守屋助次郎（駿河代官）	駿河・美濃	八万三二〇〇石
長谷川藤兵衛勝峯（川井代官）	駿河・遠江　三河	六万　三〇〇石（遠江分三万　八〇〇石）
窪島市郎兵衛長敬（中泉代官）	駿河・遠江・三河・美濃	七万八六〇〇石
万年三左衛門頼安（赤坂代官）	遠江・三河・（信濃）	四万一二〇〇石（遠江分一万五五〇〇石）

辻五郎左衛門守参（笠松郡代）　美濃・(信濃)　八万七七〇〇石
南条金左衛門則弘（岩崎代官）　美濃・(信濃)　五万八八〇〇石
石原清左衛門正則（四日市代官）　伊勢・三河　四万三四〇〇石
伊奈半左衛門忠順（高山代官）　飛驒　四万四一〇〇石

と関東郡代と七代官とによって支配されている。なお甲斐は徳川綱豊の領地であるため代官は配置されていない。支配形態は飛驒をのぞけば四カ国から二カ国に支配地がまたがっており、しかも駿河、遠江、三河、美濃などでは初期以来の在地代官は長谷川、万年、松平をのぞけばすべて消滅するか、本貫地から離され官僚的代官に性格を変えているのである。さらに代官の数も初期にくらべ大幅に減少しているのである。

　その後の各国の動向をみると、まず遠江では宝永元年（一七〇四）三河赤坂代官と川井代官になった大草太郎左衛門政清は正徳三年（一七一三）中泉代官となり、川井と旧新貝両代官支配地も支配したため川井陣屋は廃止されている。この大草政清のときに中泉代官の支配地には信濃飯島代官支配地一万六〇〇〇石や享保元年（一七一六）より三河加茂・設楽郡の旧小田原藩領で平岡三郎右衛門頼久代官の支配地六〇〇〇石も加わっているが、同六年中泉代官支配地のうち遠江の三万四六〇〇石が掛川藩小笠原氏の預り地とされたため中泉代官所は廃止されている。同八年にはこの掛川藩預り地のうち島田出張陣屋の支配地七一〇〇石が駿河田中藩土岐氏の預り地に移されたため、のこりは二万七五〇〇石となっており、これを含め同年の遠江幕領は三万五〇〇〇石前後になっている。同七年には三河分は赤坂代官岩室伊右衛門正次の支配に移っている。さらに同一四年中泉代官大草太郎左衛門政英が死去すると、跡を継いだ甚之助政永が幼少のため同領は勘定奉行預りとなり、信濃分は飯島代官に松平九郎左衛門尹親が任ぜられ、一時的に松平尹親（飯島代官）と岩室新五左衛門正方（赤坂代官）が掛川藩小笠原氏預り地をのぞいた旧中泉代官支配地を立合支配したが、その後駿府代官山田治右衛門邦政が引き継いで支配にあたっている。

駿河では宝永二年（一七〇五）に駿府代官が再置され、能勢権兵衛貞成が任ぜられ再び駿府が幕領支配の中心となり、島田が出張陣屋となっている。享保六年（一七二一）に島田陣屋支配地二万二六〇〇石が田中藩土岐氏の預り地とされ、同八年には遠江分七一〇〇石が加えられており同藩預り地は二万九七〇〇石になった。これは同一五年にかわって入封した本多正矩にも預けられ、最終的には三万二三〇〇石となっている。このため島田陣屋は廃止されている。

三河では元禄一六年（一七〇三）幡豆、碧海郡の甘縄藩松平氏領一万九五〇〇石および前年赤穂浪士に討たれ断絶した吉良義央領四〇〇〇石が上知、幕領とされ、中泉代官窪島市郎兵衛長敬の三河大浜出張陣屋の支配下におかれたが、宝永二年（一七〇五）に吉田に入封した牧野成春に八万石を割いている。また同五年には加茂、設楽二郡内の駿府代官支配地二万石が前年の富士山噴火で荒廃した小田原藩領の村々と替地されているが、享保元年（一七一六）、このうち六〇〇〇石が幕領にもどされ中泉代官大草太郎左衛門政英の支配下になり、同七年から駿府代官岩室伊右衛門正次の赤坂出張陣屋の支配下になっている。正徳二年（一七一二）には宝飯郡形原の松平乗包領五〇〇〇石が改易、上知され、おなじく赤坂陣屋の支配下になっている。享保一〇年には渥美郡の鳥羽藩松平氏領二万二〇〇〇石が上知、幕領となり、これも赤坂代官支配下になっている。

美濃では享保改革の代官所改革により代官所が統廃合され、岩崎、北野代官等が美濃郡代へ統合され廃止となり、美濃郡代による統一的支配体制が確立されている。美濃郡代のうち享保二〇年から元文二年（一七三五～三七）まで、その任にあった井沢弥惣兵衛為永は、治水の巧者として木曽三川の治水に活躍している。

甲斐では宝永元年（一七〇四）甲府藩二五万石（甲斐分一四万四〇〇〇石）は徳川綱豊が将軍綱吉の継嗣となったので上知、おなじく谷村藩秋元氏（一万八〇〇〇石、実高二万九〇〇〇石）も転出により上知（甲府藩柳沢氏預り地）され、おのおの幕領となったため幕領は一八万石前後にもどっている。しかし同年甲府に柳沢吉保が都留郡をのぞく三郡で一五万一三〇〇〇石（実高二二万八〇〇〇石）で封ぜられたため、幕領は三万石前後に減少している。またこのとき笛吹川以東の山梨、八代郡内にあった旗本一〇四人の知行地も上知され、柳沢領になっている。さらに幕領も甲府藩柳沢氏の預り地になったため、正徳三年（一七一三）までにほぼ甲斐一国が柳沢氏の支配下となっている。享保九年（一七二四）甲府藩柳沢氏や分家の柳沢経隆・同時睦（各一万石）が転出したため甲斐は一部の旗本領をのぞき大半が再び幕領となり、以後幕末までつづいた。これ以後幕領支配は甲府、石和、上飯田の三代官所と正徳二年（一七一二）より都留郡を支配した三島代官所の谷村出張陣屋で分割支配している。甲府代官の初代は奥野忠兵衛俊勝で一〇万三〇〇石、石和代官の初代は小宮山杢之進昌世が関東代官兼任で九万二二〇〇石、上飯田代官の初代は亀田三郎兵衛三脩で九万五〇〇石を各々支配している。谷村陣屋は二万八〇〇石で、享保一一年以降石和代官支配となっている。

伊勢では享保元年（一七一六）四日市代官支配地四万四四〇〇石のうちから将軍吉宗の側近加納久通、有馬氏倫、小笠原胤次の三人に各四〇〇〇石をあたえる一方、九〇〇〇石は京都代官増井弥五左衛門の支配、二万石はおなじく京都代官竹田喜左衛門政為と大津代官石原清左衛門正利の預り地、一万石は美濃郡代辻甚太郎守雄の支配地になったため、四日市代官は廃止され、信楽代官の支配下の出張陣屋となっている。さらに翌二年には二万石は石原正利の一手支配になっている。同九年にはこれらの幕領から一万三〇〇〇石が郡山藩柳沢氏領にあたえられ、同一一年には加納久通に六〇〇〇石が加増（計一万石の大名、伊勢分七〇〇〇石）、有馬氏倫に五三〇〇石が加増（計一万石の大名、伊勢分六六〇〇石）されたため、伊勢幕領は一万六一〇〇石に減少し美濃郡代の支配下におかれ、四日市はその出張陣屋となっている。

飛驒では元禄五年（一六九二）の一国幕領化以来関東郡代伊奈氏が半十郎忠篤、半左衛門忠順、半左衛門忠逵と三代にわたり手代を派遣して支配してきたが、正徳五年（一七一五）に高山代官として専任の代官森山又左衛門実道が任ぜられ常駐して支配にあたっている。享保一三年（一七二八）には長谷川庄五郎忠崇がこれまで三年間御用木の元伐を休止して山内に伐散してあった木材などを搬出、売払いの仕法を立てて一〇万両を得て江戸へ納めている。また同九年以来の新田改出をおこない、それらを加えて一国高は四万四三〇〇石（表高）になっている。同一四年には美濃加茂郡九〇〇〇石も高山代官の支配下に入り、美濃下川辺出張陣屋で支配しており、全体で五万四〇〇〇石となっている。

伊豆では宝永元年（一七〇四）に韮山代官江川太郎左衛門英勝が伊豆のほか相模の内をふくめ七万石を支配し、三島代官とともに伊豆幕領支配の柱であった。しかし享保八年（一七二三）韮山代官江川英勝は代々の年貢引負と手代の不正とにより代官職を罷免され、引負分の返済を命ぜられている。このため韮山の御囲地を開発し新田畑を周辺村々に開発させ、その作徳米をもって返済にあてている。この間、韮山陣屋は三島代官河原清兵衛正真の預りとなり伊豆幕領は三島代官が一手に支配した。また同九年甲府藩柳沢氏が転出したため甲斐一国が上知、幕領となり、このうち郡内領が三島代官支配になり甲斐谷村に出張陣屋をおき支配した。

享保一四年（一七二九）の海道筋の幕領は関東筋の一部をふくめ七九万三〇〇石であり、内訳は、

辻甚太郎守雄（美濃郡代）	美濃・伊勢	一四万五五〇〇石
奥野忠兵衛俊勝（甲府代官）	甲斐	一〇万　三〇〇〇石
坂本新左衛門政留（同右）	甲斐	九万　一〇〇〇石
山田治右衛門邦政（駿府代官）	駿河・遠江・三河	八万五二〇〇石
岩室新五左衛門正方（赤坂代官）	美濃・三河	五万三五〇〇石
長谷川庄五郎忠崇（高山代官）	飛驒・美濃	五万四〇〇〇石

小宮山杢之進昌世（関東代官）　甲斐・（下総）・（上総）　一三万七九〇〇石
斎藤喜六郎直房（三島代官）　駿河・甲斐・伊豆・（武蔵）　六万六〇〇〇石
掛川藩預り地（小笠原長熙）　遠江　二万八〇〇〇石
田中藩預り地（土岐頼稔）　駿河・遠江　二万九八〇〇石

と、八人の代官と二大名の預り地とからなっており、このうち小宮山昌世は甲斐の一部を支配したほか、前述のように関東の小金牧や佐倉牧の開発や流作場の開発にあたっており、将軍吉宗の享保改革における新田開発の中心人物であり、またなかでも町人請負新田を奨励した「日本橋高札」の発案者でもあった。海道筋では三カ国支配が最高であるが、二カ国支配が多い。甲斐は一国がほぼ幕領のため専任代官がおかれている。享保一六年の駿河の幕領は五万九一〇〇石となっている（『駿河国郷村高帳』）。

その後の展開は、**遠江**では元文四年（一七三九）掛川藩小笠原氏預り地は直支配にもどり、赤坂代官野田甚五郎古武が支配した。翌五年大草太郎左衛門政永が成長したため中泉代官が再置され、政永が任ぜられて旧掛川藩預り地三万四六〇〇石を支配した。もっとも大草氏は本貫地新貝代官が本陣屋であった。しかし中泉代官は寛保二年（一七四二）、延享元年（一七四四）、宝暦四年（一七五四）、同七年と四回にわたり駿府代官や島田代官などほかの代官の預りとなりかならずしも大草氏が継続したわけでなく、宝暦一一年にいたりようやく大草氏の支配が安定し、明和四年（一七六七）大草太郎左衛門政董のとき新貝陣屋を廃止し中泉陣屋に移った。延享四年には気賀一三〇〇石が同地の旗本近藤用随の預り地とされたが天明四年（一七八四）になり中泉代官支配下となった。明和七年には中泉代官大草政董は先代政永以来の借財にたいする手代の不正があったため、支配地二万石を減らされ、かつ三カ月間の閉門を命ぜられ、天明八年にいたり関東代官に転出させられている。これにより初期以来つづいた遠江との関係が切れるとともに、寛政二年（一七九〇）にいたり、年貢米金の不正流用などにより八丈島へ流罪となっている（ただし、子息の太郎左衛門政郷は寛政一一年赦免され、文化一一年信濃五万石の代官に復帰した）。この間、安永四年三河赤坂代官所が廃止され、同支配地は中泉代官大草政董の支配下に入り、赤坂は出張陣屋となった。大草氏のあとの中泉代官には山田茂左衛門至意が就いているが、寛政一三年の中泉代官の支配地は遠江三万五〇〇〇石、三河一万九七〇〇石の五万二〇〇石に減少している。三河分は赤坂出張陣屋で支配にあたっている。

ついで、天明六年相良藩田沼意次（五万七〇〇〇石）が老中を失脚すると、翌七年同藩領のうち遠江分三万石が上知、幕領とされ、相良に前沢藤十郎光寛の支配陣屋がおかれ相良城も破却されて翌年まで支配された。また相良領の三河分は国府出張陣屋で支配された。その後中泉代官の支配下に入っている。同領は寛政六年（一七九四）には一橋家領とされたが、その後幕領となり中泉代官支配にもどり、さらに文政六年（一八二三）このうち一万石があらたに相良に入封した田沼意正にあたえられている。文化二年から五年（一八〇五〜〇八）まで中泉代官松下内匠正亮は信濃飯島代官も兼任した。また天保二年（一八三一）には吉田藩松平氏の上り地一万二〇〇〇石も中泉代官の支配下に入った。

駿河では寛保二年（一七四二）田中藩本多氏預り地二万九八〇〇石は直支配にもどり、島田陣屋が復活してその支配下におかれたが、島田陣屋自体は赤坂代官天野助次郎正景の出張陣屋とされた。島田に専任代官がおかれたのは明和七年（一七七〇）岩松直右衛門純睦代官からであるが、岩松は三河二川陣屋を本陣屋としている。島田代官所は寛政六年（一七九四）駿府代官野田松三郎政晟のとき駿府代官所に統合され、その出張陣屋とされている。また翌七年信濃飯島代官所も駿府代官所の支配となり、おなじく出張陣屋となっており幕末までつづいている。同一一年には駿府代官野田政晟は中泉、赤坂代官も兼任したため、その支配地は駿遠三信の四カ国、八万石余に及んでいる（同一二年まで）。駿河の幕領は最終的に駿府代官に収斂されている。この間安永六年（一七七七）沼津に水野忠友が二万石で入封すると、駿河分として一万五〇〇〇石が幕領から割愛されている。

三河では明和七年（一七七〇）に三河幕領支配の中心だった赤坂陣屋が島田代官岩松直右衛門純睦の出張陣屋となり、安永四年（一七七五）からは新貝代官（中泉代官兼任）大草政董の支配下に入った。さらに二川にも出張陣屋が新設され、島田代官岩松純睦が支配している。この間宝暦六年（一七五六）には平藩井上氏の飛地として宝飯、設楽二郡で一万石が、明和五年（一七六八）には碧海郡大浜藩として水野忠友が一万三〇〇〇石で立藩したため三河分として六〇〇〇石がおのおの割愛されるなど、幕領は三万石前後に減少しているが、宝暦一二年岡崎に松平康福が入封すると城付領五万石のうち三河分は二万五五〇〇石となったため、のこり二万四五〇〇石が上知、幕領とされた。このため同年の幕領は六万七〇〇〇石と近世中後期のピークに達している。天明八年岩松主税純春（純睦子）の死去により二川陣屋は廃止された。その後幕領は減少にむかい、寛政元年（一七八九）中泉代官大草政董が罷免され島田代官（のち中泉代官）野田政晟が遠江、三河も支配したため赤坂出張陣屋が復活し、以後幕末まで三河幕領は中泉代官の出張陣屋赤坂陣屋で支配された。同一三年の中泉代官支配地のうち、三河分は一万九七〇〇石であった。天保七年（一八三六）中泉代官平岡熊太郎良忠のときには加茂郡を中心に加茂一揆がおき、周辺諸大名の応援を得て鎮圧にあたっている。

美濃では元文二年（一七三七）に笠松陣屋の美濃郡代が廃止され代官とされ、延享三年（一七四六）青木次郎九郎安清のとき美濃郡代に再び昇格したが、その支配地の一部は同年に池田郡の新田地一〇〇〇石が大垣藩戸田氏の預り地とされたのを皮切りに、同藩に寛延三年（一七五〇）一万五〇〇〇石、宝暦五年（一七五五）一万六三〇〇石、明和七年（一七七〇）二万一〇〇〇石、安永四年（一七七五）一万八〇〇〇石と順次美濃郡代支配地から割かれて行き計六万九三〇〇石に達している。さらにその後も支配替えなどがあったものの、幕末まで同高を預けられている。また寛延三年には幕領である中島郡内の新田地一〇〇〇石が尾張藩徳川氏の家臣毛利源内の預り地とされ、幕末まで存続している。このほか寛政元年（一七八九）から翌年まで、おなじく尾張藩徳川氏の家臣成瀬右衛門に三〇〇〇石が預けられたり、天明四年（一七八四）には同藩付家老で今尾領主竹腰氏に安八・海西二郡のうち五カ村が大垣藩預り地から移されて預けられている。この間宝暦三年（一七五三）以降美濃郡代青木安清は薩摩藩による木曽川、長良川、揖斐川の三川の付替え工事を指揮している（宝暦治水）。しかし同八年には郡上藩全藩一揆の不手際の責任により郡代を罷免されている。さらに郡代千種鉄十郎は天明八年年貢私曲により罷免され、翌寛政元年遠島に処せられている。寛政年間の幕領は一九万四二〇〇石で、内訳は美濃郡代鈴木門三郎正勝八万三九〇〇石、信楽代官多羅尾四郎右衛門光雄三万三〇〇〇石、飛騨郡代の下川辺出張陣屋分九〇〇〇石、大垣藩戸田氏預り地六万六八〇〇石、尾張藩家臣毛利源内預り地一三〇〇石である（濃飛両国通史）。

甲斐では延享三年（一七四六）御三卿領が設定され、その合計は八万六〇〇石に上り、これらは幕領から割愛されているが、その地方支配は幕領に準じて幕府代官があたっている。その内訳は各家一〇万石のうち田安家領は山梨、八代郡内三万石、一橋家領は巨摩郡内三万石（寛政六年上知）、清水家領は山梨、巨摩郡内二万五〇〇石（同七年上知）である。宝暦七年（一七五七）では二二万三一〇〇石のうち甲府代官鵜飼左十郎実道六万三五〇〇石、石和代官今井平三郎載肥五万三九〇〇石、谷村代官岩佐郷蔵茂矩五万二二〇〇石、上飯田代官町野惣右衛門寛満五万三五〇〇石となっている。明和二年（一七六五）あらたに駿府代官の出張陣屋として市川陣屋（兼任小田切新五郎光禄）がおかれ、三万石が割かれ五陣屋によって支配されたが、天明七年（一七八七）上飯田陣屋が廃止されたため、以後幕末まで甲斐幕領は甲府と石和、市川の代官所を中心に支配されている。その後文化初年（一八〇六ごろ）の幕領は二二万三九〇〇石であり、この内訳は甲府代官野田松三郎政晟が八万四八〇〇石と一時預り地一万三三〇〇石、石和代官蓑笠之助豊昌が六万四二〇〇石と一時預り地一万四一〇〇石、市川代官中村八大夫利則が七万四九〇〇石と一時預り地四八〇〇石となっており、このなかに御三卿領もふくまれている。天保三年（一八三二）、田安領に一万八〇〇〇石が幕領から割かれ加えられている（合計四万八〇〇〇石）。

天保七年（一八三六）八月には折からの天保飢饉のさなか、米の品薄を理由に国中平野の米屋は郡内地方に米を送らなかったため、郡内地方では飢餓と疫病のため死者が一万七〇〇〇人余に上っていた。このため郡内領民は米の押借りを要求して国中平野へ押出して大一揆に発展し、ついには米屋、酒屋、質屋など一〇六カ村、三〇五軒を襲撃するまでになったため、甲斐の各代官所は独自に対応できず、諏訪、沼津両藩の出兵をあおぎようやく鎮圧することができた。この郡内騒動の時期は大坂では大塩の乱、三河では加茂の大一揆、佐渡の全島一揆などが勃発しており、幕藩体制の崩壊期にあった。

この郡内騒動ののち、天保九年に甲府代官井上十左衛門頼紀、石和・谷村代官西村貞太郎時憲、市川代官山口鉄五郎ら甲斐の三代官はすべて罷免されている。そして甲府代官および石和・谷村代官の支配地一九万石は信濃中野代官小林藤之助と韮山代官江川太郎左衛門英龍の当分預り地とされた。このうち江川代官の預り地は都留郡二万一〇〇〇石であった。中野代官預り地は同年中に小林藤之助が市川代官に移り、甲府代官には松坂三郎左衛門久斎、石和代官には篠本彦次郎為直らが任ぜられると、この三人によって分轄支配されている。

伊勢では享和元年（一八〇一）大和郡山藩領四日市周辺の三重郡一万二六〇〇石、鈴鹿郡六〇〇石の合計一万三二〇〇石が大和・河内一万四八〇〇石と替地され幕領にもどり四日市陣屋が復活したが、代官はお

飛騨　高山代官所

かれず近江信楽代官多羅尾四郎次郎光崇の支配下におかれ、四日市はその出張陣屋とされて幕末まで専任の代官はおかれなかった。

飛騨では高山代官が明和四年（一七六七）に越前幕領二万六〇〇〇石（越前本保出張陣屋）も支配し、さらに安永六年（一七七七）代官大原彦四郎紹正のとき、一国惣検地を実施して一万一四〇〇石を打ち出しており、実高は一〇万石（表高五万六五〇〇石）に及んでいる。この功績により大原紹正は代官から飛騨郡代に昇格し、以後高山は飛騨郡代の陣屋となった。しかしこの惣検地の実施や山林資源のきびしい取締りと年貢取立てにより領民の反発をうけ、安永二年（一七七三）には江戸で老中への駕篭訴がおこなわれている（大原騒動）。寛政元年（一七八九）紹正の子大原亀五郎正純が郡代のとき、幕府巡見使一行に領民が正純の私曲を訴えたため、正純は八丈島へ遠島となっている。文化二年（一八〇五）田口五郎左衛門嘉古のとき、郡代支配地は越前（本保陣屋）と美濃の一部（下川辺陣屋）を含め一〇万八三〇〇石（うち当分預り地四〇〇〇石）であった。

伊豆では韮山代官江川氏が失脚していたため三島代官が伊豆幕領全体の支配にあたっていた。寛延三年

（一七五〇）に、江川太郎左衛門英彰は常陸、下総の内四万石を支配する関東代官として復帰している。さらに宝暦五年（一七五五）には会津藩松平氏預り地の陸奥、下野の南山領五万四八〇〇石の代官となり、同八年にいたり韮山代官に復帰し伊豆、相模、甲斐、伊豆諸島六万石を支配した。これと同時に三島代官は廃止され同所は出張陣屋となってその支配地も韮山代官に統合され、韮山代官が伊豆幕領を一括支配して幕末にいたっている。しかし同年英彰は死去し、かわって太郎左衛門英征が継承したが支配高は一万石減少して五万石となっている。その後の韮山代官江川氏の支配高は明和八年（一七七一）では伊豆、駿河、相模で六万石（伊豆分二万三六〇〇石）、安永九年（一七八〇）では前代のうち武蔵と駿河を交換し六万石、天保六年（一八三五）では伊豆、相模、駿河、武蔵で五万石と武蔵の当分預り地二万石の計七万石、同九年ではさきの四カ国、六万石と甲斐の当分預り地（都留郡）二万一〇〇〇石の計五カ国、八万一〇〇〇石を支配している。とくに同九年の江川太郎左衛門英龍の支配地は伊豆一万八〇〇〇石、相模一万八〇〇〇石、駿河五四〇〇〇石、武蔵二万八七〇〇〇石、甲斐二万一三〇〇〇石の合計八万四一〇〇〇石となっており、伊豆三島、甲斐谷村に出張陣屋をおくとともに荒川番所を支配している（仲田正之『韮山代官江川氏の研究』）。

後期の天保九年（一八三八）では海道筋の幕領は北国筋や関東筋の一部をふくむものの五五万七八〇〇石であり、その内訳は、

柴田善之丞政方（美濃郡代）	美濃・伊勢	一〇万二〇〇〇石（美濃分七万七一〇〇石）
大井帯刀永昌（飛驒郡代）	飛驒・美濃・（越前・加賀）	一一万四〇〇〇石（飛驒・美濃分五万四〇〇〇石）

小笠原信助直温（中泉代官）	遠江・三河	六万四〇〇〇石
岸本十輔荘美（駿府代官）	駿河・遠江・（信濃）	八万　一〇〇石
松坂三郎右衛門則方（甲府代官）	甲斐	八万四五〇〇石
小林藤之助（市川代官）	甲斐	七万九七〇〇石
篠本彦次郎為直（石和代官）	甲斐	五万七八〇〇石
江川太郎左衛門英龍（韮山代官）	伊豆・駿河・甲斐（武蔵・相模）	八万四一〇〇石（伊豆・駿河・甲斐分三万七五〇〇石）
大垣藩預り地（戸田氏庸）	美濃	六万九四〇〇石
尾張藩家臣預り地（毛利源内）	美濃	一四〇〇石

と八人の代官と一大名、一家臣の預り地とからなっている。大井永昌は越前の幕領（本保陣屋支配地）と白山山麓の「白山十八カ村」二二五〇石を支配している。「白山十八カ村」は後述のように加賀の二カ村と越前の一六カ村とからなっている。駿府代官岸本荘美は南信濃の飯島陣屋支配地も支配している。江川英龍は伊豆韮山代官支配地と駿河三島代官支配地、甲斐谷村陣屋支配地を中心に、武蔵多摩郡二万八七〇〇石と相模足柄郡一万八〇〇〇石とを支配している。全体として甲斐をのぞけば海道筋の国々の有力な郡代または代官を中心に支配されているのである。このほか大垣藩預り地は美濃の濃尾三川下流域の輪中地域が中心であった。毛利源内は前述のように尾張藩の家臣であり、寛延三年（一七五〇）以来幕領である美濃中島郡内の新田地一〇〇〇石（実高一四〇〇石）が預けられたものである。

その後幕末までの各国の動向についてみると**遠江**では弘化二年（一八四五）の中泉代官山上藤一郎定保の支配地は遠江、三河で五万石であり、このうち遠江中泉代官支配地は三万五〇〇〇石、三河赤坂出張陣屋支配地は一万五〇〇〇石である。近世後期の中泉代官には羽倉簡堂秘道（文政四〜五年）、山上藤一郎定保（天保一三〜嘉永元年）、岡崎兼三郎春秋（嘉永元〜六年）、林鶴梁長孺（嘉永六〜安政五年）と多くの儒学者が代官に任ぜられており、彼らは荒廃農村の復興と農民教化、撫育にあたるなど農政に活躍している。その後明治元年（一八六八）、遠江、駿河七〇万石に徳川家達（静岡藩）が封ぜられると、両国の幕領はその領地となり、中泉代官所は中泉奉行所となった。その奉行には幕臣となって江戸より家達に従ってきた前島密（日本の郵便制度創設者）が任ぜられている（明治二年迄）。

駿河では駿府代官が中心となっており、国内に松岡、島田、信濃の飯島に各出張陣屋をおいて広域支配にあたっている。韮山代官の江川太郎左衛門英龍も三島出張陣屋支配地五四〇〇石を支配していた。

三河では安永四年（一七七五）以来、遠江中泉代官の出張陣屋の赤坂陣屋が支配の中心で、後期の三河幕領高は一万石から二万石ぐらいであり、三河全域に分散して存在していた。慶応三年（一八六七）最後の中泉代官大竹庫三郎宗孝は、遠江、三河のほか駿府代官の支配地だった信濃飯島陣屋も支配しており、このうち三河分は一万三〇〇〇石であった。

美濃では美濃郡代が天保九年では七万七一〇〇石を支配しているほか、飛騨郡代が美濃下川辺出張陣屋で美濃分二万石、大垣藩預り地六万九四〇〇石、毛利氏預り地一四〇〇石を加えると、美濃幕領は一六万七八〇〇石であり、ほぼ一五万石前後が幕末まで維持された。

伊勢では一部が美濃郡代の支配下にあったほか、享和元年（一八〇一）には郡山藩領の一部が幕領になり、近江信楽代官の出張陣屋の四日市出張陣屋支配地となった。天保九年では同領は二万三〇〇〇石であり、幕末までほぼこの高が維持され、慶応四年（一八六八）二月には美濃郡代岩田鍬三郎信忍と信楽代官多羅尾主税光弼の支配地は亀山藩と菰野藩の支配となっている（御料取締役）。

甲斐ではほぼ一国が幕領であり、これを甲府、市川、石和、谷村（出張陣屋）の四代官所によって支配しており、天保九年では二四万三三〇〇石であり、この高はほぼ幕末までつづいたものと思われる。

飛驒では飛驒郡代が飛驒一国五万六五〇〇石と越前本保陣屋支配地二万六〇〇〇石、それにおなじく本保陣屋支配下の加賀幕領一万一五〇〇石、それに白山山麓の「白山十八カ村」（加賀二カ村、越前一六カ村）二五〇石、美濃下川辺出張陣屋支配地二万石を支配するなど最大時は一一万四二五〇石を支配している。

伊豆は引きつづき韮山代官江川氏が幕領一万一〇〇〇石を支配するとともに、駿河三島陣屋支配地と甲斐谷村陣屋支配地のほか武蔵や相模などを支配している。安政六年（一八五九）では伊豆一万五〇〇石、駿河六二〇〇石、武蔵四万八七〇〇石、相模九一〇〇石、武蔵の当分預り地一万二〇〇石の合計八万四六〇〇石を、元治元年（一八六四）では伊豆一万一七〇〇石、武蔵四万六二〇〇石、駿河五五〇〇石、甲斐二万一三〇〇石、相模一万一二〇〇石、武蔵の当分預り地四七〇〇石、駿河の当分預り地四九〇〇石の合計八万四三〇〇石となっている。江川氏はこのほか荒川番所も支配している。

第四章　北国筋の幕府領

北国筋の幕領は信濃、越後、佐渡、越前、能登、加賀の六カ国に存在した。

信濃の幕領は、慶長六年（一六〇一）関ケ原以後大名領の再編成をとおして再び徳川領国を設定し、幕領も南信の木曽谷や伊那郡を中心に七万五〇〇〇石が設定された。この地域は木材資源の豊富なところであり、城郭、土木、橋などの普請に不可欠であるため、同領は木材輸送にあたる人足扶持などにあてられている。この地域の総括支配は代官頭大久保石見守長安があたり、その配下に木曽代官として在地土豪の山村甚兵衛良候（道勇）、伊那代官におなじく朝日受永近路を任じたほか伊那衆と呼ばれる在地土豪の宮崎太郎左衛門安重（向関村）、同半兵衛重次（駒場上町）、同藤右衛門景次（同下町）、市岡理右衛門忠次（上中関村）、中西三右衛門実清（飯田切村）らを在地代官に登用し、さらに旗本の遠山景直、知久則直らも幕領の一部を預り支配した。これら在地代官は自己の本貫地を中心に支配にあたった。さらに宮崎、市岡らは後述の千村平右衛門良重とともに榑木支配にあたる一方、知久は遠江往還の伊那街道の小野川、帯川、心川、浪合などの関所の守備にあたった。このほか諏訪郡青柳金山も幕領であったが、これは高遠藩保科

北国筋

氏の預り地となっている。

これらを統括する大久保長安は信濃の国奉行的存在であり、慶長八年（一六〇三）には中山道の開設にあたり旧来の宿のほかに新宿を取り立て伝馬継立をおこなうなど、街道の整備をおこなった。彼はまた同年より佐渡金山も支配したのでこれにあわせ佐渡から越後をへて中山道にいたる北国街道にも伝馬宿を立て、金を江戸や駿府へ送る輸送路も整備している。さらに彼は同八年北信の大半を領有した川中島藩松平忠輝（一八万石、同一五年からは越後の大半を領し高田藩六〇万石となる）の付家老でもあり、同領を配下の代官を投入して幕領に準じて支配した。

同八年七月伊那代官朝日受永近路が死去すると千村平右衛門良重（榑木山支配兼任）が任ぜられたが、このとき引き継いだ支配高は七三〇〇石であった（『千村家預信州伊那郡史料』）。そして同一三年飯田藩小笠原秀政室（徳川氏）の死去によりその化粧料五〇〇〇石が上知、幕領とされ千村が支配した。さらに同一八年小笠原秀政が松本へ転出したあと飯田領五万石が上知、幕領とされ松本藩小笠原氏の預り地とされたが、地方支配は千村が簗瀬羽場（のち飯田）に陣屋をおきあたったので、その支配は六万石近くになっている。

元和以降の動向をみると、北信では元和二年（一六一六）高田藩松平忠輝が改易されると北信四郡には多くの大名や旗本領が設定され、幕領も一万数千石が設定され、これを忠輝の旧代官松平清四郎重忠が引き継ぎ中野代官として支配にあたるとともに、あらたに井上十左衛門吉次が高井野代官として支配にあたった。しかし中野代官支配地は同四年旗本河野氏勝にあたえられ、高井野代官支配地は同五年広島藩を改易された福島正則に高井郡川中島を中心に四万五〇〇〇石（信濃分二万石）があたえられたのでこれらの幕領は消滅した。しかし寛永元年（一六二四）正則の死後子の正利には高井野三〇〇〇石があたえられたのみであるため、のこり一万七〇〇〇石が再び幕領となっている。元和八年には高井郡内中村一万石を領した岩城貞隆が転出したため、これを上知、寛永一〇年（一六三三）には小笠原忠知の水内郡五〇〇〇石も上知、同一四年には福島正利が断絶したため三〇〇〇石も上知され合計三万二〇〇〇石が幕領となり、これを中村、金井、西条、高井野らの代官陣屋で支配にあたった。しかし同一六年飯山に松平忠倶が四万石で入封すると、前代の佐久間氏領二万石に加え、この高の大半が割愛されている。

中信では元和八年（一六二二）甲府藩徳川忠長（二〇万石）に旧仙石氏領佐久郡一円六万石があたえられ割愛されたが、その支配は旧大久保長安系で忠長付代官の岩波七郎右衛門道能、平岡岡右衛門千道、石原平兵衛正種らがあたった。寛永元年（一六二四）には忠長が居城を甲府から駿府へ移すと、佐久郡の忠長領は六万石のうち三万五〇〇〇石が上知、松平忠憲（小諸、五万石）にあたえられたため、五四六石が幕領となった。その後同九年忠長が改易されると二万五〇〇〇石が上知、幕領となり、岩波道能が支配にあたった。また元和三年松本藩小笠原氏（八万石）にかわって戸田康長が七万石で入封すると、その差一万石が上知されたが、寛永四年になりここから諏訪、高遠両藩に九五〇〇石を割いたため、のこりは保福寺鉛鉱山のある金山領五〇〇石のみとなった。この鉛鉱山は慶長年中に保福寺村で鉛が発見され、元和二年に直轄になり、翌三年、この鉛鉱山の周辺の殿入、赤怒田、反田、金山の四カ村、五〇〇石が幕領とされ、松本藩小笠原氏の預り地となっている。寛永四年からは幕府代官の直轄支配となり、乙幡半右衛門重行が支配にあたっていたが、同一六年からは再び松本藩堀田氏の預り地となった。この鉛鉱山は佐渡の金精練の材料として佐渡に送られている。

南信では元和三年飯田に脇坂安元が五万五〇〇〇石（うち五〇〇〇石は上総分）で入封し五万石を割い

たので幕領は再び元にもどった。同年には遠山景直の知行分一〇八〇石が上知され千村平右衛門良重の支配下に入ったが、同五年に井上庸名が伊那郡で五〇〇〇石をあたえられたとき、千村支配地から三八〇〇石を割いたので五〇八〇石になっている（のこり一三〇〇石は宮崎半兵衛重次の支配地から割いている）。同九年には先の遠山氏上知分一〇八〇石が宮崎重次の支配下に移ったため千村支配地は四〇〇〇石になっている。

このほか元和年間には従来の在地代官市岡氏や中西氏らもおのおの支配地をもっていたが、これにあらたに村上源介が代官となり、寛永元年（一六二四）まで伊那街道浪合の関所を預ったが、のち改易されている。なお山村氏および千村氏は元和五年木曽谷が尾張藩領となったため同藩の代官とされ、代々信濃幕領を預り地として支配し、かつ山村氏は木曽福島の関所も支配し、千村氏は美濃久々利陣屋によりつつ天竜川の船明で遠江の榑木改役も兼ねて老中の支配もうけたため、尾張藩と幕臣の二重身分となっていた。

このような近世初期の信濃幕領の状況を正保三年（一六四六）でみると、幕領は約六万一〇〇〇石（『信濃国正保郷帳』）で、その内訳は、

設楽長兵衛能業 近山五郎右衛門安俊 天羽七右衛門景安 青木弥惣左衛門吉定	高井郡（北信）　二万五〇〇〇石

設楽源右衛門能政 近山安俊	水内郡（北信）	二一〇〇石
設楽能業	佐久郡（東信）	一万六〇〇〇石
岡登甚右衛門景親	佐久郡（東信）	一万一〇〇〇石
千村平右衛門重長	伊那郡（南信）	三九〇〇石
宮崎半左衛門重照	伊那郡（南信）	一一〇〇石
宮崎三左衛門道次	伊那郡（南信）	八〇〇石
市岡瀬兵衛清次 宮崎重照	伊那郡（南信）	五〇〇石
松本藩預り地（水野忠清）	筑摩郡（中信）	五〇〇石
旗本預り地（知久直政）	伊那郡（南信）	一〇〇〇石
不明		一六五石

と一〇人の代官と一大名、一旗本の預り地からなっているが、このうち不明分は中西氏と山村氏が代官名としてでていないので、あるいはこの分が中西氏または山村氏の支配分ではないだろうか。中西氏は伊那郡飯田の在地代官で、太郎右衛門三清のあと太郎右衛門清次が継承しているが慶安四年に改易されている。また山村氏は後述の千村氏と同様に、慶長六年以来木曽代官で、元和五年尾張藩付の代官とされたが、な

お木曽に尾張藩の支配地をもっていた。設楽能業・能政父子は北信の野沢、高井野代官、近山安俊と青木吉定はおなじく金井代官、天羽景安はおなじく井上代官で、岡登景親も含めいずれも大久保長安配下だった八王子の甲州系代官である。千村重長は前述のように元和元年より尾張藩付の代官となり伊那郡の尾張藩領を支配している。宮崎重照、同道次は伊那郡駒場、向関などの在地代官であり、おのおの本貫地周辺を支配している。市岡清次も伊那郡上中関の在地代官でやはり本貫地周辺を支配している。知久直政も伊那郡の知久を本貫とする旗本であるが慶長六年以来知久周辺の幕領も預り地としてきた。

北信には高井、水内二郡で二万七一〇〇石があり、これらは旧松平忠輝領で、忠輝改易後、所領構成が複雑になり幕領も分散して存在していたため、設楽、近山、天羽、青木らの立合代官支配となったものである。東信の佐久郡二万六一〇〇石は旧徳川忠長領であり、小諸藩領をのぞき幕領とされたものである。伊那郡七五〇〇石は慶長六年朝日受永近路代官以来の幕領に元和三年（一六一七）旗本遠山氏の上知分一〇八〇石を合わせた「古料七五〇〇石」（『長野県史』第四巻二）と呼ばれた地域で、千村重長は飯田に陣屋をおき地方支配と榑木支配にあたっている。北信や東信では寛永八年ごろから旧大久保長安配下の代官に交替して行き、同一四年から一六年にかけて完全に交替している。しかも彼らは信濃だけの代官でなく、越後や武蔵など周辺諸国の支配にもあたっている。これにたいし南信では慶長以来の在地代官が依然として支配にあたっているなど対照的である。また立合代官支配も寛文年間には解消している。その後慶安四年（一六五一）将軍徳川家光の次男綱豊と三男綱吉に「厨料」として各一五万石があたえられ、このうち各一万五〇〇〇石が佐久郡の幕領から割かれたため、ほとんどなくなっている（この支配は幕府代官がおこなう）。寛文元年（一六六一）綱吉が館林藩主となると綱吉の佐久領は上知、幕領にもどり、平賀代官所で天羽景安が支配にあたった。同一二年飯田藩脇坂氏（五万石）にかわって堀親昌（二万石）が入封するとその差三万石が上知、幕領となり、木下と片桐に陣屋がおかれ設楽源右衛門能政が支配した。これにより在地代官宮崎氏や市岡氏、知久氏らの預り地の支配は終わり、設楽代官がこれらを一括支配した。その後延宝五年（一六七七）設楽能政は陣屋を片桐から飯島に移し、以後飯島が南信の幕領支配の中心となった。元禄元年（一六八八）には長沼藩佐久間勝親領（一万石）が上知、翌年飯島代官太田作之進勝輝が支配した（この段階の飯島代官支配地は三万八八〇〇石である）。同二年には高遠藩鳥居氏が改易されると、同領三万石は上知、幕領となり、代官支配地と松本藩預り地となった。そして翌三年松代藩真田氏が惣検地をおこない、三万九三二七石を打出している。同年には内藤氏が三万三〇〇〇石で高遠に入封すると、その差六三二七石（一三カ村）は幕領とされ、今井に代官陣屋を置いて支配している。同一二年には上総高滝藩板倉重高が転出した折、同藩飛地伊那郡一万六〇〇〇石、佐久郡五〇〇〇石が上知、美濃郡代辻六郎左衛門守参が支配した。同一三年高取藩松平義行領のうち高井、水内郡内一万五〇〇〇石を美濃に替地し上知、越後新井代官長谷川庄兵衛長貴が支配、同一四年甲府藩徳川綱豊の信濃分五万五〇〇〇石が美作へ移され上知されるなど、信濃幕領は増加している。このうち市川孫右衛門が二万二〇〇〇石を前山陣屋で、馬場源兵衛が一万一〇〇〇石を野沢陣屋で支配した。元禄二年松本藩水野氏預り地の保福寺金山領五〇〇石は代官の直支配にもどっている。

越後の幕領は慶長一五年（一六一〇）越後一国を支配していた堀忠俊（はじめ春日山藩、同一二年より福島藩）が改易されると、下越の村上藩近藤氏（九万石）、中越の新発田藩溝口氏（五万石）、村松藩堀氏三万石など堀氏の与力大名が独立したが、上越、中越地方は信濃川中島藩（一五万石）の松平忠輝に加増され福島に居城を移し信濃、越後の内で六〇万石を領有した。さらに同一八年に高田城を築き移っている。

このなかで慶長六年以来幕領とされていた佐渡への渡航地としての出雲崎に、忠輝の付家老で佐渡の支配にあたっていた代官頭大久保石見守長安がここに下代をおいて越後の支配拠点とした。その後慶長一八年に長安が失脚すると、出雲崎代官には高西夕雲が任命され初代幕府代官となった。しかしこの段階ではごくわずかの幕領であったと思われる。

元和二年（一六一六）忠輝が改易されると越後分は上知され幕領となり、高田をはじめ領内諸城には周辺大名が在番として入る一方、三条城に代官の井上新左衛門吉次と浅井六之助道多が派遣されたように各領にも代官が派遣され在地支配にあたった。これ以後越後は小藩分立の段階に入り、同年末までに高田藩（酒井家次、一〇万石、頸城郡半分、魚沼、刈羽両郡の一部）、長峯藩（牧野忠成、五万石、頸城郡）、藤井藩（稲垣重綱、二万石、刈羽、魚沼両郡の一部）、長岡藩（堀直寄、八万石、古志、蒲原、三島、魚沼の一部）、三条藩（市橋長勝、四万一三〇〇石、蒲原、三島、魚沼の一部）の五人の大名が配置された。これとともに幕領も従来の出雲崎を中心とする幕領を拡大し、三島郡で一万二〇〇〇石が設定され、代官も高西夕雲が畿内筋代官に転出し高田小次郎直政にかわるなど、この段階で越後幕領は本格的に成立したのである。このほか同年、頸城郡糸魚川周辺にも幕領（高は不明）が設定されたが、同四年高田藩（松平忠昌）二五万石が成立し頸城、刈羽、三島の三郡を支配すると幕領の多くは消滅した。また同五年、広島藩四九万石を改易された福島正則が信濃川中島に四万五〇〇〇石で配置されたが、このうち越後魚沼郡に二万五〇〇〇石があった。しかし寛永元年（一六二四）正則の改易により同領は上知、幕領とされ、この支配には出雲崎代官高田直政があたった。その後大名の転出入により幕領は変動している。すなわち元和六年三条藩市橋氏（四万一三〇〇石）にかわって稲垣氏が二万三〇〇〇石で入るとその差一万八三〇〇石を上知し、高田直政が支配している（蒲原郡一万四三四八石、三島郡三三五二石、その他六〇〇〇石）。このうち三島郡内三三五二石と以前からの一万二〇〇〇石をあわせた一万五三五二石が三島郡の幕領で出雲崎代官所の中心である。のこる蒲原郡内一万四三四八石が蒲原郡の最初の幕領となった。その後元和九年（一六二三）三条藩稲垣氏（二万三〇〇〇石）が転出したため上知、幕領となり三条に出張陣屋がおかれた。このうち三島郡の分は先の幕領とあわせ二万一九九八石となり正保期までつづいた。蒲原郡の分は先の幕領とあわせ三万七〇二石になり、正保期には三万一〇六七石とほぼおなじ高がつづいた。これらの幕領は寛永六年、信濃代官近山五兵衛安俊と設楽長兵衛能業によって検地が実施されている。同八年の幕領高は五万三六〇〇石であり、その後正保二年（一六四五）では蒲原、三島二郡で五万三二〇〇石（「越後国絵図」）となっている。これをさきの信濃代官近山安俊と設楽能政が出雲崎代官を兼帯して立会代官支配にあたっており、引きつづき蒲原郡三条に出張陣屋をおいている。この間寛永二年（一六二五）には代官松下勘左衛門が出雲崎の陣屋を隣の尼瀬に移したため以後政治の中心は尼瀬陣屋に移ったが、名称は出雲崎代官とされている。この越後の幕領米は初期には佐渡金山への飯米などにあてられたが、その衰退とともに寛文期の西廻り海運の成立以後は出雲崎港から大坂廻米にあてられている。

元和から寛文期までの出雲崎代官は最初のころは専任代官であったが寛永六年から信濃代官が兼任し、しかも立会代官支配となった。その後寛永一九年下越の村上藩堀氏（一〇万石）が改易されると同領は設楽、近山の出雲崎代官支配地に加えられ、正保元年（一六四四）本多忠義（一〇万石）が入封するまでつづいた。寛永二〇年には会津藩に保科正之（二三万石）が入封すると、越後分として出雲崎代官支配の蒲原郡内（津川領）九〇〇〇石が割愛されている。このような変化をうけて、前述のように正保二年の越後幕領は五万三一〇〇石になっている。

また慶安二年（一六四九）に村上藩で本多氏が転出すると、松平直矩が五万石加増の一五万石で入封した。この加増分五万石は出雲崎代官支配の幕領から割かれている。天和元年（一六八一）頚城・刈羽・三島の三郡全部と魚沼郡の一部、信濃の一部を領有した高田藩松平光長（二五万石）がお家騒動で改易になると、上越、中越に大きな変動がおきている。これらの領地はすべて上知、幕領となり出雲崎代官のほか百間町、潟町、稲村、黒井、戸野目、新井、高野などに代官所がおかれて、設楽孫兵衛能武、八木仁兵衛長信、岡登次郎兵衛景能らの代官により分割支配され、翌二年奥羽諸大名の国役による惣検地が実施され

佐渡奉行所

三六万石余を打ち出している。この後、貞享二年（一六八五）高田には稲葉正通が一〇万三〇〇〇石で入封すると、のこりの旧光長領の大半はあらたに吉木代官（設楽能武）がおかれその支配となり、同四年川浦代官もおかれ一部は同代官の支配となった。元禄一四年（一七〇一）にはかわって戸田忠真が六万七八〇〇石（越後分五万七八〇〇石）で入封するとその差四万五二〇〇石が上知、幕領となり、これらの大半は新井代官支配となった。また元禄四年には糸魚川藩五万石に有馬清純が入封したが、同八年転出したため幕領にもどり、同一二年に本多助芳が一万石で入封すると同幕領から割かれている。さらに同一一年には椎谷藩一万石に堀直宥、同一五年には高柳藩一万石に丹羽氏音がおのおの封ぜられると、これも幕領から割かれている。これにともない同一四年には吉木陣屋は高野陣屋へ移り廃止されている。

佐渡の幕領は慶長五年関ヶ原合戦後、上杉氏より没収し一島全体が直轄領となった。これは佐渡幕領の中心が近世初期にあっては金銀山であり、この鉱山運営のための木材や薪炭などの資材のほか、鉱山で働く者たちの飯米や生活物資の調達のため一島全体を直轄領としたものであるが、初期の佐渡では生産高掌握がなされず年貢高掌握であり、慶長七年の年貢高は二万四八〇〇石であった。そしてこれらのすべてが鉱山経営にあてられた。

さて、このようにして佐渡を手に入れた幕府はまず第一段階として、北国海運に活躍していた敦賀の豪商田中清六正長を佐渡代官に任じたほか、上杉氏以来佐渡の地方に精通した河村彦左衛門吉久を登用し、田中正長を補佐するため代官に任命し、引きつづき佐渡の地方支配にあたらせている。さらに翌七年には、下総小見川の代官吉田佐太郎と中川（合沢）主税の二人が派遣され、河村同様地方支配にあたり田中正長を補佐している。これにより佐渡幕領は田中正長を総支配人として田中をふくむ四人の代官たちによって支配されることになった。このうち吉田佐太郎は代官頭大久保石見守長安の手代代官であるところから、大久保長安も間接的に佐渡支配に関与していたものと思われる。

この田中正長の支配時代は「この頃（慶長七年）より佐渡国に銀倍増して一万貫余、上へ納める。先代越後景勝、彼の国領有の時分はわずかなりし」（『当代記』）という状況であったが、彼の経営は山師たちの運上入札制による請負制であり、落札した山師たちが勝手に掘り取るものであったため、山自体が荒れ放題となり、長つづきするものではなかった。しかも田中自身が幕府より佐渡の金銀を請負う形で一定額を幕府へ上納するというものであった。もっとも田中は元来敦賀の廻船商人であるため、自身の廻船やほかの廻船を使って佐渡に必要な物資を上方や北陸各地からも廻送させたり、必要な労働者の廻送にもあたるなど商人としての機能をフルに活用していたのである。翌八年には、流入する多くの山々の食糧確保のため地方代官である吉田佐太郎と中川主税は佐渡の村方へ従来の年貢の五割増徴を命じたが、佐渡農民の反発を買い農民の代表らが江戸へ直訴に及んだため、家康の裁許により吉田、中川の両代官は切腹、田中および河村は罷免という処置をうけ、ここに田中正長の佐渡幕領支配は終わったのである。

このような農民の反発の背景には、田中の請負入札制による佐渡への人びとの急激な流入による物価上昇や治安の乱れなど、佐渡農村の破壊的な状況があったのである。

田中ら四代官の失脚ののち、家康は佐渡幕領の支配を石見銀山の経営にあたっていた代官頭大久保長安に命じた。大久保は前にも述べたように吉田佐太郎をとおして以前から佐渡にかかわりをもっていたが、慶長八年より正式に佐渡支配にあたることになった。これにより大久保は石見銀山、同一一年からは伊豆金山も支配下におき、これらの三鉱山を統括して有機的に結びつけ、人的交流を深め産出量を飛躍的に増やして初期幕府財政を支えることになった。大久保長安はただちに配下の甲州系の鉱山技術をもつ代官や下代たちを送り込み、金山と地方支配にあたった。そして代官陣屋をこれまでの鶴子から相川に移して金山支配の中心とした。大久保は当時南蛮よりもたらされたアマルガム精練法を採用する一方、鉱山の直山制を採用し、山師が自力で経営できない山は、代官所の御抱えの金掘り大工を使い水貫工事等をおこない直轄とするものの、これまでどおり山師に預けて採掘させ収入のうち四分を上納させる方式により、翌九年には「佐渡国の山岳金銀を出す事益夥敷」(『当代記』)という状況になった。しかしこのような大久保の経営努力にもかかわらず、彼の晩年には鉱山で鉱道の出水があいつぎ、また鉱道が長くなるにつれ技術的限界に陥り、産出量は漸減する反面、代官所の経費が増大して行き幕府への運上額も減少していった。大久保の死去した慶長一八年(一六一三)の運上額は銀で一八〇〇貫余、翌一九年には一七〇〇貫ほどまで落ち込んでいた。ここに大久保の直山制は限界になり、経営方法の転換がもとめられてきた。また大久保の佐渡金山支配については「山出の金銀も長安我物とし、程々を計らひて進貢せし」(『当代記』)と、産出した金銀の一部が大久保の収入となり、一定額を幕府へ運上するという田中正長の時代と似た代官請負的性格の強いものであった。そのことは彼が死去した年の翌一九年に、彼の生前の金銀の不正隠匿が暴かれ処断される前提となっていたのである。

慶長一八年大久保長安の死後、佐渡支配は江戸の幕閣である土井利勝や安藤重信および勘定頭の直接支配下におかれ、佐渡の代官には田辺十郎左衛門宗政と間宮新左衛門直元の両名が任命されたが、田辺は大久保の家老の大久保山城のことであり、再び代官として任用されている。両代官は財政支出を抑えるためにこれまでの直山制を廃止し、山師への物資の給付や代官所の御抱え金掘り大工による水貫工事もいっさい停止した。この廃止により山師たちはたちまち困窮し経営ができない者が続出したため、ついに元和二年(一六一六)「近年金銀山衰微して州民渡世を失ひ難儀せしむる趣、去年山仕共江戸へ出て愁訴を捧げ」(『佐渡風土記』)るにいたった。このような訴えにより、同四年には田辺にかわって鎮目市左衛門惟明と竹村九郎右衛門嘉理を佐渡代官に任命し直山制を復活させたが、大久保時代のそれとは質的にことなるものであり、山師たちを保護する政策をとった。このため同五年には「金銀山の様子、日増に盛んになり出鏈相増す」（『当代記』）という活況を再び呈し、同七年には銀六二三〇貫、小判二万三七七六両と近世初期ではピークに達している。これは同二年にくらべ銀では七・六倍、小判で六・四倍にも達するものであり。同八、同九年もほぼ同様である。この鎮目時代は「鎮目市左衛門殿支配十ケ年之間銀山大盛り、前後にこれなき事也。一ケ年之御運上銀八千貫目余宛納る」（『当代記』）という状況を呈し、初期佐渡金山の最盛期であった。

これ以後寛永四年（一六二七）鎮目惟明が死去すると、二人代官制がつづくが、同一二年幕府勘定頭の伊丹播磨守康勝が佐渡代官を兼任すると名称も佐渡奉行となり一人奉行制となった。しかし佐渡金山もしだいに産出量が減少し、それとともに人びとや物資の往来も減少して行き、同二〇年には「近年金銀山次第に衰え、山主共の内渡世を失ひし者の多く増して下賤の者共餓死に及候もの有之」（『当代記』）という状況になり、慶安三年（一六五〇）の相川町の家数は一七七四軒、人口は一万から一万五〇〇〇人ほどで、元和期の最盛期の三分の一ほどであった（田中圭一『佐渡金銀山史の研究』）。その後の佐渡幕領は、金銀産出量の減少から幕領の比重は金銀から米の移出、大坂廻米に移っていった。これは幕府の財政政策の変更と大きく関係するものであり、とくに佐渡幕領米は寛文年間（一六六一〜七二）の西廻海運の展開以降いっそう大坂廻米が推進された。同時に佐渡一国の石高もあらためて問題となり、慶長七年の年貢高は二万四八〇〇石であるが、元禄六年（一六九三）勘定奉行荻原重秀による元禄総検地により従来の年貢高から生産高表示にかえて一国高は二六三カ村、一三万三〇〇石が打ち出され、大幅に年貢増徴が図られている。

越前では寛永一〇年（一六三三）大野藩松平直政の転出後同領五万石は上知、幕領となったが、同一二年松平直基が同高で入封したため消滅した。しかし同年木本藩松平直良が勝山藩へ転出したため同領二万五〇〇〇石が上知、幕領とされ、丸岡藩本多氏の預り地とされた。ついで正保元年（一六四四）勝山藩松平直良が大野藩へ転出すると同領三万五〇〇〇石が上知、幕領とされ、勝山領として福井藩松平氏の預り地とされている。この状況は正保三年（一六四四）の「越前国郷帳」においても越前幕領は福井藩松平氏、丸岡藩本多氏の預り地として同様であった。このなかには白山山麓の大野郡牛首村など一六カ村（二三〇石）もふくまれ、寛文八年（一六六八）には加賀の二カ村も加え「白山山麓十八カ村」二五〇石となっているが、同七年から笠松代官杉田九郎兵衛直昌の支配とされている。天和二年（一六八二）大野藩松平氏（五万石）の転出後、土井利房が四万石で入封したためその差一万石が上知、幕領とされ、保田に陣屋をおき近江水口代官井狩十助宗政が支配している。のち同代官所は前述の「白山山麓十八カ村」も支配している。貞享三年（一六八六）には福井藩が松平吉品の襲封にあたり領地を大幅に削減され二五万石となったため、先の同藩預り地三万五〇〇〇石も返上され前代の四七万二〇〇〇石との差二二万五〇〇〇石の大半が上知、幕領となり、これに保田代官支配地を加え越前幕領は計二七万石となった。保田代官井狩宗政はこのほか貞享三年より能登の旧土方領一万石の幕領も支配している。これらの支配のため保田代官（井狩代官）のほかに勝山に陣屋をおき、都筑長左衛門則次、松田彦兵衛貞直、平岡吉左衛門道清の三代官が分割して立合代官支配をおこなった。その後元禄三年（一六九〇）には勝山代官は都筑、平岡および松田にかわった諸星内蔵助同政があたり、彼らの支配地域は都筑が今立、丹生、大野、坂井四郡で九万八八〇〇石、平岡が丹生、坂井、大野、吉田四郡で六万三七〇〇石、諸星が大野、坂井、今立、南条四郡で九万六七〇〇石を支配している。このほかに保田代官金丸又左衛門重政が一万八〇〇石を支配している。翌四年に勝山に小笠原貞信が二万二〇〇〇石で入封すると、勝山陣屋および保田陣屋は西鯖江（都筑、諸星）と石田（平岡）に移り、その支配地二四万八〇〇〇石も両所に分割して支配されている。なお「白山麓十八カ村」は石田陣屋支配下をへて、享保六年（一七二一）からは本保陣屋支配となり、幕末迄つづいている。同五年には大坂城代土岐頼殷に越前で二万五〇〇〇石が加増され、さらに美濃郡上八幡に井上正任（五万石）が入封すると、越前幕領から一万五〇〇〇石が割かれるなど幕領は二〇万八〇〇〇石に減少している。また同一一年には同藩に金森頼旹（三万八九〇〇石）が入封すると、越前領はそのまま引継がれた。同八年には丸岡藩本多重益（四万三〇〇〇石）が改易され、かわって有馬清純が五万石で入封すると、その差七〇〇〇石が割かれ、同一〇年には紀州藩徳川光貞の次男松平頼職が高森藩三万石に、三男松平頼方（のちの徳川吉宗）が葛野藩三万石（のち四万石に）におのおの封ぜられ、翌一一年には小浜藩酒井忠固に替地分として五〇〇〇石が割かれるなど幕領の減少がつづいている（『福井県史』通史編）。

能登では慶長六年（一六〇一）土方雄久が関ケ原の功により加賀野々市で一万石をあたえられ、加賀藩領（前田氏）のなかに設定された。その後延宝七年（一六七九）に野々市一万石を能登国内へ移されたが、その内訳は寛文四年（一六六四）の印知状によれば羽咋郡三三〇〇石、鳳至郡三六〇〇石、珠洲郡三〇〇石、能登郡二八〇〇石であり、陸奥窪田（菊多）藩の飛地となっている。しかし貞享元年（一六八四）雄隆は除封されたため同領は上知、幕領とされ、越前保田代官井狩十助宗政の支配下となり、能登下村に出張陣屋がおかれた（のち府中村へ移す）。しかし幕府にとっては遠隔地で、しかも一万石が分散して存在していたことで支配しづらかったことにあわせ、加賀藩にとっては自領内に幕領の存在を避けたいところであるため幕府に願い、加賀藩預り地とし年貢相当分を同藩が上納する形式をとった。その後同領は元禄二年から八年（一六八九～九五）までは高遠藩を改易された鳥居忠英の堪忍分（下村藩一万石）として、同一一年から一三年までは福山藩を改易された水野勝長にやはり堪忍分（西谷藩一万石）としてあたえられるなどの変化があったが、一貫して幕領として存続し、元禄八年から一一年までは越前西鯖江代官諸星内蔵助同政支配下に入り、同一三年からは出雲崎代官馬場新右衛門昌重の支配地とされている。

加賀では白山山麓の能美郡尾添、荒谷両村が寛文六年（一六六六）加賀藩前田氏よりの替地願いにより、近江海津中村一七一石と交換で幕領とされ、同八年には越前大野郡の白山山麓一六カ村とともに「白山山麓十八カ村」（二五〇石）として越前保田代官井狩十助宗政の支配地となり、石田陣屋をへて享保六年からは本保陣屋の支配となり、幕末迄つづいている。

近世前期の北国筋の幕領は元禄一四、一五年（一七〇一、〇二）ごろでは六八万五六〇〇石であり、その内訳は、

高谷太兵衛盛直（飯島代官）	信濃	四万七九〇〇石
長谷川庄兵衛長貴（新井代官）	越後・信濃	五万一一〇〇石（越後分二万石）
馬場新右衛門昌重（出雲崎代官）	越後	七万八〇〇〇石
鈴木八右衛門重政（高野代官）	越後	七万五二〇〇石
鈴木三郎兵衛正守（中野代官）	越後	六万　四〇〇石
依田五兵衛盛照（潟町代官）	越後	二万二九〇〇石
古郡文右衛門年明（西鯖江代官）	越前・能登	八万五六〇〇石（能登分一万石）
馬場源兵衛（野沢代官）	越前・加賀・信濃	八万　二〇〇石（越前・加賀分五万　四〇〇石）
鈴木重政 長谷川長貴	越後与板領	二万二四〇〇石
高谷盛直（飯島代官） 市川孫右衛門（前山代官）	信濃坂木領	二万六六〇〇石
千村平右衛門仲成（美濃久々利代官）	信濃	四九〇〇石
佐渡奉行支配地（荻原重秀）	佐渡	一三万　四〇〇石

と一〇人の代官と一奉行となっており、越後では天和元年（一六八一）の高田藩改易後の大量の幕領設定の影響がのこっている。また、信濃では立合代官支配が減少し単独の代官支配になっている。越後与板領が越後新井代官長谷川長貴と高野代官鈴木重政の立会代官支配となっているのは、元禄一五年に与板藩牧野氏が転出し、同領一万石（実高二万石）が上知、幕領とされたためであり、のち石瀬代官がおかれその支配となった。信濃坂木領でも同年坂木藩板倉氏が転出し同領三万石（信濃分二万六六〇〇石）が上知、幕領とされたためで、これを坂木代官高谷盛直（支配高七万四五〇〇石）と甲府代官市川孫右衛門（支配高四万石）の立会支配としているのであり、翌年坂木に正式に陣屋がおかれ代官平岡次郎右衛門信由が支配にあたった。千村仲成は前述のように尾張藩臣でありながら幕府代官でもあり、四九〇〇石は幕領である。同年の越後幕領は約二八万石前後、信濃幕領は約一七万石前後、越前幕領（加賀を含む）は約一四万石前後、能登幕領は一万石、佐渡幕領は一三万石である。

その後の各国の動向をみると、信濃では元禄一六年（一七〇三）東信の岩村田に内藤正友が一万六〇〇〇石で入封すると、東信幕領の多くが組み込まれ減少しているが、残り五〇〇〇石が坂木陣屋で支配された。宝永元年（一七〇四）坂木領のうち佐久郡内一万二〇〇〇石が前山代官市川孫右衛門及び野沢代官馬場源兵衛の支配から三河奥殿藩松平氏にあたえられている。宝永三年には北信の飯山藩松平忠喬（四万石）にかわり永井直敬が三万三〇〇〇石で入封、その差七〇〇〇石が上知、遠江中泉代官窪島市郎兵衛長敬が中村出張陣屋で支配にあたったが、正徳元年（一七一一）永井氏にかわって青山幸秀が四万八〇〇〇石で入封すると、幕領も含まれ消滅している。ついで享保二年（一七一七）青山氏にかわって本多助芳が二万八〇〇〇石で入封、その差二万石が上知され、下平井と赤塩陣屋で越後楯村代官鈴木小右衛門正興と増田太兵衛永政が預ったが、翌年同領は勘定所の御勘定が立会で支配にあたるという異例の措置がとられた。

信濃　飯島代官所

これは試行的に定免制の実施の可能性を探るものであったという（西沢淳男『幕領陣屋と代官支配』）。また同年上田藩松平氏領のうち更級郡一万石が畿内へ移され上知、稲荷山宿の陣屋で都筑藤十郎法景が支配した。同九年から一〇年にかけて松平九郎左衛門尹親が高井郡中野代官として埴科郡坂木、佐久郡岩村田の両陣屋を支配し、伊那郡をのぞき一二万石余を支配し信濃幕領支配の中心となった。

　中信では正徳三年（一七一三）信濃、摂津、丹波で一万二〇〇〇石を領有している水野忠定の領地のうち摂津分五〇〇〇石を信濃筑摩郡内に移したが（信濃分合計一万石）、これに旧高遠領の幕領四二七三石（七カ村）と保金山領五〇〇石をあてたため、中信の幕領は和田八カ村、二〇四四石に減少している。次いで享保一〇年（一七二五）信濃の水野忠定領を安房へ移して上知、幕領に、翌一一年には松本藩水野氏（七万石）にかわって松平氏が六万石で入封したため、その差一万石が上知、幕領とされ、それぞれ駿河新貝代官で飯島代官も兼任した大草太郎左衛門政清の支配となっている（享保一八年には塩尻陣屋が設置され、同領はその支配下に入った）。

南信では伊那郡飯島陣屋は南信幕領の多くを松本藩預り地としたためのこりは一万六〇〇〇石であり、これは遠江新貝代官の大草氏が支配していた。

越後では宝永三年（一七〇六）の幕領は出雲崎代官（鈴木八右衛門重政）支配地八万九〇〇〇石、石瀬代官（西与一左衛門）支配地（同二年設置）七万三二〇〇石、小出島代官（依田五兵衛盛照）支配地二万二九〇〇石、馬正面代官（鈴木三郎兵衛正守）支配地六万四〇〇石、川浦代官（馬場新右衛門昌重）支配地七万九〇〇〇石の計三二万四五〇〇石となっている。同七年高田に松平定重が一一万三〇〇〇石で入封すると全領が越後であたえられたため、頸城一郡と刈羽、蒲原、三島郡などに集中的に設定されて幕領から割かれる一方、同年には村上に本多氏（一五万石）にかわって松平輝貞が七万二〇〇〇石で入封するとその差七万八〇〇〇石が上知、幕領とされ、享保二年（一七一七）にも松平氏にかわり間部詮房が五万石で入封するとその差二万二〇〇〇石が同じく上知、幕領とされたが、享保九年には三日市藩一万石に柳沢時睦、黒川藩一万石に柳沢経隆が封ぜられたため、これを幕領より割いている。このためこの時点での幕領高はおよそ三三万石余に上っている。これにより既存の代官所のほかに館村（楯村、宝永六年設置）、吉木（正徳三年復活）などの代官所が設けられている。享保八年（一七二三）の支配代官は、小野惣左衛門則正（高野・吉木代官）、美濃部勘右衛門茂敦（稲村・新井代官）、日野小左衛門正晴（潟町代官）、柘植兵大夫正邑（出雲崎代官）、鈴木小右衛門正興（館村代官）となっており、越後全域に分布している（『新潟県史』通史編）。しかし中期の越後幕領変動のもっとも大きな画期は、享保九年におきた紫雲寺潟をはじめとする質地騒動であり、これにより広範囲に百姓一揆がおき幕政の危機に直面している。この鎮圧とその後の幕領支配のため、越後の幕領三三万石余をすべて大名預り地とし、大名権力の力を借りて鎮圧を図ったのである。その内訳は、

高田藩（松平定輝）　一〇万七〇〇〇石（頸城郡）
新発田藩（溝口直治）　四万三〇〇〇石（蒲原郡）
長岡藩（牧野忠寿）　六万四〇〇〇石（三島、刈羽、古志等五郡）
館林藩（松平武雅）　四万七〇〇〇石（蒲原、岩瀬郡）
会津藩（松平正容）　七万石（魚沼郡）

の五藩に分割して預り地としている。その後同一三年に館林藩松平氏預り地四万七〇〇〇石が新発田藩溝口氏の預り地に移されたが、その直後館林藩分は庄内藩酒井氏預り地とされている。かわりに同一四年に新発田藩には二万三〇〇〇石が追加で預けられている。これをうけて同一四年の各藩の預かり高をみると、

高田藩（松平定儀）　一〇万　四〇〇〇石
新発田藩（溝口直治）　六万五九〇〇石

長岡藩（牧野忠寿）　六万四三〇〇石
庄内藩（酒井忠真）　四万七三〇〇石
会津藩（松平正容）　七万石

と享保九年時点にくらべ支配高にも若干の変動がみられる。

越前では宝永二年（一七〇五）高森藩松平頼職（三万石）が紀州藩を継承し、葛野藩松平頼方（徳川吉宗）（四万石）も同年頼職の死後、紀州藩を継承したためおのおの上地、幕領とされ、高森領は西鯖江、石田両代官によって、葛野領は同所に陣屋がおかれ支配された。その一方で同年には高森に本庄宗長が二万石で入封したため幕領から割かれたが、同年の幕領は一七万九〇〇〇石となっている。同五年には先の土岐頼殷への加増分のうち一万五〇〇〇石を替地して上知、正徳元年（一七一一）には高森藩本庄氏が改易され同領二万石が上知（高森陣屋設置）、同二年土岐頼殷ののこりの加増分一万石も替地して上知（舟寄陣屋設置）、享保五年（一七二〇）には鯖江に間部詮言が五万石で入封し割愛するなど変動があったが、同年までに幕領は一七万四〇〇〇石となっている。翌六年に福井藩に五万石が加増されたほか、幕領のうち一〇万三〇〇〇石が福井藩松平氏預り地とされたが、これは高森代官美濃部勘右衛門茂敦から四万四九〇〇石、石田代官柴村藤兵衛盛興から四万三八〇〇石、舟寄代官日野小左衛門正晴から一万五一〇〇石がおのおの割愛されたため、従来の代官陣屋は支配高がかなり減少したのですべて廃止し、あらたに設置した本保陣屋に統合し、のこり七万一〇〇石を一括支配することにした（代官窪島作右衛門長敷）。

これをうけて中期の北国筋の享保一四年（一七二九）の幕領は、遠江の幕領を一部含むものの八七万六三〇〇石となっており、その内訳は、

大草太郎左衛門政英（新貝・中泉代官）	信濃（遠江）	七万八五〇〇石（信濃分一万六〇〇〇石）
松平九郎左衛門尹親（中野・坂木代官）	信濃	一二万三九〇〇石
林兵右衛門正紹（本保代官）	越前・加賀	七万　一〇〇石
千村平右衛門政成（飯田代官）	信濃	四九〇〇石
佐渡奉行支配地（松平政澄・窪田忠任）	佐渡	一三万一〇〇〇石
福井藩預り地（松平宗矩）	越前	一〇万五八〇〇石
加賀藩預り地（前田吉徳）	能登	一万四二〇〇石
高田藩預り地（松平定儀）	越後	一〇万　四〇〇石
新発田藩預り地（溝口直治）	越後	六万五九〇〇石
長岡藩預り地（牧野忠寿）	越後	六万四三〇〇石
庄内藩預り地（酒井忠真）	越後	四万七三〇〇石
会津藩預り地（松平正容）	越後	七万石

と一奉行、四代官、七大名の預り地からなっている。越後幕領は前述のように享保九年の質地騒動の影響をうけてすべて大名預り地とされて引きつづき五人の大名に預けられており、その高は三四万七九〇〇石

となっている。信濃は三人の代官の支配にまで減少し、とくに中野代官松平尹親が専任代官として中心となり、大草政英は遠江の代官で南信伊那郡飯島陣屋を中心に支配している。美濃久々利代官の千村政成は前述のように飯田陣屋で伊那谷の榑木支配にあたっており、信濃幕領は一四万四八〇〇石である。越前幕領は本保代官支配地と福井藩預り地をあわせ一七万五九〇〇石である。能登は加賀藩が年貢相当分を金納している。このほか旗本知久氏の預り地が信濃で八二〇〇石ある。

その後の各国の動向をみると、**越後**では元文二年（一七三七）に新発田藩にさらに紫雲寺潟新田等一万七〇〇〇石が預けられたため、同藩の預り地は八万三〇〇〇石と高田藩についでいる。しかしこのような大名への預り地政策も、民心がようやく鎮静化したため元文五年から順次代官の直支配にもどっている。すなわち同年に新発田藩預り地が直支配にもどり、石瀬代官（水野彦四郎忠英）がおかれ八万三〇〇〇石を支配した。寛保元年（一七四一）高田藩松平定賢（一一万三〇〇〇石）は白河藩へ転出し、かわって榊原政永が一五万石（越後分六万石）で入封するとその差五万三〇〇〇石が上知、幕領となるとともに、翌年にはこの上知分と高田藩預り地も直支配にもどり、新井（田中八兵衛理以）、吉木（萩原藤七郎友明）の二代官所と高野出張陣屋がおかれ、これらの幕領が分割支配されている。同二年には会津藩預り地のうち魚沼郡二〇カ村（二〇〇〇石）が白河藩松平氏の預り地に移されている。翌三年には吉木陣屋は川浦陣屋へ移され、川浦陣屋は延享四年（一七四七）には高野陣屋に併合、寛延三年（一七五〇）には高野陣屋は新井陣屋に併合されるなど複雑に統廃合がなされ、上越では新井陣屋が中心となった。また延享二年には石瀬代官支配地から阿賀野川以北の約二万石の幕領を分離し、水原代官（内藤十右衛門忠尚）が新設されたが、内藤代官はのち石瀬陣屋を出張陣屋として両代官所を合わせ七万三〇〇〇石を支配している（寛延二年石瀬陣屋独立）。宝暦元年（一七五一）石瀬陣屋支配地より一万石を長岡藩牧野氏の預り地としている。同四年と六年には福島潟の干拓のため新発田藩領より合計一万三〇〇〇石を、替地をあたえて上地させ、水原代官領としている。おなじく四年には新井代官所より川浦代官が独立しており、この段階の幕領支配では新井、水原、川浦代官が中心となっている。宝暦五年から明和年間にかけて再び大名預り地政策が変化している。すなわち宝暦五年（一七五五）には会津藩松平氏預り地六万八〇〇〇石のうち五万三〇〇〇石が直支配にもどり十日町代官（千種清右衛門直豊）が支配にあたる一方、のこりの一万五〇〇〇石を米沢藩上杉氏の預り地に移したが、同一三年十日町代官支配地は再び会津藩預り地にもどっている。おなじく宝暦五年に新発田藩溝口氏預り地八万三〇〇〇石を水原代官支配としている。同九年には長岡藩牧野氏預り地六万四〇〇〇石に九二〇〇石を加増した七万三四〇〇石が高田藩榊原氏の預り地に移されたが、同一三年に直支配にもどり、出雲崎代官（風祭甚三郎国辰）が再置されその支配下におかれた。明和七年（一七七〇）には川浦代官支配地のうち七二〇〇石が出雲崎代官支配へ移されたため、出雲崎代官は八万石を支配している。宝暦一三年、新井代官支配地が高田藩榊原氏の預り地とされたが、このうち四七〇〇石は石瀬代官支配地へ移されている。明和八年には先の高田藩預り地の大半が直支配にもどり新井陣屋が再置されたが、出雲崎代官の出張陣屋となっており、のこりは川浦代官（竹垣庄蔵直照）支配地となっている。

同代官所支配地は安永年間（一七七二～八一）には四四九カ村、八万二六二四石になっている。天明四年（一七八四）には出雲崎代官支配地から二万石が石瀬代官領へ移されたほか、新井代官が廃止され再び高田藩榊原氏預り地とされ、同八年には出雲崎代官も廃止、その支配地も追加して高田藩預り地となり、合計八万石となっている。同五年には淀藩稲葉氏の越後飛地二万二〇〇〇石が上知、幕領とされ、これを翌年新設された脇野町代官が水原代官とともに立合支配をおこなった。寛政三年（一七九一）山田茂左衛門至意が脇野町代官に就くと、同七年に川浦代官支配地より四万二七〇〇石と信濃中野代官支配の越後分一万三〇〇〇石とをあわせ、脇野町代官支配地は六万六〇〇〇石となっているが、文化五年（一八〇八）には五万九〇〇〇石になっている。寛政五年には高田藩預り地が直支配にもどり、再び新井陣屋（五万二〇〇〇石）と出雲崎陣屋（二万八〇〇〇石）がおかれたが、勘定奉行の直接支配下におかれて、おなじく勘定奉行支配下の脇野町代官山田至意の支配をうけた。同一二年にいたり出雲崎代官が独立したが、文政二年（一八一九）再び白河藩松平氏の預り地とされ廃止、文政一二年には三たび直支配となり出雲崎代官がおかれたが、石瀬代官（佐藤友五郎重矩）の支配地の大半が与板藩領にあたえられたため廃止されたのにともない、のこりが出雲崎代官支配下におかれ佐藤重矩が同代官に転じた。

これにたいし新井代官は文化六年、支配地のうち五万石が高田藩榊原氏の陸奥の飛地と替地され同藩領となったため廃止され、のこりは川浦代官支配地に移った。なお高田藩はこのとき別に陸奥で先の替地分にあたる五万二〇〇〇石を預けられている。さらに文政三年（一八二〇）には同藩の先の陸奥の預り地を越後に移され、川浦代官の支配地をこれにあてたため同藩の預り地は八万六〇〇〇石余となり、これにより川浦代官は廃止された。白河藩松平氏預り地五万石は同六年に松平氏が桑名転出となっても引きつづきその支配下におかれた。その一方脇野町代官支配地は文化一二年では五万八〇〇〇石になっている。このほか文化八年会津藩松平氏の預り地五万三〇〇〇石のうち三万石が上知、幕領とされ、同藩の江戸湾防衛のため相模の内に替地されている。天保年間に入ると越後幕領の変化はすくなくなり、天保元年（一八三〇）高田藩預り地のうち旧川浦代官支配地のうち二万六〇〇〇石が直支配にもどり、川浦陣屋がおかれたが、脇野町代官の出張陣屋とされている。このため脇野町代官支配地は八万石余になり、高田藩預り地は六万石余になった。

信濃では寛保三年（一七四三）筑摩、伊那、佐久、小県四郡の幕領五万石が松本藩松平氏の預り地とされたが、宝暦四年（一七五七）このうち一万三〇〇〇石が直支配にもどり、これも含め明和七年（一七七〇）旧坂木領五〇〇〇石と佐久・高井郡内一万五〇〇〇石が越後川浦陣屋の預りとなった。天明三年（一七八三）佐久郡内の幕領を直支配にもどす一方、筑摩、伊那郡内でかわりに増高され、文化一〇年（一八一三）と文政三年（一八二〇）に伊那郡で計八〇〇〇石を増高されており、総計五万石余となっている。この間幕領の支配は中野代官が中心となり坂木出張陣屋をも支配した。享保一八年（一七三三）には中信に塩尻代官がおかれ室七郎左衛門富章が任ぜられ、元文四年（一七三九）には北信の坂木代官が独立し安生太左衛門定洪が任ぜられ、おのおの中野代官支配地を分割支配したが、塩尻代官は寛保三年（一七四三）

に、坂木代官は宝暦九年に廃止された。その一方で、東信の御影代官（布施弥市郎胤将）が宝暦三年におかれ、旧岩村田陣屋支配地を継承した。また安永四年（一七七五）には中信に中之条代官（平岡彦兵衛良寛）がおかれ、五万石弱を支配した。以後中野、中之条、御影の三代官所が幕末までつづいた。中野代官は文化七年以降高井、水内両郡で五万石から五万四〇〇〇石を支配した。御影代官は宝暦一一年以降佐久郡内二万二一〇〇石、飯島陣屋付二万八一〇〇石の計五万石前後を支配し、隣接する上野山中領や武蔵秩父郡の幕領も支配している。その一方で、南信では伊那郡の飯島陣屋が中心であり、永く遠江新貝代官支配下におかれていたが、寛延二年（一七四九）には独立し島三郎左衛門豊勝が任ぜられたものの、宝暦三年には御影代官の出張陣屋とされた。以後も独立代官になったり、中野、中之条代官の出張陣屋になったりした。そして寛政七年（一七九五）以後は駿府代官の出張陣屋として存続し、文化六年（一八〇九）には佐久郡内二万一五〇〇石、武蔵、上野の幕領を合わせ五万石弱を支配したものの、文久三年（一八六三）に廃止され松本藩預り地となり、慶応三年には中泉代官の出張陣屋として再置されている。文化一三年（一八一六）からは幕領陣屋を中心に信濃全体の治安維持の取締制度がはじまり、信濃四代官中から一国総取締を任命した。初代には中之条代官の男谷彦四郎思孝が任ぜられ、文政八年（一八二五）には御影陣屋は中之条陣屋の出張陣屋となった。

越前では元文元年（一七三六）にいたり本保代官は廃止され、同領六万五〇〇〇石も福井藩松平氏の預り地とされたため、これをあわせた越前幕領一六万八〇〇〇石はすべて福井藩預り地となっている。その後寛保三年（一七四三）には福井藩預り地のうち六万四七〇〇石を直支配にもどし、本保代官を再置して小野左大夫一吉が支配にあたっている。寛延二年（一七四九）には福井藩主松平重昌が幼少のため、のこりの同藩預り地もすべて直支配にもどし本保代官支配下においたため、今度は全幕領一七万一〇〇〇石が本保代官内藤十右衛門忠尚、下兵庫代官亀田三郎兵衛三清、東長田代官浅井作右衛門道尹、中番代官藤沼源左衛門時房ら四人の代官によって分割支配されることになった。宝暦一三年（一七六三）福井藩主松平重昌が成人したため幕領から八万三八〇〇石を再び同藩預り地とした。これにより代官支配地も本保代官に統合してほかの陣屋を廃止し、同代官の一括支配とした。しかしその後、直支配の幕領は減少しつづけ代官所設置の意義が薄れたため、明和三年（一七六六）からは本保代官支配地は飛騨高山代官（安永六年からは飛騨郡代）の支配下に入り、本保はその出張陣屋となった。文政二年（一八一九）には福井藩に二万石を加増したため（福井藩三二万石）、直支配の幕領はさらに減少し本保出張陣屋支配地は二万六〇〇〇石になっている。

佐渡では初期以来佐渡奉行が代官職も兼帯し、佐渡のすべての政務をおこなってきたが、寛延二年（一七四九）の佐渡一揆により民政強化のため宝暦三年（一七五三）代官職を分離し、奉行は佐渡金山と佐渡全体の治安維持を担当した。佐渡代官には藤沼源左衛門時房と横尾六右衛門昭平の二人が任命され相川陣屋で相川の町政と佐渡の地方支配、年貢収取を担当したが、宝暦九年に藤沼が転出し一人代官となった。しかし明和四年（一七六七）の一揆により翌年代官は廃止され、再び佐渡奉行が代官を兼帯することになった。

後期の北国筋の幕府領を天保九年（一八三八）でみると、陸奥、上野の一部を含め七六万七八〇〇石であり、その内訳は、

佐渡奉行支配地（篠山景徳・鳥居正房）	佐渡	一三万二五〇〇石
平岡熊太郎良忠（脇野町代官）	越後・信濃	五万三七〇〇石（越後分四万石）
青山九八郎秀堅（出雲崎代官）	越後	七万一三〇〇石
平岡文治郎（水原代官）	越後・（陸奥）	一〇万六一〇〇石
大原左近（中之条代官）	信濃・（上野）	六万九六〇〇石（信濃六万石）
岡本忠次郎正成（中野代官）	信濃	五万四三〇〇石
大井帯刀永昌（飛騨郡代）	越前	二万六〇〇〇石
千村平右衛門仲雄（美濃久々利代官）	信濃	六三〇〇石
松本藩預り地（松平光庸）	信濃	五万四一〇〇石
松代藩預り地（真田幸貫）	信濃	七四〇〇石
加賀藩預り地（前田斉泰）	能登	一万四一〇〇石
新発田預り地（溝口直溥）	越後	一万五〇〇〇石
高田藩預り地（榊原政養）	越後	五万三〇〇〇石

桑名藩預り地（松平定猷）	越後	五万一一〇〇石
会津藩預り地（松平容敬）	越後	二万三〇〇〇石
米沢藩預り地（上杉斉定）	越後	一万五一〇〇石
福井藩預り地（松平慶永）	越前	四万五一〇〇石
旗本預り地（知久頼行）	信濃	八二〇〇石

と、一奉行と七代官、八大名と一旗本の預り地によって支配されている。越後は代官支配地が三代官で二〇万一三〇〇石と増加し、大名預り地が五大名で一三万四二〇〇石と減少している。これらをあわせると越後幕領は三三万五五〇〇石となっている。信濃は専任代官は二人となり、これに千村代官分をあわせ一二万六〇〇〇石であり、これと二大名預り地と旗本知久氏預り地の六万九七〇〇石をあわせると信濃幕領は一九万三〇〇〇石である。越前は専任代官がいなくなり、飛騨郡代支配地二万六〇〇〇石と福井藩預り地をあわせ越前幕領は七万一一〇〇石と中期にくらべ大きく減少している。加賀と佐渡は中期以降ほとんど大差ない。また**越後**の大名預り地のうち、米沢藩預り地は新発田藩預り地の一部で米沢藩に隣接する魚沼郡の幕領である。桑名藩預り地は、天保九年高田藩時代に預かった松平定輝の家が、白河藩、桑名藩と転封した後も継続して預り地としているのである。**信濃**松代藩預り地は筑摩郡や伊那郡を中心とした幕領である。このように越後や信濃で大名預り地が多いのは、その背景に幕府および諸藩の財政逼迫があり、幕領を大名の預り地に切り替えて代官所経費を軽減する一方で、大名側にとっては預り地を自己の所領（私領）

に準じて支配することにより、そこからの年貢徴収および在地支配などによる利益を得ることができるという一石二鳥の方策がとられたことにある。

越後　水原代官所

幕末の各国の動向についてみると、**越後**では天保一三年(一八四二)に脇野町代官が廃止され出雲崎代官の出張陣屋になったため、この段階以降の専任代官は出雲崎代官(脇野町、川浦出張陣屋ふくむ)と水原代官(会津田島出張陣屋含む)だけになっている。また翌一四年には長岡藩牧野氏から新潟港(新潟浜村六〇〇石を含むその周辺二〇〇〇石)を替地により上知、幕領として出雲崎代官支配とするとともに、新潟奉行をおいて初代奉行には川村修就が任命されている。その後新潟港は開港場となっている。この新潟港の上知は、佐渡をふくめた日本海側の海防と入津船の改め、運上金の取立て、さらには日本海における抜荷の取締りなどを目的としたもので、日本海々運の拠点港をその支配下においたのである。慶応四年(一八六八)には水原代官支配地は会津若松藩松平氏の預り地となっている。

明治初年の越後幕領は信濃や陸奥の一部をふくむものの二四万八四〇〇石で、その内訳は、

甘利八右衛門為徳（出雲崎代官）　六万一八〇〇石
篠本信之助（水原代官）　七万六一〇〇石
新潟奉行支配地（槽屋義明）　二〇〇〇石
桑名藩預り地（松平定敬）　五万四〇〇〇石
会津藩預り地（松平容保）　二万三六〇〇石
米沢藩預り地（上杉斉憲）　二万三六〇〇石
新発田藩預り地（溝口直正）　一万五四〇〇石
三日市藩預り地（柳沢徳忠）　四〇〇石

と一奉行、二代官、五大名の預り地となっている。三日市藩預り地は、同藩の替地により上知された分が預り地とされたものである。この越後幕領二四万八四〇〇石は天保期にくらべ九万石あまり減少しているが、その原因は各藩の預り地の減少によるものである。なお新潟町は明治元年（一八六八）新政府軍の攻撃をうけ約五〇〇戸を焼失している。その後越後の幕領を中心に直轄の越後府と柏崎県となっている。

越前では文久二年（一八六二）の幕領高は六万四九〇〇石であり、このうち本保陣屋支配地（飛騨郡代増田作右衛門頼興支配）は一万九八〇〇石となっており、のこりは福井藩松平氏預り地である。

第五章　畿内筋の幕府領

畿内筋の幕府領は山城、摂津、河内、和泉、大和、の畿内五カ国に近江、播磨、丹波を加えた八カ国に存在したが、関ケ原後の慶長段階における幕領は『当代記』の慶長一二年（一六〇七）三月二五日の条に駿府築城に際しての夫役賦課（五百石夫）について、

> 五百石之知行に壱人宛人夫配課、駿府普請として可相下由也、先伏見江上荷物、長持以下駿府江運送すべき由被相触、是畿内五箇国・丹波・備中・近江・伊勢・美濃当給人知行並蔵入合十箇国之人夫也

とあり、畿内五カ国に丹波・近江・備中・伊勢・美濃を加えた一〇カ国において幕府の給人知行地および幕領があったことが察せられる。また畿内の人夫役徴収のための各国の触下を書上げた「諸事触下覚」（『大工頭中井家文書』）でも畿内五カ国に近江・丹波・備中・但馬・伊勢・美濃を加えた一一カ国を一つの支配単位としてとらえている。そしてこのなかに京都、伏見、堺、大津、奈良、郡山、岐阜、佐和山、水口、山田、亀山など前代からの畿内経済の中心地や西軍主要大名の城下町を掌握しているのである。これらの国々は「非領国」（安岡重明『日本封建経済政策史論』）地域であるため、国郡制支配原理に基づいて

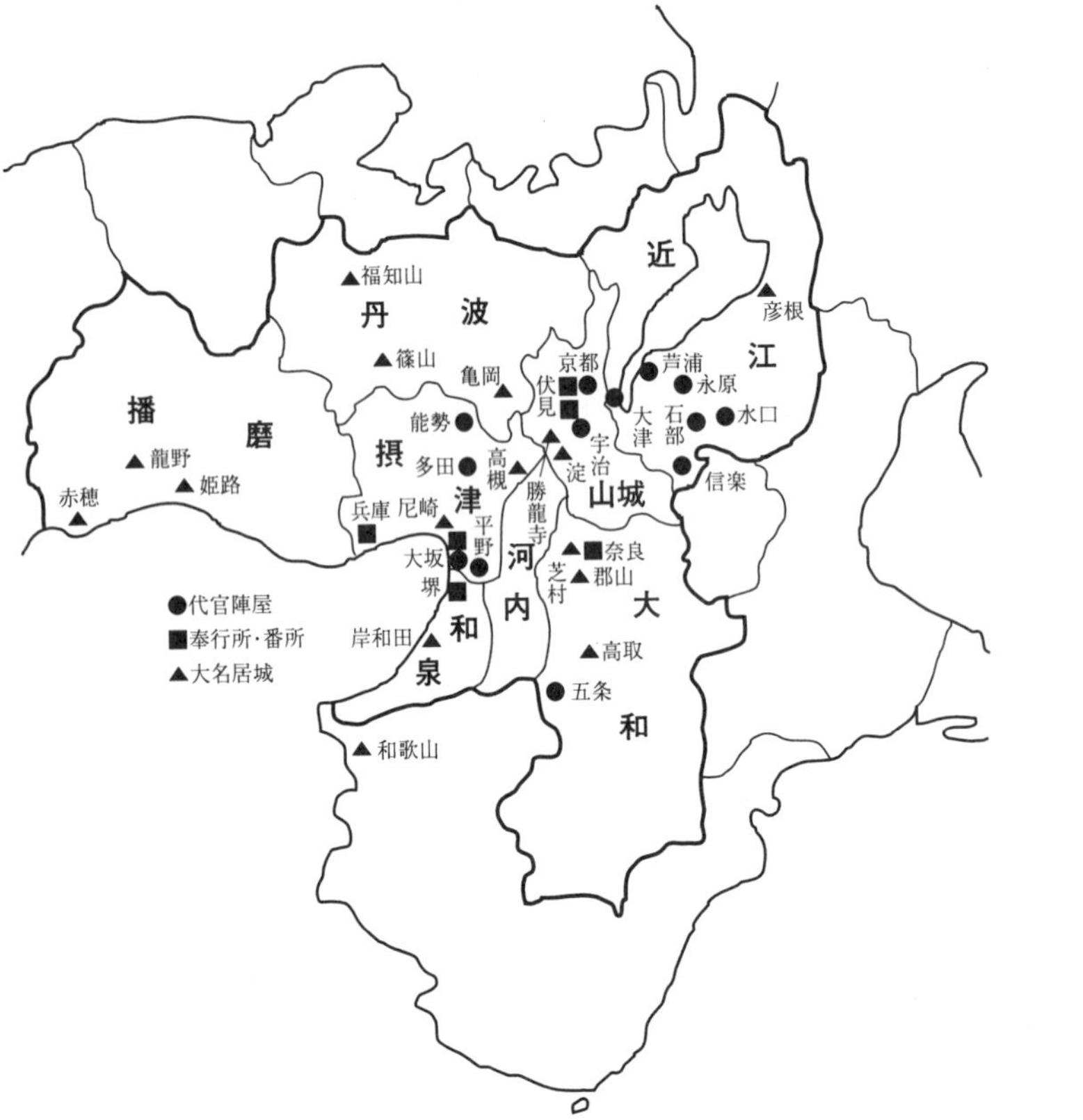

畿内筋

国ごとに統一的に支配するシステムとして国奉行がおかれたのである（高木昭作『近世幕藩制国家の研究』）。このように近世初期においては一〇カ国前後が畿内の支配単位とされているのであるが、このうち慶長期の幕領高が判明するものを列記すると、大和が約一一万二五〇〇石、摂津が約八万石、近江が約一七万石、美濃が約七万五〇〇〇石、但馬が生野銀山領三万石と五カ国で約四七万石あるので、全体では五〇～六〇万ほどはあったものと推定されるのである。しかし近世前期以降は前述の畿内五カ国に丹波、近江、播磨を加えた八カ国が畿内筋としてとらえられているのである。ここでも畿内筋八カ国を考察するが、立論上山城、摂津、河内、和泉、大和の畿内五カ国と近江、播磨、丹波の三カ国に分けて考察する。

まず畿内五カ国では大坂をのぞく京都、伏見、堺、奈良、郡山などの畿内主要都市を掌握している。**京都**には慶長六年以降板倉勝重を京都所司代に任じ、以後幕末まで京都の町のみならず山城および畿内支配の中心としている。**伏見**は家康が畿内支配の拠点として慶長一二年駿府に落ちつくまでここから指令をだしている。そして同年から松平定勝（五万石）を封じ京都所司代を支える体制をとったが、元和三年（一六一七）には松平氏転出のあと内藤信正が城代となり、同五年からは番城制とし同九年にいたり廃城となると伏見奉行がおかれ小堀遠江守政一が任ぜられ、伏見廻り八カ村、四三〇〇石を支配した。**堺**には堺奉行（元和四年まで堺政所の名称）として米津清右衛門親勝をおき大坂城の豊臣氏へ対応させ、元和元年以降は和泉国奉行として国内を統轄するとともに、堺廻り一四カ郷（高不明）と北庄など四カ村、一万石をふくむ地域を支配した。**大津**は代官頭大久保石見守長安が支配し、大津町の支配と近江一国の支配の拠点とし、さらに琵琶湖の湖上舟運の掌握にあたっている。**奈良**も大久保長安が大和の支配拠点とした所であり、慶長九年に町切りが行われ奈良町一〇〇町が成立、地方町二五町も奈良町に編入され、同一八年奈良奉行がおかれて中坊左近秀政が任ぜられ大和幕領支配の拠点とする一方、奈良の町政および奈良廻り八カ村も支配下においた。また南部の吉野郡の幕領を下市陣屋において支配するとともに吉野杉の管理もおこなっている。

次に幕領の主力である村方の幕領形成と支配についてみると、まず摂津、河内、和泉の三カ国では摂津に慶長期に約八万七〇〇〇石の幕領が設定された。その支配地の内訳は不明だが、比較的まとまって存在したと思われるのは島上郡高槻で、関ケ原後新庄直頼が改易され同領三万石が上知、幕領となり代官がおかれた。さらに同地には御蔵奉行の本多頭房の存在が知られるので幕領米の集積地の一つであったと思われる。このほか尼崎周辺の豊臣旧領三万石も上知、幕領とされ、豊臣氏以来の郡代建部三十郎高光（寿徳）を登用し、さらに能勢郡のうち豊臣旧領の六八〇〇石が上知、幕領とされ、やはり豊臣氏以来の代官能勢頼次をそのまま登用している。慶長一四年以降では、長谷川忠兵衛藤継が摂津代官として川辺郡多田銀山奉行になって銀山領の支配にあたっており、元和初年では二万三〇〇〇石あったのでおそらく慶長段階でもほぼおなじくらいであったと思われる。

元和初年の摂津幕領は一三万七五〇〇石（『摂津一国高御改帳并領主村名附』）と慶長期にくらべ大幅に増加しており、摂津全高の三八パーセントを占めている。これには豊臣旧領が含まれていることはいうまでもない。分布の特色は大坂城に松平忠明が一〇万石で封ぜられていたが、幕領は大坂城周辺に城付領として四万三一〇〇石が集中している。この時期の幕領支配には、

長谷川忠兵衛藤継（多田銀山奉行）	二万三四〇〇石
村上孫左衛門	二万三三〇〇石

建部与十郎（尼崎代官）	二万石	
北見五郎左衛門勝忠（摂津郡代）	一万三八〇〇石	
能勢摂津守頼次（能勢代官）	六九〇〇石	
末吉長左衛門（吉安）（平野代官）	五八〇〇石	
今井宗薫兼久（河泉代官）	一六〇〇石	
石河壱岐守貞政	一六一石	
小泉藩預り地（片桐貞隆）	三万一〇〇〇石	
尼崎藩預り地（建部政長）	七八〇〇石	
岸和田藩預り地（小出吉英）	三七〇〇石	

と八人の奉行と代官、それに預り地をもつ三大名があたっている。このうち尼崎藩預り地や小泉藩預り地は元和三年（一六一七）尼崎の建部氏（一万石）が転出し、かわって入封した戸田氏鉄（五万石）にあたえられ消滅している。また岸和田藩預り地も同五年小出氏が転出すると直支配にもどっている。

元和五年大坂城の松平忠明を郡山へ移し大坂城を完全に直轄化し、内藤信正を大坂城代とした。そして松平氏旧領（摂津分五万石）をふくめ大坂城の周囲に摂河泉の幕領を集中させている。さらに大坂町奉行（島田直時、久貝正俊）をおき摂津および河内の幕領の統括および公事裁判を掌どらせている（享保七年からその支配権は摂河泉と播磨の四カ国となる）。

寛永元年（一六二四）には豊臣秀吉の室、高台院（ねね）が死去したため、高台院領（後家分）摂津欠郡内の平野庄や天王寺村を中核とする一〇カ村、一万六九〇〇石が上知、幕領とされ、平野庄出身の豪商代官平野孫左衛門長方が、支配にあたった（元禄七年迄幕領）。このように元和末から寛永前半にかけて摂津の幕領は「摂河郡代」の須田次郎大夫広庄や間宮三郎右衛門光信らのほか、小泉藩片桐氏預り地三万石を直支配にもどしこれの支配にあたった多田銀山奉行の中村杢右衛門之重や摂河代官の高西夕雲らの代官が相ついで摂河泉三カ国に派遣され支配にあたっている。とくに大きな支配地を有した高西は、大和川付替え計画により摂河泉三カ国にまたがって新田開発にもあたったが、彼が死去した寛永六年から同一〇年（一六二九〜三三）にかけて支配地の再編成がおこなわれ、彼の支配地は高槻代官の向井三右衛門正盛や豊島十左衛門勝直、鈴木三郎九郎重成らが関東から派遣され三人の立会代官支配となっている。このほかにも彦坂平九郎吉成、山田五郎兵衛直時らの代官がおなじく関東から派遣されている。彼らは大坂代官として大坂城下の鈴木町（町名は代官鈴木重成に由来するという）の北側、南側と本町橋東浜（安永年間以降谷町へ移転）の三カ所に代官役所をおき、摂河泉三カ国を中心に国内各地の担当地域の支配にあたっているほか、畿内筋の国々にも支配地をもっていた。しかも彼らは元禄以降関東代官と同様に、任地の陣屋に赴かず大坂の役所にいて、任地には手付、手代を派遣して支配している。三代官所はときに互いに兼帯をすることもあった。このほかに能勢氏が支配した能勢郡内六九〇〇石は寛永三年以降、大坂城代等の役知領になるなど徐々に消滅して行き、代官能勢氏もその職から離れている。

大坂代官は畿内河川の堤奉行を兼ね、その後は全国各地から西廻り海運で廻送される領主米そのほかの廻船の御廻米船割奉行をも兼ねており、そのため船改めの代官ともいわれた。

和泉では関ケ原直後に堺を直轄化し成瀬隼人正正成が堺奉行となり、慶長六年（一六〇一）には米津清右衛門親勝が任ぜられ、畿内先進商業都市を掌握するとともに豊臣氏の大坂城を南から押さえる形となっている。同一九年米津失脚後長崎奉行の長谷川左兵衛藤広が任ぜられ兼任した。このときの支配地は前述のように関ケ原直後から幕領となった堺廻りの北庄など四カ村、一万石をふくむ堺廻り御料一四カ郷（高不明）で、都市と農村を有機的に支配している。このほか堺の豪商今井宗薫兼久が関ケ原後、河内・和泉の幕領の一部を支配している。

大坂の陣後の大坂周辺の幕領化は和泉国にも及んでいるが、その中心は堺奉行であり、元和四年（一六一八）に任ぜられた北見五郎左衛門勝忠は摂河泉三カ国の国奉行として三カ国を統括していたが、翌五年大坂城の完全なる直轄化により北見も摂河支配を解かれ、和泉一国の専管支配にあたることになり和泉幕領の支配の中心ともなった。同時に岸和田藩小出氏の転出により同藩預り地も直支配にもどっている。これらの支配には須田次郎大夫広庄と山田五郎兵衛直時が代官として投入されている。須田はそれまで豊臣領であった泉郡横山谷一四カ村などを支配したのにたいし、山田は横山谷のほかの豊臣旧領の支配にあたっていた。このほか、日根郡熊取谷に本拠をおく在地土豪の根来大納言盛重がおり、元和八年から代官に登用されて能取谷の上神谷一二カ村や和田谷、八田荘の諸村など八〇〇〇石の幕領を支配する一方、成瀬正一の下で根来同心としても編成されていた。

元和六年須田広庄が摂河両国の「郡代」へ転出したあと、同七年より北見勝忠が和泉国奉行として支配にあたっている。寛永初年には、摂河泉代官高西夕雲は和泉でも大鳥郡の百舌鳥に夕雲開、万代新田などの開発にあたっている。寛永七年（一六三〇）以降、前述のように高西の支配地は向山、豊島、鈴木の立会代官支配をうけ、同一〇年から鈴木重成が支配にあたっている。その一方寛永四年に北見勝忠が死去すると、堺奉行および和泉国奉行の職務は同五年まで大坂町奉行島田直時の兼任となり、さらに同六年から九年までは長崎奉行水野守信の兼任と、めまぐるしく交代していたが、同一〇年堺奉行兼国奉行に石河土佐守勝政が任ぜられ、ここに寛永期における和泉幕領の本格的支配がおこなわれる。同六年谷川藩一万石の桑山氏が改易されると、同領のうち鳥取庄一一カ村、下ノ庄一〇カ村の計二一カ村が上知、幕領となり関東からきた伊丹理右衛門之信が支配し、かつ開発にあたったため支配高は八八〇〇石になっている。しかし同一九年伊丹が粛正されると同領は、かわって大和代官松村吉左衛門時直と摂津代官彦坂平九郎吉成の立合代官支配をうけた。また北見勝忠が支配していた泉郡の幕領は、寛永四年から奈良奉行中坊左近秀政の支配となっている。元和期以来熊取谷や和田谷、上神谷などを支配した根来大納言盛重は寛永一八年その子盛正が御徒頭へ転出したため代官の職は終わっている。

河内では豊臣氏の所領が集中しているため慶長期の幕領は少なく、先述の今井宗薫や肥前唐津城主寺沢広高が家康の命により慶長年中に渋川半郡の代官となっていたことが判明している。

大坂の陣後、甲斐庄喜右衛門正房が「河内郡代」となり河内の豊臣旧領を中心に設定された幕領支配の中心となるとともに、小堀政一や北見勝忠等摂河泉三カ国の国奉行となった者たちの下で実質的支配にあたっている。まず甲斐庄正房は錦部郡で一万三〇〇〇石を、摂津平野郷の代官である末吉勘兵衛利方が志紀、河内二郡で約二万一六〇〇石を、おなじく末吉一族の平野藤次郎正貞が若江と丹北二郡の一部を、京都代官角倉素庵玄之が丹南郡で三八〇〇石を、関東からきた五味金右衛門豊直が讃良、古市二郡の一部をおのおの支配し、これに慶長期以来丹南郡日置荘西村等を支配した今井宗薫兼久がいる。なお大坂の陣まで渋川半郡を支配していた寺沢広高は唐津へ転出したためこの幕領は直支配になったものと思われるが、誰の支配下になったかは不明である。これらの支配高は推定で五万石ぐらいであったと思われる。元和五年の大坂城の完全な直轄化以後は、甲斐庄正房にかわり河内国奉行には大坂町奉行の島田直時と久貝正俊がなるとともに大坂城の西成、東成郡などに接する若江、渋川、丹北郡などには幕領が集中的に設定されたものと思われる。この幕領の実質的支配のうち渋川郡には杉田九郎兵衛忠次と松村吉左衛門時直があたっており、同八年には杉田にかわって松波五郎右衛門勝安が支配にあたっている。同七年には五味豊直が「丹波郡代」に転出すると古市、讃良郡のうち讃良郡には彼の支配地がのこったものの、そのほかは藤林市兵衛勝政や小野宗左衛門貞則らの支配にかわっている。同八年高西夕雲も若江郡の代官となり、寛永初年には淀川河口に九条島を築き、さらに大和川の付替えをおこなって新田開発をおこなう計画であったが、開発は必ずしも成功しなかった。このため夕雲は大和川筋の村々にたいし無地増高という開発を見越した高を村高に加える方法をとり、実質的な年貢増徴を図ったのである。若江郡の村々二四カ村においては合計一〇三三石の無地増高が加算されたが、これは全本村高の七パーセント近くにあたっていた。寛永七年(一六三〇)以降、高西夕雲の支配地は摂泉同様、向山、鈴木、豊島の立合代官支配のあと同一〇年より摂津代官の彦坂平九郎吉成が支配にあたっている。

山城では関ケ原後京都と伏見を直轄化し、ここを拠点に国内の幕領を支配したと思われるが、支配高は不明である。慶長期に判明する代官は、宇治郷の代官で豪商の上林徳順勝永が同郷三一〇〇石を支配しているほか、家康から慶長一六年(一六一一)に同六年から一二年までの年貢請取状をあたえられた志水小八郎がいる。

元和元年(一六一五)以降も、山城では引きつづき板倉勝重およびその子重昌が京都所司代兼山城国奉行として山城の支配にあたっている。また伏見城には慶長一二年から松平定勝がいたが、元和三年直轄化し内藤信正が城代となり、同五年内藤が大坂城代として転任して、畿内支配の比重がそちらに移ってからは城番制がしかれたが同九年には廃城となった。同年からは小堀遠江守政一があらたに伏見奉行として入り、ここを拠点に正保四年(一六四七)まで畿内支配にあたっていた。このように京都と伏見を中心に山城にも慶長期に引きつづき幕領が設定されたものと思われるが、その支配高は不明である。この段階で判明しているものでは前述の宇治代官の上林徳順がおり、寛永一〇年(一六三三)までは宇治郷と宇治町の地子をあわせ三一〇〇石があったが、翌年から地子が免除、年貢も半減されたため、同一三年の高は一三〇〇石であった。また河内代官五味金右衛門豊直も元和二年以降山城でも二万石を支配しており、大津代官小野宗左衛門貞則も大坂の陣後相楽郡狛村など四カ村をはじめ同郡内の幕領を支配しているが、同五年にこの支配地から津藩藤堂氏に一万二四〇〇石を割いている。藤堂氏には伊勢五万石の替地として山城と大和二カ国で幕領から割いており、これはこのうちの山城分である。さらに大坂の陣後京都の豪商角倉素庵玄之や木村惣左衛門勝正らが代官に任ぜられ、あわせて淀川過書船の支配と入木山支配にあたっている。角倉はこのほかに自ら開削した高瀬川の支配と近江坂田郡の幕領五万石の代官になっていたり、大堰川（保津川）を開削しその支配権をもつとともに丹波の物資の京都への流通にもあたっている。

寛永前期には小堀、上林、角倉、木村等の代官が引きつづき幕領の支配にあたっているが、寛永一〇年淀に永井尚政（一〇万石）、勝竜寺（長岡）に弟の永井直清（二万石）が封ぜられると、山城の幕領も再編成されたものと思われる。また同四年に角倉素庵の次男平次厳昭があらたに分家し、同国内二四六石の代官となり京都堤奉行も兼ね、大堰川の支配権も本家から分与されている。同六年には五味豊直が京都代官となり洛外の幕領の支配にもあたっている。

大和では関ケ原後奈良を直轄化したり、吉野一郡を幕領として吉野杉などの木材資源を確保している。大和の支配は大久保石見守長安が国奉行として統括し、配下の杉田九郎兵衛忠次、鈴木左馬助重春、中坊左近秀祐らをして支配にあたらせている。慶長一〇年（一六〇五）ごろの幕領は一一万二五〇〇石（『大和国著聞記』）で、その内訳は、

大久保石見守長安	代官頭	六万　一〇〇石
小堀遠江守政一	畿内・備中代官	八九〇〇石
北見五郎右衛門勝忠	大和代官	一万一六〇〇石
角南主馬重勝	大和代官	六〇〇〇石
藤林市兵衛勝政	大和代官	四七〇〇石
中坊左近秀祐	奈良代官	一六〇〇石
楢村監物玄正	大和代官	五五〇〇石
間宮三郎右衛門光信	大和代官	一万　二〇〇石
辻子和泉秀浚	大和代官	四〇〇〇石

と大久保長安以下九人の代官が支配している。大久保長安が半分以上の六万石を支配し、ほかに備中国奉行で畿内代官と小豆島も支配した小堀政一、関ヶ原後関東から派遣された北見勝忠、間宮光信、宇喜多氏旧臣の角南重勝、豊臣氏旧臣の藤林勝政、筒井氏旧臣で奈良奉行の中坊秀祐、おなじく辻子秀浚、河内の在地土豪の楢村玄正ら多才な代官がいる。幕領の中心は奈良周辺と吉野郡であり、奈良は中坊のほか大久保長安配下の手代代官杉田忠次と鈴木重春が支配にあたり、とくに寺社との折衝にもあたっている。吉野郡はやはり配下の大津代官小野貞則が支配したが、同郡は吉野杉の特産地で信濃の木曽谷、伊那谷の木材とともに禁裏や寺社の造営、城普請などの重要資源であった。

大坂の陣後の元和初年（一六一六ごろ）の幕領は慶長期の一一万二五〇〇石とほぼおなじ一一万九〇〇〇石（『大和国内惣高』）であるが、その支配の内訳は大きく変化している。すなわち慶長期の幕領の五三パーセントを支配するとともに国奉行として統括していた大久保長安が慶長一八年（一六一三）失脚したため、その支配地は彼の配下の代官たちが分割支配している。その内訳は、

中坊左近秀政	奈良奉行	一万五八〇〇石
藤林市兵衛勝政	大和代官	一万二八〇〇石
間宮三郎右衛門光信	大和代官	二万四二〇〇石
竹村九郎右衛門嘉理	石見代官	一万　三〇〇石
角南主馬重勝	大和代官	一万　三〇〇石
楢村監物玄正	大和代官	五二〇〇石
小堀遠江守政一	畿内・備中代官	二六〇〇石
辻子和泉秀淩	大和代官	四〇〇〇石
松村左兵衛	大和代官	四四〇石
宗岡弥右衛門	石見代官	一万　三〇〇石
小野宗左衛門貞則	大津代官	一万四九〇〇石

となっており、大久保長安の六万石の支配地はあらたに加わった大久保長安配下の代官だった、間宮、竹

村、宗岡、小野らに分割支配させている。竹村、宗岡は石見代官であることから、彼らは兼任で一時的なものであったものと思われる。これにたいし小野は大津代官との兼任である。大久保長安失脚後の大和幕領支配の中心は中坊秀政（秀祐子）であり、慶長一八年以後奈良奉行として独立し、奈良代官も兼ね、奈良の町政および奈良廻り八カ村を支配したほか、吉野郡の幕領および吉野杉の管理にもあたっている。さらにこれら大和代官の支配地は一万石台が多く、大久保長安のように六万石と圧倒的支配地をもつ者はいない。このことは、大坂の陣後の畿内所領の再編成のなかでは所領が錯綜していったため幕領も細分化されたものと思われる。その後元和二年（一六一六）には二見五条藩松倉重政（一万石）が転出すると、同領は上知、幕領とされたが、同五年郡山に入封した松平忠明に大和一一郡内二五五カ村（他に河内讃良郡内四カ村）で一二万石を、おなじく津藩藤堂氏に前述のように伊勢五万石の替地として大和分の添上、山辺、十市、式上四郡内一一〇カ村、三万七六〇〇石をおのおの割愛したため、大和幕領は大幅に減少していった。その後少しは増加したものの、寛永一六年（一六三九）では六万一〇〇〇石となっており、その内訳は、

中坊左近秀政	奈良奉行	二万四八〇〇石
小野宗左衛門貞則	大津代官	二万二八〇〇石
伊丹理右衛門之信	大和代官	一万三五〇〇石

となっている。このうち伊丹の支配地は御所藩桑山貞晴（二万六四〇〇石）の大和分一万六〇〇〇石を預

かっているものであるから、慶長から元和初年にかけて多数いた大和代官も実質的にこの時点で二人になっている。すなわち、この間小堀遠江守政一が元和三年（一六一七）「河内郡代」として河内にその支配の重点を移し、竹村九郎右衛門嘉理と宗岡弥右衛門も元和初年からまもない時期に石見へもどり、同五年には楢村孫七郎（玄正子）が改易に、藤林市兵衛勝政、松村吉左衛門時直、角南主馬重勝らも年代は不明であるが、藤林が河内代官に、松村が河内と和泉の代官に、角南が摂津と播磨の代官に、伊丹之信も寛永一六年関東代官にもどるなど、おのおの転出している。

寛永一六年（一六三九）には郡山に松平氏（一二万石）にかわって本多政勝が一五万石で入封したため、この差が幕領から割かれたので幕領はさらに半減し、四万四二〇〇石となっている。

ついで畿内五カ国以外の近江、丹波、播磨の国では、まず近江では天正一八年（一五九〇）以前に秀吉から在京賄料として近江で九万石をあたえられていたが、これは関ケ原以後も継続し幕領の基本となった。関ケ原後あらたに旧石田三成領の一部浅井郡七万石、旧長束正家領の水口五万石、大津周辺などが加わったと思われ、合計二〇万石くらいはあったと思われる。寛永一一年（一六三四）では一七万三六〇〇石（『寛永年中近江国御高帳』）が幕領であり、この間入れ替えがあったとしても前述ぐらいの石高があったものと思われる。これらの支配は、近江国奉行の大久保石見守長安が大津町の支配とともに近江全体の支配にあたったが、実際の支配には彼の配下の鈴木左馬助重春や小野宗左衛門貞則らがあたった。浅井郡の幕領七万石の支配は伏見城留守居の成瀬吉左衛門正一と日下部兵右衛門定好の二人があたっていたといわれるが、この内訳は慶長九年（一六〇四）では、浅井、伊香郡にまたがっており、浅井郡には少くとも日下部定好支配地七四一二石、村上右兵衛吉正五二四〇石、西郷勘兵衛五四三〇石、肥田与左衛門勝正一七一〇石の計一万九八〇〇石がある。伊香郡では彦坂九兵衛光正一万一八石、鈴木新五左衛門五二〇九石の計一万五二二七石があった。このほか成瀬正一の支配地は浅井郡に三万二〇〇〇石あったので、これらが浅井郡七万石の中心であったと思われる。慶長一五年（一六一〇）以降は大久保長安にかわって堺奉行の米津清右衛門親勝が近江国奉行として支配の中心となった。さらに元和八年からは小堀遠江守政一が「近江郡代」として支配の中心となっている。このほか甲賀郡信楽代官には在地土豪の多羅尾左京進光太、野洲郡永原代官にも在地土豪の井狩十助宗次、おなじく野洲郡代官に猪飼太郎左衛門光治、同郡石部代官に在地土豪の吉川半兵衛宗春、さらに同郡草津および守山周辺の代官には在地の有力寺院である観音寺朝賢らがいる。とくに観音寺は織田信長、豊臣秀吉以来琵琶湖の舟運奉行でもあり、幕府も彼を登用して舟運奉行にも任命し琵琶湖の舟運も掌握しようとしたのである。さらに坂田郡内にも慶長八年以降石高は不明だが幕領が存在し、本郷陣屋にて鈴木重春によって支配されている。

以上のように近江では前代からの在地土豪を登用して、それを大久保、米津、小堀ら有力代官が国奉行として同国を掌握していたのである。正保四年（一六四七）には柏原周辺の代官に美濃岩手の旗本竹中重常が任ぜられ、幕領三万九〇〇〇石が預けられている（寛文三年まで）。

丹波では関ヶ原後福知山藩有馬氏が天田・何鹿二郡のうちで六万石を領有しており、このなかには綾部領も含まれていた。慶長七年（一六〇二）から摂津三田領二万石も領有し、計八万石になった。この後領内検地を実施し一二万石を打ち出している（うち三田領三万石）。元和六年（一六二〇）有馬氏転出後同領は上知、幕領とされ、翌七年福知山に岡部長盛が五万石で入封すると、天田・何鹿両郡における幕領はのこり四万石（三田領分のぞく）となった。寛永元年（一六二四）稲葉紀通がかわって四万五七〇〇石で入封すると、おなじく幕領は四万四三〇〇石となり、さらに同一〇年摂津三田に九鬼久隆が三万六〇〇〇石（うち丹波分二万石）で立藩すると幕領から二万石が割かれたため、のこりは二万四三〇〇石になっている。綾部には元和元年別所吉治が二万石で入ったが寛永五年改易、幕領となったものの、同一〇年九鬼隆季が二万石で入封したため消滅している。また桑田郡亀山藩では慶長七年前田茂勝が八上へ転出すると同領五万石は上知、幕領とされたが、同一四年岡部長盛が三万二〇〇〇石で入封すると、のこりは桑田郡で一万八〇〇〇石となった。元和七年にはかわって松平成重が二万二二〇〇石で入封すると幕領は二万七八〇〇石に、寛永一一年にかわって菅沼定芳が四万一一〇〇石で入封するとのこりは八九〇〇石となったが、正保四年（一六四七）無嗣により断絶すると同領は上知、幕領となり幕領は五万石にもどっている。

これら幕領の支配は関ケ原後山口勘兵衛直友が「丹波郡代」に任ぜられ、慶長一四年には村上三右衛門吉正も加わって二人が同国の国奉行として前田氏転出後の亀山を拠点に国内幕領の統括にあたっている。同一四年以後は村上一人が国奉行となっている。同年に亀山が岡部長盛領となったためどこを拠点にしたかは不明である。彼らの下で丹波代官が地方の支配にあたったものと思われるが、代官の名は桑田郡山国郷など慶長七年（一六〇二）から亀山領を中心に支配にあたった権田（権太）小三郎之親の存在だけが判明しているのみである。しかし権田も同一六年非分により改易されている。

元和七年（一六二一）からは五味金右衛門豊直が「丹波郡代」となり、彼は山城などの代官でもあったため、丹波においても代官の役割も果たしていたものと思われる。事実後述の正保四年（一六四七）の丹波の代官は五味一人であり、同国幕領二万二一〇〇石を支配している。その後万治三年（一六六〇）五味が死去すると、かわって小出尹貞が「丹波郡代」に任ぜられ寛文五年（一六六五）に小出が死去すると丹波は京都町奉行の支配下におかれた。

播磨の幕領は寛永九年（一六三二）明石藩小笠原忠真（一〇万石）が転出し、翌年松平康直が七万石で入封するとその差の美嚢郡三万石が上知、幕領となったのがはじめである。ついで同九年竜野藩の小笠原長次（六万石）が転出し、翌一〇年岡部宣勝（五万三〇〇〇石）が入封するまで幕領となった。そして同一三年岡部氏が転出し、翌年京極高知が六万石で入封するまで再び幕領となった。この間の支配は播磨代官小川藤左衛門正長、同猪飼二郎兵衛光重、播磨・河内代官小野長左衛門貞正、播磨・摂津代官中村杢右衛門之重、和泉代官山田五郎兵衛直時の五人の畿内筋代官の立合代官支配となっている。その後万治元年（一六五八）京極氏が転出すると竜野城は破却され、同領六万石は三たび幕領となり、寛文一三年（一六七三）までつづいている。その一方で山崎藩は寛永一七年（一六四〇）池田輝澄（六万八〇〇〇石）が改易され、同領六万八〇〇〇石は上知されたが、松井康映が六万石で入封するとその差八〇〇〇石が幕領としてのこった。

以上のように畿内筋は「非領国」地域であったため初期には各国に国奉行がおかれたのであるが、この体制は関ケ原後から寛文初年まで存在したと思われる。慶長一〇年代の畿内筋では山城に板倉勝重（京都所司代）、大和に大久保石見守長安、摂河泉三国の片桐且元、近江に米津清右衛門親勝（近江郡代）、丹波に山口駿河守直友と村上三右衛門吉正らがいた。大坂の陣後は片桐且元がしりぞき摂河泉は分割され、各国に米津親勝や北見五郎右衛門勝忠、小堀政一らが配置されるなどメンバーはかわっているが、彼らを中心に順次畿内支配体制が整備されていった。とくに寛永一〇年（一六三三）以降には淀藩に永井尚政（一〇万石）、勝竜寺藩（長岡藩）に永井直清（二万石）と兄弟の譜代大名が入封すると、彼らに京都所司代板倉重宗（山城国奉行）、大坂町奉行久貝正俊と曽我古祐（摂河国奉行）、堺政所石河勝政（和泉国奉行）、伏見奉行小堀政一（近江郡代）、京都代官五味豊直（丹波郡代）の六人を加えた、いわゆる「八人衆」の合議制による畿内支配体制が確立したのであり、その一方で各人がおのおの国を「支配国」として配下の代官と幕領を統括した。その後この「八人衆」のメンバーは一部かわったものの寛文四、五年ごろまで「八人衆」体制は存続したのである。

正保期（一六四四～四七）前後における畿内筋八カ国中、山城をのぞく七カ国については一国郷帳類が残存するため、それら七カ国の幕領高をみると表3のようである。これによると七カ国で七一万二四〇〇石であり、これに山城が推定で四万石前後あると思われる（『京都御役所向大概覚書』）ので、八カ国全体では約七五万石ほどと思われる。このうちもっとも多いのは近江で、一七万三六〇〇石と寛永一一年段階とほぼおなじである。これにたいし大和は元和期の一一万石余にくらべ大きく減少している。これは郡山に元和五年大坂から松平忠明（一二万石）が入封し、その後も本多政勝（一五万石）が入封するなどしたため、それに多くを割いたからである。摂津も元和期の一三万七五〇〇石にくらべ二万石弱減少しており、これらは大坂城代などの役料用にあてられたことによるものと思われる。河内、和泉などでは大きな大名領が存在しないことから、豊臣旧領から幕領に組み込まれた分が多いと思われる。

次にこの七カ国の幕領の支配代官についてみると表2のようである。これらの代官は、慶長から元和期以降幕府の畿内筋への幕領拡大により関東や海道筋から派遣された豊島、彦坂、中村、山田、中野、鈴木、松波、近藤らの官僚的代官グループ、慶長から元和期にかけて畿内筋で登用された中坊、藤林、松村、小川正長（以上大和）、観音寺、多羅尾、猪飼、井狩、小川氏行（以上近江）、松波（美濃）らの在地代官グループ、慶長から元和期にかけて畿内筋の主要都市出身の豪商の今井（堺）、木村（京都）・小野（大津の十四屋一族）、平野、末吉（以上大坂）らの豪商代官グループ、畿内筋の幕領支配の中核であり、ほかの代官を統括する立場であった小堀、五味、石河らのグループからなっている。これによれば七カ国において三カ国ないし二カ国にまたがって同一代官の支配地がみられるが、なかでも摂津、河内、和泉三カ国と播磨においてその傾向が顕著にみられることから、この四カ国はとくに密接にかかわりあっていたと思われる。三カ国を支配するのは中坊と豊島、五味、彦坂の四人であり、その支配高は四万石から五万石である。

表2　畿内筋代官支配国（正保）

代　官	支配国
中坊長兵衛時祐 54,700	大和　25,400 和泉　21,200 河内　8,100
豊島十左衛門勝直 44,500	河内　21,200 摂津　13,400 播磨　10,000
五味金右衛門豊直 43,800	丹波　22,100 摂津　14,200 河内　7,500
彦坂平九郎吉成 38,500	摂津　16,500 河内　11,700 和泉　10,300
小野宗左衛門貞久 45,200	近江　26,400 大和　18,800
松村吉左衛門時直 36,400	河内　26,200 和泉　10,200
鈴木三郎九郎重成 36,300	摂津　28,800 河内　7,500
小野長左衛門貞正 30,400	播磨　23,500 河内　6,900
松波五郎右衛門勝安 28,600	河内　21,000 摂津　7,000
中村杢右衛門之重 27,700	播磨　20,000 摂津　7,700
木村惣右衛門勝清 17,900	摂津　17,600 河内　300
今井宗薫兼久 12,300	和泉　6,500 河内　5,800
藤林市兵衛雅良 16,900	播磨　8,600 河内　8,300
多羅尾久右衛門光好 11,100	播磨　8,600 近江　2,500
小堀遠江守政一	近江　99,700
石河土佐守勝政	和泉　23,000 河内　7,800
猪飼二郎兵衛光重	近江　27,700
観音寺舜興	近江　26,100
近藤与兵衛登正	近江　18,400
末吉孫左衛門長明	河内　16,500
平野藤次郎友平	河内　14,400
山田小右衛門	和泉　13,600
小川九左衛門氏行	摂津　9,200
小川藤左衛門正長	播磨　5,600
中野吉兵衛重弘	播磨　1,200
井狩十助宗重	近江　500
大島義唯 預り地	摂津　1,000

中坊は奈良奉行、五味は「丹波郡代」、豊島と彦坂は大坂代官である。また五味は山城にも元和期以来、高は不明だが支配地をもっていることから、四カ国にわたり五万石ほどは支配していたと思われる。これにたいし二カ国を支配する者は小野貞久以下一〇人に上る

表3　畿内筋幕領高（正保）

国　名	幕領高
摂　津（正保3）	石 118,800
河　内（正保3）	155,300
和　泉（正保4）	92,900
大　和（嘉永16）	44,200
近　江（正保3）	173,600
播　磨（正保3）	105,500
丹　波（正保4）	22,100
合　計	712,400

が、大半は摂河泉三カ国のうち二カ国または一カ国とほかの国との支配であり、その支配高は四万石台が一人、三万石台が三人、二万石台が二人でほかは一万石台である。なかでも小野貞久は三カ国支配の代官に近い高である。これらのうち小野は大津代官、木村は京都代官、今井は河内・和泉代官、多羅尾は信楽代官、ほかは大坂代官である。鈴木はほかに肥後天草三万七四〇〇石の代官でもあり、合計七万三七〇〇石を支配している。一国のみの支配代官は一二人ともっとも多く、なかでも小堀は近江で九万九七〇〇石と一〇万石近い幕領を支配しており、この段階の全国の代官のうち関東郡代伊奈氏に次ぐ支配高となっている。一方で小堀は五味とともに畿内筋全域の訴訟処理や河川普請、二条城や禁裏等の作事など広範な権限をもっており、関東郡代に匹敵するほどのものであった。また小川正長はほかに備中で二万一四〇〇石を支配しており、合計二万七〇〇〇石を支配している。石河は堺奉行で和泉で三万一二〇〇石を支配しており前代の堺廻り一四カ郷やその周辺四カ村だけの支配より大きく増加している。このうち慶安元年（一六四八）の堺付の直轄領は堺廻り四カ村（北庄、中筋、舳松、湊）、中泉七カ村、八田荘九カ村、上神谷一三カ村、和田谷二カ村の計三五カ村、約二万三〇〇〇石が和泉の支配地であるので、河内分は差引八〇〇〇石ほどである（『堺市史続編』第一巻）。このほ

か観音寺は芦浦代官で琵琶湖舟運奉行、井狩は永原代官、末吉、平野は河内代官、中野は但馬生野銀山奉行であり、但馬でも銀山領二万九一〇〇石を支配しており、合計三万三〇〇石を支配している。大島義唯は旗本で前述のように寛永一四年に断絶した同族大島義豊領の一部を預かったもので慶安三年(一六五〇)に代官の直支配になっている。このほかここにはみられないが京都代官の角倉与一玄紀や宇治代官の上林峯順豊重および同又市政重がおり、おのおの山城や宇治に支配地をもっていた。この段階の山城幕領は前述のように四万石前後といわれ、これを五味や木村、角倉、上林らが支配にあたったものと思われる。

正保四年（一六四七）小堀遠江守政一が死去すると、伏見奉行と「近江郡代」職は水野石見守忠貞が継承したが、水野は伏見奉行所付の伏見廻り八カ村、五二〇〇石を支配したのみで、政一の支配地の大半は近江水口城周辺五万石を水口城番山口弘隆の預り地、柏原御茶屋周辺三万九〇〇石を美濃の旗本竹中重常の預り地（寛文三年まで）とした。このほか小堀政一の代官職は同年、弟の仁右衛門正春が西丸勤番から代官に転じて政一の支配地のうち近江の伊庭や八幡山周辺四万石を継承し、代々京都代官として世襲している。

その後都市の動向をみると、寛文三年（一六六三）にこれまで三代にわたり就任していた中坊美作守時祐が辞任して、翌三年奈良奉行に土屋利次が就任すると、これまでの代官職は分離され、以後奈良奉行は大和の寺社支配と国中への法令伝達、治安維持を任務とした。なお奈良代官には五味藤九郎豊旨(豊直子)を任命し、奈良の町政、大和幕領の年貢収取と吉野郡の寺社裁判権をあたえられている。これをうけ寛文年間の大和幕領五万三五〇〇石は土屋利次が奉行所付の奈良廻り八カ村、四四〇〇石を、五味豊旨が四万九一〇〇石を支配している。寛文四年堺奉行の支配していた幕領は京都代官の支配下に移り、堺奉行の支配地は堺市中と北庄、中筋、舳松、湊の周辺四カ村、八九〇〇石の支配に限定されたが、元禄四年（一六九一）、四カ村も代官支配に移された。同様に和泉の代官は京都町奉行の指揮下に入った（寛文四年）。翌五年には京都町奉行（雨宮正種、宮崎重成）がおかれ従来の「八人衆」体制解体をうけて京都所司代の権限の一部を継承した。その職務は京都市中の公事訴訟裁決、検断などの町方支配とともに、山城の村方支配における年貢収取をのぞく警察、触の伝達などをおこなうほか畿内筋八カ国の幕領および上方代官の統括、寺社支配、町方、村方の公事訴訟裁決など広範なものであった（享保七年から「国分け」により山城、大和、近江、丹波の四カ国に限定され、ほかの四カ国は大坂町奉行へ移管）。さらに同四年には正式に京都代官がおかれ天草代官の鈴木伊兵衛重辰が任命され、以後山城幕領の年貢収取の中心となったほか、前述のように同年より堺奉行の支配地も管轄しているが、元禄九年堺奉行が廃止されると大坂町奉行支配となっている（同一五年堺奉行再置）。また同九年には伏見奉行も廃止され、その支配地は京都町奉行の支配となった（同一一年伏見奉行再置）。このような畿内の諸職の再編成により、「八人衆」体制も終わりを遂げたのである。

個別に国々の動向をみてみると、**大和**では明暦元年（一六五五）竜田藩片桐為次が無嗣断絶で一万石が上知、幕領となった。延宝七年（一六七九）郡山藩本多忠国が転出すると同領一二万石は上知、さらに郡山の内六万石を領有した本多政利も転出したため同領も上知されたが、かわって松平信之が八万石で入封したため、のこり一〇万石が幕領となり、代官国領半兵衛重次は今井に陣屋をおいて支配した。天和二年（一六八二）の幕領は九万五〇〇〇石で、内訳は奈良代官三田次郎右衛門守良が七万石、芦浦代官観音寺朝舜が八〇〇〇石、大和新庄代官森本惣兵衛敬武が一万二〇〇〇石、京都代官市岡理右衛門清次が五〇〇〇石となっている。その後元禄四年（一六九一）より奈良廻り八カ村は奈良代官支配に入り、その後三〇カ村に増加している。同九年郡山には柳沢吉里が一五万石（大和分八万石）で入封した後も幕領高に大きな変化はなく、同八年に松山藩織田信武がお家騒動により改易となったため、同領二万八二〇〇石も上知、幕領となったが、同年甲府藩徳川綱豊領に三万石が割かれたため（元禄一五年幕領にもどる）、幕領合計は九万八〇〇〇石前後に上っている。

摂津では多田銀山領が正保三年（一六四五）に川辺・豊島二郡で一万六五〇〇石（中村杢右衛門之重支配）あったが、寛文初年には多田銀山で新鉱脈が発見され産出量が急増したため、寛文二年（一六六二）高槻藩永井氏領や麻田藩青木氏領など諸大名領との替地等によって幕領は川辺、能勢、豊島三郡内で一万九〇〇〇石となり、中村杢右衛門之重が陣屋をおいて銀山奉行も兼ねて引きつづき支配にあたっている。その出銀高は寛文二年には一五〇〇貫目に及んだほか、出銅高は同年が三五万斤、同三年が五七万斤、同四年が七五万斤とピークに達している（『猪名川町史』）。

播磨では慶安二年（一六四九）山崎藩松平氏（五万石）が転出し、かわって池田恒元が三万石で入封するとその差二万石が上知され、幕領は二万八〇〇〇石となった。延宝六年（一六七八）池田氏が無嗣で改易され、翌七年本多忠英が一万石で入封すると、宍粟郡を中心に四万八〇〇〇石が再び幕領となっている。竜野藩は万治元年（一六五八）京極氏が転出すると竜野城は破却され同領六万石は幕領となったが、寛文一二年（一六七二）脇坂安政が五万三〇〇〇石で入封すると、その差七〇〇〇石がのこった。また元禄一四年（一七〇一）には赤穂藩浅野長矩（五万石）が江戸城における吉良上野介刃傷事件によって改易されると、かわって永井直敬が三万二〇〇〇石で入封しその差二万石が上知、幕領となり、宝永三年（一七〇六）森長直が二万石で入封するとその差一万二〇〇〇石も上知されるなど幕領の変化が激しかった。

丹波では慶安二年（一六四九）福知山藩稲葉氏（四万五七〇〇石）が除封されると、同領は代官彦坂平九郎吉成と小川藤左衛門正長が預かったが、翌年松平忠房が四万五九〇〇石で入封すると天田、何鹿両郡における幕領は二万四一〇〇石となり、これを先の二代官が支配した。さらに寛文九年（一六六九）かわって朽木稙昌が三万二〇〇〇石で入封すると、のこりは三万八〇〇〇石となっている。また慶安三年には氷上郡栢原藩織田信勝が無嗣断絶すると同領三万六〇〇〇石のうち氷上郡谷川領三〇〇〇石を叔父信当にあたえ、残り三万三〇〇〇石は上知、幕領とされ、大津代官小野惣左衛門貞久が一万五〇〇〇石、京都代官角倉与一玄通が八〇〇〇石、藤林市兵衛雅良が一万石を分割支配した。その後元禄八年（一六九五）織田信休が二万石で入封すると氷上郡ではのこり一万三〇〇〇石が幕領となっている。桑田郡亀山藩では慶安元年松平忠晴が三万八〇〇〇石で入封すると同郡幕領五万石のうちから割愛し、のこりは一万二〇〇〇石となっている。このような大名領の変化をうけて幕領も変化しており、延宝三年（一六七五）では丹波全幕領は二万八五〇〇石であり、これを五味藤九郎豊旨が一括支配している。その後貞享元年（一六八三）松平乗次に一万石を割き（三河大給藩）、同三年には亀山に久世重之が五万石で入封すると、このうち丹波分は松平氏時代の三万八〇〇〇石が城付領としてあたえられた（のこりは他国であたえられている）ため幕領は一万二〇〇〇石に減少している。

和泉では元禄九年（一六九六）の「和泉国絵図」によれば、幕領は三万六七〇〇石となっているが、支配代官は不明である。

大和では延宝七年（一六七九）に郡山の本多忠国（一五万石）が転出し、翌八年松平信之が八万石で入封すると、その差七万石が上知、幕領となり、このうち同年に新たに櫛羅に入封した永井直円に一万石があたえられたため、のこり六万石が幕領（支配代官不明）となった。

近江では大津、永原などの直轄都市およびその周辺のほか、浅井、坂田、野洲、甲賀郡等に幕領が引き続き存在した。天和二年（一六八二）に甲賀郡水口に加藤明友が二万石で入封（元禄八年からは鳥居忠英が二万石で入封）、元禄一一年（一六九八）には常陸、下野で一万石を領した遠藤胤親が、野洲郡三上に一万石で、同じく下野国内一万石を領した堀田正高が滋賀郡堅田に一万石で、さらに上野で一万石を領した堀田正休が坂田郡宮川に一万石でそれぞれ移されたため、これらに当該郡内の幕領から割いてあたえている。このため幕領は減少している。のこりの幕領は多くは大津代官が支配にあたった。このほかに甲賀郡の幕領を支配していた信楽代官多羅尾氏は光好が寛文七年（一六六七）に年貢不正の私曲により代官職を罷免、閉門となったため、その支配地は大津代官支配下となっている（宝永三年子の光忠の代に復帰）。また坂田郡内および周辺の幕領は正保四年（一六四六）以降、旗本交代寄合竹中氏の預り地となっていたが、寛文四年に代官の直支配にもどり本郷陣屋がおかれ、市岡理右衛門清次が支配にあたり、以後同陣屋は享保九年（一七二四）までおかれた。

正保年間以降の前期の畿内筋八カ国の幕領は天和二年（一六八二）七二万六七〇〇石、元禄四年（一六九一）六九万一五〇〇石、同七年七四万石、同一三年五九万九五〇〇石となっており、このうち元禄七年から同一三年との差は約一四万石の減少となっているが、この減少の中心は近江において元禄一〇年の地方直しにより一二万石余を旗本二四人に分与したためと思われる。

元禄一四、一五年（一七〇一、〇二）ごろの畿内幕領の分布は、

小堀仁右衛門克敬（京都代官）	山城・河内・摂津・近江・丹波・播磨	八万石
辻弥五左衛門守誠（奈良代官）	大和	七万　四〇〇石
石原新左衛門正氏（大坂代官）	摂津・播磨	六万五八〇〇石
雨宮庄五郎寛長（大津代官）	山城・大和・和泉・河内・摂津・近江・丹波・（丹後）	五万五九〇〇石
万年長十郎頼治（大坂代官）	大和・河内・摂津・播磨・（備中）	六万八六〇〇石
小野朝之丞高保	和泉・摂津・播磨・河内・（小豆島）	六万五三〇〇石

曲渕市郎右衛門昌隆	山城・大和・和泉・河内・摂津・(備後)	五万四七〇〇石
金丸又左衛門重政（京都代官）	大和・河内・摂津・近江・播磨	五万四一〇〇石
長谷川六兵衛安定	大和・河内・摂津・播磨・(丹後)	四万九〇〇〇石
久下作左衛門重秀	和泉・河内・摂津・丹波	三万六〇〇〇石
西与市左衛門	大和・近江（美作）	四万七三〇〇石
上林峯順重胤（宇治代官）	山城・河内	八五〇〇石
上林又兵衛政武	山城・河内・摂津	五九〇〇石
小野高保／万年頼治	摂州海表新田	三五〇〇石
伏見奉行支配地（建部政宇）	山城伏見廻り当分預り	四三〇〇石

と中国筋の一部を含むものの六六万七三〇〇石を一四人の奉行と代官が支配しており、関東筋についで幕領が集中している。このうち大和幕領は一九万七九〇〇石（元禄郷帳）と約二〇万石である。また元禄一五年より大和幕領のうち吉野郡十津川郷一〇〇〇石は無年貢地とされている。この大和幕領のうち、万年頼治支配地（一万三〇〇〇石）は正徳元年（一七一一）に高谷太兵衛盛直が、長谷川安定支配地（六一〇〇石）は同年細谷伊左衛門時包が、雨宮寛長支配地（八一〇〇石）は同年古郡文右衛門年明がおのおのかわって支配した。また幕領の一部一万九〇〇〇石は京都町奉行安藤次行の、一万六二〇〇石は林田藩建部氏の

預り地とされているが、正徳四年にそれぞれ辻守誠、平岡彦兵衛良久の支配下に入っている。近江幕領は前述のように減少したため、のこりは三万一〇〇〇石になっており、これは小堀、長谷川、西らの代官により分割支配されている。さらに享保七年（一七二二）から大津町の支配は大津代官古郡年明の支配を離れ京都町奉行の支配下となり、大津代官は近江幕領と琵琶湖舟運奉行（貞享三年観音寺より引き継ぐ）のみを支配することになった。

この元禄段階までに初期以来の豪商代官や在地土豪代官は激減し、のこっているのは豪商代官では上林重胤、同政武のみで、在地土豪代官では万年頼治のみであり、豪商代官では堺の今井、大坂の末吉や平野、大津の小野、京都の木村らが、在地土豪代官では近江の観音寺、猪飼、井狩、摂津の小川らが断絶や改易、罷免、役替えなどにより消滅し、勘定奉行系列の官僚代官にかわっている。なお豪商代官で京都代官の角倉は、与一玄懐が天和元年（一六八一）家督を継ぐも幼少のためすぐには代官に任ぜられず、宝永七年（一七一〇）になって任ぜられている。また在地土豪代官で信楽代官の多羅尾氏も、久右衛門光好が前述のように寛文七年（一六六七）に私曲により代官を罷免された後、子の四郎右衛門光忠が宝永三年になって再び代官に任ぜられている。また正保期まで「代官奉行」（鎌田道隆『近世都市　京都』）または「五畿内郡代」（『寛政重修諸家譜』）として広範な権限をもっていた五味氏も豊直の子小左衛門豊法が元禄八年（一六九五）私曲により遠島になっている。このうち、近江代官観音寺の罷免（貞享三年）により、琵琶湖の湖上舟運奉行職は以後大津代官が兼帯した。さらに個別代官の支配地は六カ国の者（小堀、雨宮）、五カ国の

表4　畿内筋代官支配国（正徳4）

代　官	支配国	石
小堀仁右衛門克政 60,700 （京都代官）	山城	19,700
	河内	12,900
	摂津	17,700
	丹波	10,400
辻弥五左衛門守誠 68,000	大和	65,200
	和泉	2,800
古郡文右衛門年明 57,100 （大津代官）	山城	2,700
	大和	9,100
	和泉	13,100
	河内	1,400
	摂津	18,400
	近江	12,400
細田伊左衛門時包 53,300	大和	7,000
	和泉	14,400
	河内	11,300
	摂津	13,400
	播磨	7,200
高谷太兵衛盛直 56,000	大和	10,300
	河内	21,600
	摂津	24,100
石原新十郎正勝 43,100	大和	20,600
	摂津	10,300
	播磨	12,200
久下藤十郎式秀 33,800	和泉	7,200
	摂津	4,500
	河内	11,600
	播磨	10,500
平岡彦兵衛良久 45,200	大和	14,300
	和泉	8,200
	河内	3,000
	摂津	11,300
	播磨	8,400
桜井孫兵衛政能 21,100 （今井代官）	大和	21,100

代　官	支配国	石
竹田喜左衛門政為 34,200	大和	8,200
	河内	11,900
	摂津	6,500
	近江	7,600
鈴木九大夫正当 55,500 （大坂代官）	大和	6,400
	河内	10,100
	摂津	28,300
	播磨	10,700
石原清左衛門正利 34,100	大和	19,000
	河内	10,500
	近江	4,600
多羅尾四郎右衛門光忠 20,100 （信楽代官）	近江	20,100
角倉与一玄懐 10,000 （京都代官）	山城	1,700
	摂津	4,000
	近江	3,000
	丹波	1,300
増井弥五左衛門 31,200	山城	4,300
	大和	16,300
	播磨	10,600
上林門太郎久豊 8,600 （宇治代官）	山城	5,500
	河内	3,100
上林又兵衛政武 10,900 （宇治代官）	山城	300
	大和	3,500
	摂津	2,100
	近江	5,000

出典『京都御役所向大概覚書』（清文堂出版）

者（万年、金丸、長谷川）、四カ国の者（小野、久下）など正保段階にくらべ複数国支配がいっそう進んでいる。

表5　畿内筋幕領高（正徳4）

国　名	幕領高
	石
山　城	34,200
大　和	200,900
和　泉	45,300
河　内	97,200
摂　津	140,700
近　江	52,600
丹　波	11,800
播　磨	59,700
合　計	642,400

正徳四年（一七一四）の畿内筋の幕領高は、表5にみるように八カ国で六四万二四〇〇石であり、正保期よりは一〇万石少ないものの元禄期とは大差がない。このうちもっとも多いのは大和の二〇万九〇〇石で、正保期の四万四二〇〇石にくらべ大幅に増加しており、この増加の中心は郡山藩が正保期に一九万石であったものが正徳段階では八万石であるため約一一万石の増加となっていることである。これにたいし丹波は一万一八〇〇石と正保期の半分であり、これは大名領が多く設定されたためである。近江でも五万二六〇〇石と正保期にくらべ大幅に減少しているが、これは元禄の地方直しによる旗本領の大幅な増加と大名領の設定によるものと思われる。おなじく摂津はやや増加しているのにたいし、河内と和泉は約五万石の減少となっており、これも大名、旗本領の設定によるものと思われる。

次にこの八カ国の幕領の正徳四年の支配代官についてみると表4のようである。これによれば六カ国から五カ国を支配する代官（古郡、細田、平岡）がいるものの四カ国から三カ国を支配する代官（小堀、高谷、石原、久下、竹田、鈴木、石原、角倉、増井、上林）が一〇名と大半を占めており、元禄期よりいっそう複数国への分散的支配が進んでいる。これはいいかえれば在地土豪代官のような在地に根づいた陣屋支配でなく、官僚的代官による京都や大坂の役所からの遠隔支配が徹底していることを示している。個別にみると、小堀は支配国がおなじものの元禄期より約二万石の減少、辻も二カ国支配となったものの一万三〇〇〇石の減少と、相対的に個々の代官の支配地が減少している。

　中期以降では享保七年（一七二二）に前述の畿内筋八カ国の幕領や代官を統括した京都町奉行の支配権が「国分け」により、京都町奉行の支配地は山城、大和、近江、丹波の四カ国となり、摂津、河内、和泉、播磨の四カ国はあらたに大坂町奉行の支配地となった。これによりこれまで京都に陣屋や詰所をおいて京都町奉行と連携していた上方代官衆はこののち江戸の勘定奉行の直接支配をうけることになり、京都の屋敷を引き払い江戸にあらたに詰所を設け手代らを常駐させるようになっている。

　これをうけて中期の享保一四年（一七二九）の畿内幕領の支配は、

小堀仁右衛門克政（京都代官）	山城・摂津・河内・大和・丹波	九万九四〇〇石
原新六郎政久（江戸詰）	大和	一〇万石
鈴木小右衛門正興（大津代官）	山城・摂津・河内・大和・近江	七万一一〇〇石
久下藤十郎式秀（大坂代官）	摂津・河内・和泉	六万四四〇〇石
平岡彦兵衛良久（江戸詰）	摂津・河内	六万六五〇〇石
石原清左衛門正利（江戸詰）	和泉・河内・播磨・（但馬）	五万一二〇〇石
千種清右衛門直豊（江戸詰）	摂津・河内・（但馬）	五万　五〇〇石

多羅尾治左衛門光頭（信楽代官）	近江・大和・和泉	二万八二〇〇石
幸田善大夫高成（江戸詰）	大和	五万二五〇〇石
上林又兵衛政武（宇治代官）	山城・摂津	一万八六〇〇石
角倉与一玄懐（京都代官）	河内・大和	一万八〇〇〇石
長谷川庄五郎忠国	播磨・（但馬）	五万五七〇〇石
姫路藩預り地（榊原政祐）	播磨	四万三五〇〇石
丹南藩預り地（高木正明）	山城	四五〇〇石

と一三人の代官が但馬もふくめ六七万六三〇〇石を支配しており、江戸詰の代官が多く配置されている。

その後元文二年（一七三七）には幕政改革による幕領より年貢免率の高い大名に幕領を預けるという年貢増収政策により大和戒重藩（のち芝村藩）織田氏に大和と摂津の幕領から一万三〇〇〇石を、同三年に同高取藩植村氏に大和で六万五九〇〇石、津藩藤堂氏に大和で五万石を預け、さらに寛保元年（一七四一）にも芝村藩に五万石を預けている。これにより大和の奈良と今井の代官所は廃止され、以後も幕領は順次大名預り地に加えられている。その後の動向をみると芝村藩では延享三年（一七四六）に大和で八万九〇〇〇石、その後は九万三四〇〇石にまでなっている。しかしこれらの大名預り地での年貢増徴などによる苛政によって芝村騒動（十市騒動）がおきたため預り地を減少され、安永七年（一七七八）には二万一〇〇〇石が京都代官角倉与一玄寿の、二万四〇〇石がおなじく木村宗右衛門勝之の支配に移されて同藩預り地は五万五二〇〇石になっている。また津藩預り地は明和元年（一七六四）に直支配にもどり、高取藩のそれも同六年には二万六〇〇〇石になっている。

明和六年（一七六九）摂津尼崎藩松平氏領のうち西宮、兵庫港を含む灘郷など一万四〇〇〇石を播磨の内一万九〇〇〇石と替地し、幕領とした。これはこれらの地域の高い経済力と、醸造業地域や綿、菜種を中心とする商品作物生産地域を幕府が掌握するためであった。

寛政六年には幕府の寛政改革により大名預り地も直支配にもどり、大和芝村藩預り地の内五万石は高取藩の預り地になり、ほかはあらたに五条代官所（代官河尻甚五郎春之）が設けられ、その支配下におかれた。

近江では寛保三年（一七四三）以降琵琶湖の舟運奉行であった石原清左衛門正顕は明和九年（一七七二）に大津町支配のため、大津代官が再興されると同代官に就任しており、以後幕末まで石原氏が代々世襲している。また安永三年（一七七四）には信楽代官の多羅尾光雄は年貢未進により罷免され、同代官も一時廃止されたが、天明元年（一七八一）許されて再び信楽代官にもどっている。

この段階までに畿内筋幕領は大坂代官（鈴木町、谷町）と京都代官、大津代官などの官僚的代官を中心に初期以来つづいた角倉、木村、上林、多羅尾といった一部の豪商代官や在地土豪代官たちも加わって支配されており、このほかに一部の大名預り地があった。たとえば文政年間（一八一六～二九）、近江の幕領は三万二六〇〇石で、これを大津代官石原庄三郎正通と信楽代官の多羅尾織部氏純の二人で支配している。

また大名預り地では文政四年（一八二一）に再び高取藩が大和で六万九〇〇〇石を預けられている。

後期の天保九年（一八三八）の幕領は海道筋の一部を含むが六三万七五〇〇石であり、その内訳は、

小堀主税政良（京都代官）	山城・河内・和泉・摂津・丹波・播磨	九万六五〇〇石
角倉帯刀玄寧（同右）	山城	二五〇石
木村惣左衛門勝澄（同右）	大和・河内	三万　八〇〇石
上林六郎久建（宇治代官）	山城・河内	二万　五〇〇石
竹垣三右衛門直道（五条代官）	大和	六万一七〇〇石
池田岩之丞季秀（大坂谷町代官）	摂津・河内・播磨	七万九四〇〇石
築山茂左衛門（大坂鈴木町代官）	摂津・河内・和泉	七万二六〇〇石
石原清左衛門正修（大津代官）	近江・河内・和泉・摂津・大和・播磨	一〇万一九〇〇石
多羅尾織之助純門（信楽代官）	近江・（伊勢・美濃）	五万五四〇〇石
岸和田藩預り地（岡部長和）	和泉	一万一三〇〇石
高槻藩預り地（永井直与）	摂津・河内	四万七一〇〇石
高取藩預り地（植村家教）	大和	四万八一〇〇石
伏見奉行支配地（内藤正縄）	山城（伏見付）	五二〇〇石

と、一奉行と九代官、三大名の預り地とからなっている。このほか竜野藩脇坂氏は播磨の一部と備中、美

作のうちで五万一〇〇〇石の預り地をもっている。このうち大和幕領は一九万五六〇〇石（天保郷帳）と元禄段階とほぼ同じである。この天保段階でも広域支配がいっそう顕著であり、小堀、石原のように六カ国、一〇万石以上を支配する代官も出現するなど、郡代の支配高に匹敵するほどになっているのである。

この後五条代官所は文久三年（一八六三）吉村寅太郎ら尊攘派の天誅組に焼打ちされ、代官鈴木源内正信が殺害されたため同代官支配地（七万二〇〇〇石）は高取藩植村氏に預けられたが、翌元治元年中村勘兵衛一鶚が五条代官に任ぜられ陣屋を再建し、再び直支配となっている。また奈良奉行では弘化三年（一八四六）に川路左衛門尉聖謨が就任し、町政を担当した。その在任中の記録は『寧府記事』に記されている。さらに最後の奉行小俣伊勢守景徳は維新時に謹慎を命ぜられ、大豆山町崇徳寺に幽閉されたため、同奉行所は一時郡山藩預りとなっている。明治元年（一八六八）の大和の幕領支配にあたっている代官は大津代官石原清一郎正美、五条代官中村一鶚、京都代官の角倉与一玄寧、木村宗右衛門勝時の四人である。

第六章　中国筋の幕府領

中国筋では現在の中国地方にあたる備中、備後、美作、丹後、但馬、隠岐、伯耆、石見の八カ国と、四国地方にあたる讃岐、伊予、土佐の三カ国に幕領が存在している。

以下に中国地方と四国地方に分けておのおのの幕領の動向について考察していく。

中国地方からみると**備中**および**備後**における幕領は、まず**備中**では慶長五年関ケ原合戦以降豊臣氏領や宇喜多氏、毛利氏領など、西軍大名の所領を没収する形で設定された。その支配地はおよそ八万石といわれ、豊臣旧臣の小堀新助正次が代官に登用され、その子の遠江守政一（慶長八年より）の代まで支配にあたっている（正保四年まで）。小堀は窪屋郡松山に陣屋を構え幕領の支配にあたるとともに、同国内になおのこる豊臣氏家臣の知行地や寺社領、それにあらたに徳川氏に帰属した領主たちの知行地が散在して複雑な知行形態をとっていたため、畿内同様に慶長一〇年代には国奉行がおかれると国奉行としても一国支配にあたっている。この幕領のなかには安芸、出雲などとならび戦国期以来日本有数の鉄生産地である阿賀郡の扇谷山、鋳長山などの鉄山とその周辺の花見村、井原村など大規模な鉄山師のいた村々、およびやは

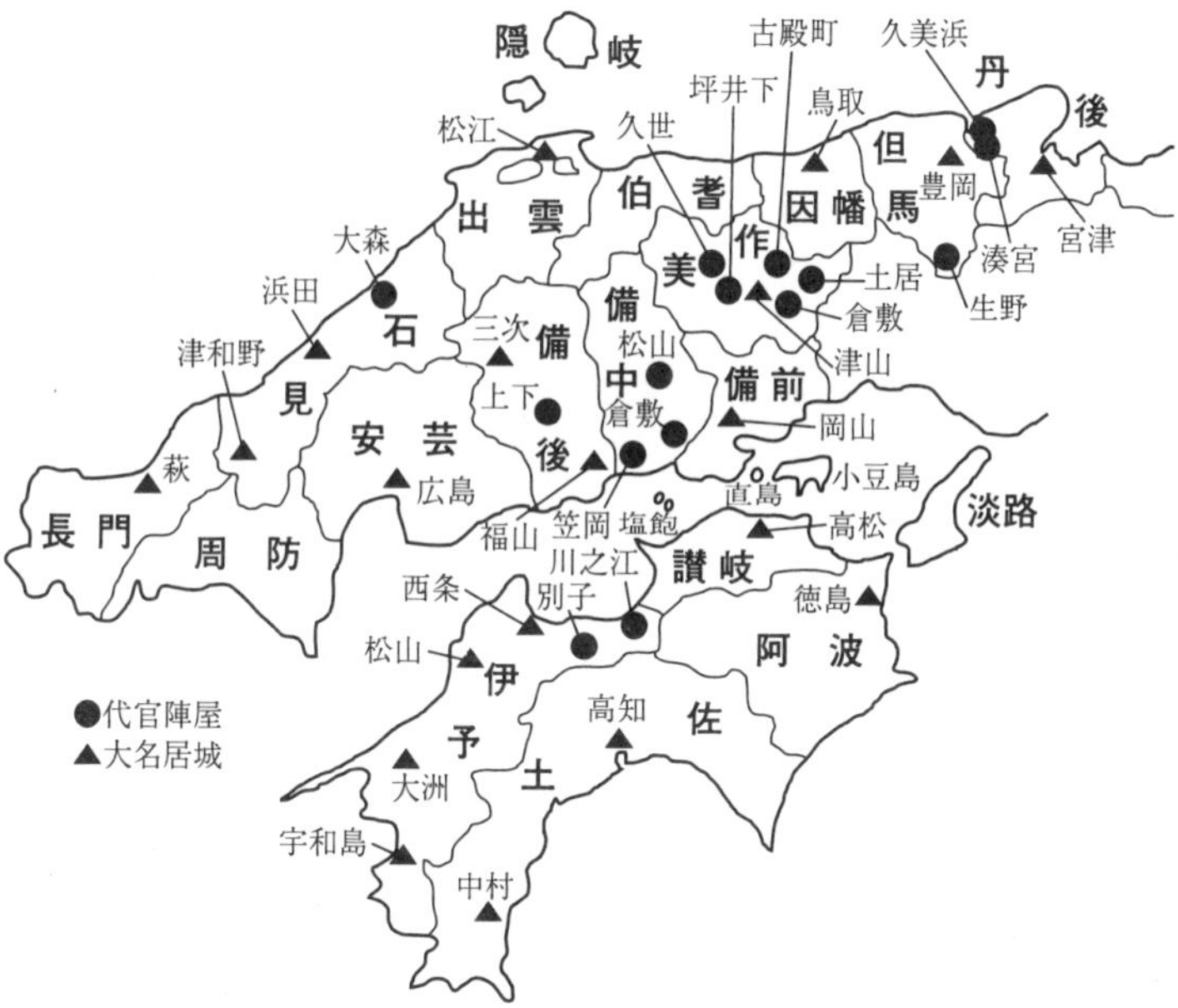

中国筋

り戦国期以来の川上郡吹屋の吉岡銅山、製鉄のための木炭生産地、上房郡広瀬など備中檀紙の生産地、さらに中世以来の荘園の市場である新見の三日市庭（高梁川舟運の基地）など経済的に発展した地域がふくまれている。事実この鉄は徳川幕府にとって重要な資源とされ、小堀政一はこれらの鉄山を鉄山師にも請け負わせる形で掌握する一方、吹屋には銅山役所を設置し、大塚伊兵衛をして吉岡銅山の経営にあたらせた。また松山には鉄蔵も存在し、これらの鉄は名古屋、伏見、松山城などの築城普請に大量に使用されている。

元和三年（一六一七）には鳥取より池田長幸が松山に六万五〇〇〇石で入封し、おなじく成羽には山崎家治が三万石で入封した。これにより備中の幕領の多くがこれに割かれた。

備中　笠岡代官所

その後元和五年小堀政一は備中の自身の知行地一万石も本貫地の近江に移され、同八年には近江の国奉行および伏見奉行として畿内支配に重点が移っている。寛永一五年（一六三八）の「備中国絵図」（岡山大学池田文庫所蔵）によると同年の小堀政一の支配地はわずか五一〇〇石であり、阿賀郡の諸鉱山も幕領からはずれている。

寛永一六年、成羽の山崎家治が転出し、かわって水谷勝隆が五万石で入封するが、同一九年に松山の池田長幸が改易になると、そのあとへ成羽より水谷勝隆が移り、成羽領五万石は上知、幕領となったため、備中の所領配置に大きな変動がおきた。正保二年（一六四五）ごろの『備中国十一郡之帳』（池田文庫）によれば、幕領は川上郡一万四〇〇〇石弱、小田郡一万七五〇〇石、後月郡一万二五〇〇石、浅口郡一三〇〇石、窪屋郡五五〇〇石、哲多郡四〇〇石弱の合計五万一二〇〇石と慶長段階の八万石には及ばないものの大幅に増加している。これは成羽の旧山崎氏領および松山の旧池田氏領の合計九万五〇〇〇石と従来からの幕領五一〇〇石を加えた一〇万石から水谷氏にあたえた五万石ののこりにほぼ相当する。

この支配には大坂代官の小川藤左衛門正長と関東代官の米倉平大夫重種の二人が窪屋郡倉敷に出張陣屋（寛永一九年設置）をおいてあたっている。このなかには再び前述のような鉄山が含まれたほか、弁柄の生産地吹屋なども含まれたのである。ちなみに米倉重種の支配高は二万九八五〇石、小川正長の支配高は二万一三六〇石である。その後万治元年（一六五八）成羽に旗本山崎豊治が五〇〇〇石で封ぜられ陣屋を構えた（これが慶応四年に高直しにより一万二七〇〇石の大名に取立てられた）。さらに寛文一二年（一六七二）からは讃岐の旧旗本高原氏の領地直島や男木島、女木島等の幕領六〇〇石（実高二〇〇〇石）が倉敷陣屋の支配下に入った。なお、米倉重種の倉敷陣屋を含む支配地は正保三年（一六四六）から彦坂平九郎吉成の支配地となった。以後天和三年（一六八三）に庭瀬藩久世重之領となるまで、彦坂九平次義重、同孫三郎（平九郎）、都筑長左衛門則次と相次いで支配にあたっている。久世氏も倉敷に支配陣屋をおいている（貞享三年まで）。

延宝七年（一六七九）の備中幕領は五万七〇〇〇石であるが、同七年庭瀬藩戸川安風（二万石）は無嗣断絶により上知、幕領とされ倉敷陣屋支配下となったが、天和三年（一六八三）庭瀬に久世重之が五万石で入封すると倉敷幕領の大半は同領になり消滅し、貞享三年（一六八六）には五万石のうち三万八〇〇〇石が丹波へ替地され、上知、幕領となった。次いで元禄一〇年（一六九七）にこのうち九〇〇〇石が丹波亀山藩井上氏領となり、同一五年に幕領にもどって大草太郎左衛門正清（後述）の支配となった。

松山藩は元禄六年（一六九三）水谷氏が改易されると同領は幕領となり、翌七年に総検地が実施され八万石余が打ち出された。同八年安藤重博が六万五〇〇〇石で入封すると、この大半が幕領から割かれている。同一〇年美作津山藩森氏（一八万六五〇〇石、実高二四万四一〇〇石）が改易、上知されたとき、倉敷代官所に専任代官の大草太郎左衛門正清が常駐して美作領と備中の幕領支配にあたったが、翌一一年津山に松平宣富が一〇万石で入封すると、のこり一四万四一〇〇石は倉敷代官の手を離れ、美作に独自の代官が配置されてその支配となっている（後述）。同一三年備後代官の山木与惣左衛門明景は後述の備後の旧福山藩領のうち備中分一万一五〇〇石を支配するため笠岡に陣屋をおき、備後分とあわせ五万八〇〇〇石を支配したが、同一五年このうち二万石を浜松藩本庄氏に割いている（享保一四年まで）。

備後では元禄一一年福山藩水野勝岑（一〇万一〇〇〇石）が断絶すると、同領は上知、幕領となり、惣検地がおこなわれ一五万石（うち備中分一万一五〇〇石弱）が打ち出され、三吉陣屋がおかれて、山木明景、曲渕市郎右衛門昌隆、宍倉与兵衛の三人による立合代官支配となった。しかし福山に同一三年松平忠雅が一〇万石で入封すると、のこり五万石のうち三万八五〇〇石を曲渕昌隆が上下陣屋で支配し、備中分を中心にのこり一万一五〇〇石を山木明景が支配した。山木代官は備後と従来の備中の幕領をあわせ五万八〇〇〇石を支配し陣屋を笠岡に移した。

美作では前述のように元禄一〇年美作一国を領有した津山藩森長成（一八万六五〇〇石、実高二四万四一〇〇石）が断絶すると、同国は上知、幕領とされて同国内にあった支藩などはすべて転出させられ、その支配は倉敷代官があたった。翌一一年津山に松平宣富が一〇万石で入封すると、のこりの一四万四一〇〇石（久米北条、吉野、勝北、英田四郡全域と勝南、久米南条、真島郡の大半に分布）は同国の倉敷村（備中の倉敷とは別）（竹村惣左衛門喜窮）、古殿村（古町、内山七兵衛永貞）、坪井下村（西与市左衛門）などに代官所がおかれ、三分割して支配した。同一四年にはこのうち八万六〇〇石が甲府藩徳川綱豊領に、同一五年には五〇〇〇石が安中藩内藤氏領におのおの割愛されたため、のこりは五万八五〇〇〇石となった。これにより倉敷、坪井下村の両代官は廃止され、あらたに高田代官（代官平岡孫市資親）がおかれ、これと古殿代官（代官内山七兵衛永貞）とで支配した。

丹後は元和八年（一六二二）宮津藩京極高知の死後、これまでの一国支配（一二万三二〇〇石）がくずれ宮津藩（京極高広）七万八二〇〇石、田辺藩（同高三）三万五〇〇〇石、峯山藩（同高通）一万石に分割された。『丹後正保国絵図』（国立公文書館内閣文庫所蔵）ではこれら三藩のほかに幕領が中部（熊野郡）を中心に四六〇〇石あったが、この支配代官は不明である。その後寛文六年（一六六六）に宮津藩が除封、上知、幕領とされ、同領七万八二〇〇石は湊宮にあった船見番所に陣屋がおかれ代官が同国の全幕領の支配にあたった。しかし同九年宮津藩に永井尚征が七万三六〇〇石で入封したため、幕領の大半を割き九〇〇〇石がのこったが、延宝八年（一六八〇）子の尚長が殺害され断絶するとふたたび幕領にもどった。翌天和元年阿部正邦が九万九〇〇〇石で入封すると再び幕領の大半があてられたため、湊宮代官所も廃止され、のこりは但馬生野銀山奉行の支配下に入れられた。

但馬では関ケ原後赤松広秀（朝来郡二万二〇〇〇石）が改易、別所吉治（養父郡一万二〇〇〇石）が丹波へ転出しおのおの上知され、これに豊臣旧領五〇〇〇石をふくめ四万五〇〇〇石の幕領が成立した。このほか朝来郡の生野銀山を豊臣氏から没収し幕領として、関東より間宮新左衛門直元を銀山奉行として派遣し但馬の幕領はすべて銀山付として間宮の支配とした。以後但馬の幕領は生野銀山奉行支配となっている。生野銀山の経営は佐渡金山や石見銀山と同様に山師による請山制であった。間宮直元は慶長一九年（一六一四）大坂の陣の折、金掘人足を率いて豊臣方の大坂城外濠の開削にあたったが戦死している。かわった山川庄兵衛重賀は元和五年（一六一九）、苛政により生野一揆が発生したため江戸で斬罪に処されている。ついで同七年に伊豆銀山奉行の藤川甚左衛門重勝が任ぜられたが、山方不案内のため佐渡奉行の竹村九郎右衛門嘉理が補佐し、銀山の方式を裁許したりして経営が軌道に乗った二年後に竹村は佐渡に引き上げている。この段階の産出量は寛永一三年（一六三六）の銀一二〇〇貫がピークとなっており、初期幕府財政にとって大きな財源となっていた。同一五年からは幕府直営による水抜普請がおこなわれ産出量の維持を図っており、さらに寛文年間には拝借銀制をとり山師の活動を援助している。このため以後の産出量は増減しつつも維持されており、貞享元年（一六八四）には七三六貫、元禄九年（一六九六）九二〇貫、宝永四年（一七〇七）一〇〇四貫、元文二年（一七三七）三一〇貫、宝暦六年（一七五六）八二〇貫となっている。この生野銀山領には生野銀山のほか養父郡の明延銅山、中瀬金山、気多郡の阿瀬銀山などもふくまれており、これらで活動した山師は寛文から元禄年間で一〇二人ほどいたという（太田虎一『生野史』）。

さて、その後の幕領は元和三年（一六一七）但馬二方郡にも一九〇〇石を領有していた因幡若桜藩（三万石）の山崎家盛が備中へ転出すると、二方郡の所領は上知、幕領とされ生野銀山奉行の支配下におかれた。ついで寛永一六年（一六三九）の幕領は三万九〇〇〇石（『但馬国絵図』）となっており、この内訳は生野銀山のある朝来郡一万七〇〇〇石、養父郡一万一〇〇〇石、気多郡三〇〇〇石である。このうち朝来、養父両郡を中心に二万六二〇〇石が生野銀山付とされ銀山奉行中野吉兵衛重弘が支配し、のこり一八〇〇石は出石藩小出氏の預り地であった。同二〇年には二方郡の清留藩宮城豊盛（一万三〇〇〇石）が断絶し上知、翌正保元年（一六四四）には豊岡藩杉原重長（二万五〇〇〇石）を継いだ重玄が一万石に減知されたためのこり一万五〇〇〇石が上知、おのおの幕領となり、正保期の銀山領は但馬分が五万六〇〇石、播磨分一二〇〇石の合計五万一八〇〇石となっている。その後承応元年（一六五二）に先の豊岡藩杉原重玄（二万石）が断絶、上知されたが、寛文八年（一六六八）同藩に京極高盛が三万五〇〇〇石で入封したため周辺の幕領一万石が割愛され、のこりは二万七〇〇〇石になっている。この間寛永一九年から万治三年のあいだ（一六四二〜六〇）は、大森代官（石見銀山奉行）の杉田又兵衛勝政が生野銀山奉行を兼任して生野銀山の増産に努めている。元禄九年（一六九六）に出石藩小出英及（四万四〇〇〇石）が断絶し、かわって松平忠周が四万八〇〇〇石で入封したが、この高は旧小出氏領のうち出石郡矢根銀山と銀山付村々の一〇〇〇石を幕領として除いたのこり四万三〇〇〇石と旧和泉陶器藩小出氏領五〇〇〇石とからなっている。天和元年（一六八一）には丹後と播磨の幕領も生野銀山奉行の支配下に入っている。

隠岐は寛永一四年（一六三七）出雲、隠岐二カ国を領有し、石見銀山および石見の迩摩郡と邑智二郡四

石見　大森代官所

万石を預けられていた京極忠高（二四万石）が断絶すると、翌年松平直政が出雲一国一八万六〇〇〇石で松江へ入封した。このとき隠岐一国は上知、幕領となり松江藩松平氏の預り地とされ、石見銀山および迩摩、邑智二郡四万石も上知、幕領となり、こちらは再び大森代官所がおかれ代官杉田九郎兵衛忠次の支配下におかれた。隠岐の石高は知夫里、海士、周吉、越智四郡で一万八〇〇〇石（実高一万一六〇〇石）であり、同領は寛文四、五年（一六六四、六五）の二年間石見大森代官の支配下におかれたが、再び松江藩預り地となった。貞享四年（一六八七）直支配にもどり備中倉敷代官の支配下におかれたが、享保五年（一七二〇）三たび松江藩預り地となり、以後幕末まで継続されている。

石見の幕領は慶長五年関ケ原合戦後、毛利氏から没収され一国が上知されて、あらたな国分けにより西部の津和野（三本松）に坂崎成正（直盛）が三万石で封ぜられたほかは東部を中心に大半が幕領に組み入れられたことにはじまる。なかでも毛利氏以来の大森銀山は有力鉱山であり、この鉱山を中心に幕領が設定され大森に陣屋がおかれた。このときの幕領高は、近世初期の石見国高が一三万石であるから坂崎領をのぞくと一〇万石に上ると思われ、それは大森銀山のある迩摩郡を中心に邑智、安濃、那賀郡などに存在したものと思われる。慶長五年に毛利氏から代官頭大久保石見守長安、彦坂小刑部元正両人が受け取った「子歳（慶長五）石見国銀山諸役銀請納書」（村上直他編『江戸幕府石見銀山史料』）によれば、銀山諸役銀として毛利方の銀山役人である宗岡弥右衛門、吉岡隼人ら四人の請け負った高は銀二万三〇〇〇枚に上り、この内訳は一万一五八六枚が毛利氏への調分であり、のこり一万四七七枚が未進、一五五九枚が地子銭となっているがこれも未進となっている。この慶長五年の未進分一万一五八六枚が徳川氏にわたったものかどうか不明だが、かなりの産出量があったことがわかる。この銀山をふくむ幕領は大久保長安が銀山奉行も兼ねて幕領全体の支配にあたったが、実質的な支配には毛利氏以来の宗岡、吉岡らを再登用している。これは鉱山支配が特殊技術を要するため彼らに頼らざるをえなかったものと思われる。このうち吉岡隼人の代官支配地は邑智郡三九七〇石余、迩摩郡四三〇石余の計四四〇〇石余で長安より手形が下されている。石見銀山の産出量は一六世紀後半には一カ年数百貫ほどであったが、長安が支配してからは慶長七年に「石見国金（銀）山も倍増して四、五千貫目被納、是も先代森（毛利）輝元の時は僅の義也」（『当代記』）といわれ、また山師安原因繁の書上でも慶長年間「御山盛、御運上金意壱ケ年三千六百貫目宛、三年指上、其以後も千貫目、弐千貫目宛数年差上候」（「石見国銀山文書」）という状況であった。慶長期から寛永年間の銀山の最盛期には延べ二〇万人、一日米一五〇〇石余を費やしたといわれる。

このような銀山経営のために銀山の飯米や切米、扶持米を確保し、領内の生産力を掌握するため、長安は慶長七年から一〇年（一六〇二〜〇五）にかけて幕領の総検地を実施している。また長安は慶長八年から佐渡金山、同一一年から伊豆金山などを直接支配下においたため、石見を含めこれらの鉱山を有機的に連携させて支配にあたっている。すなわち、慶長一〇年一〇月の長安より石見へ下した「諸役者申付状」（「岩見国銀山文書」）によると、

一佐渡ゟ参候鏈　宗岡弥右衛門
今井宗玄
林六兵衛
一石州ゟ佐渡へ越鏈　吉岡右近
今井彦右衛門
林六兵衛

と宗岡、吉岡、林らが佐渡と石見と往来し、両者で産出した「鏈《くさり》」（素鉱石）を互いに往来させ、鉱質や精錬法を工夫、研究していたものと思われる。また伊豆金山の経営にも佐渡や伊豆から山師や鉱夫をよび、新しい鉱山の発掘にあたらせた結果、縄地金山など有力鉱山を掘りあてているのである。これら諸鉱山の統括支配には、長安の家老で駿府に常駐していた戸田藤左衛門隆重があたっていた。

大久保長安時代の幕領支配の具体的内容は不明な点が多いが、地方支配の中心には慶長一〇年代後半に

はやはり長安配下の手代代官竹村丹後守道清があたっていたようで、長安が中風にかかっていたと思われる慶長一七年（一六一二）九月の老中酒井忠勝らから竹村に下された「石見銀山并地方御仕置覚」（「石見国銀山文書」）によると、諸代官の未進の糺明、地方納米払方、人足扶持方、買米、吹屋のことなど竹村があたるよう命ぜられている。事実寛永元年（一六二四）の将軍秀忠より竹村にあてた年貢勘定にたいする請取状では、

石見国
戌歳ゟ戌歳迄一三カ年皆済也
寛永元年七月
竹村丹後殿

と石見幕領の慶長一五年から元和八年（一六一〇～二二）までの一三カ年の年貢勘定を竹村道清がおこなっていることがうかがえる。つまり大久保長安支配時代の後半から死後（慶長一八年）も引きつづいて竹村があたっていたことを示している。

その後石見では西部の津和野藩は元和二年（一六一六）坂崎成正（直盛）（三万石）が改易され、かわって翌三年に亀井政矩が四万三〇〇〇石で入封したため、その差一万三〇〇〇石が、ついで同五年中央部の那賀郡浜田に古田重治が五万四〇〇〇石で入封したため、その差六六〇〇石が、さらに寛永二〇年（一六四三）旧会津若松藩を改易された加藤明友が安濃郡吉永に一万石で入封したため、これらがおのおの幕領か

ら割かれている。このように大名領に割いたため、正保年間（一六四四〜四七）における幕領は迩摩郡一万六〇〇石、邑智郡一万一九〇〇石、安濃郡三五〇〇石弱、美嚢郡（一カ村）二七〇石、鹿足郡（五カ村）一六〇石の三万一八三〇石（『石見国絵図』）と関ケ原直後の半分ほどになっている。このうち鹿足郡の五カ村は鉱山領である。この間の支配代官は前述のように竹村道清があたり、寛永一二年彼の死後、子の藤兵衛萬嘉が継いだが翌一三年死去したため、同領は松江藩京極忠高の預り地となったが、彼も翌年死去したため松江藩は改易された。したがって翌一五年から再び代官杉田九郎兵衛忠次の直支配となり、以後六之助直昌、又兵衛勝政と継承し万治三年（一六六〇）までつづいている。この間杉田忠次は寛永一〇年には松江藩堀尾氏の改易にともない出雲と隠岐の所務を沙汰し、同一三年四月には前述の松江藩（京極氏）の預り地となった石見銀山にきて引き渡しを行い、翌一四年一二月京極氏の改易により再び出雲および隠岐、石見銀山などのことを沙汰し、翌一五年から正式に大森銀山奉行となり代官も兼ねている（以後代官兼帯となる）。また杉田勝政は寛永一九年から万治三年（一六四二〜六〇）まで生野銀山奉行も兼任している。浜田藩は五万石から六万石で推移したが城付領は五万石であった。その後吉永藩加藤氏（一万石）も天和二年（一六八二）に近江へ転封したので上知され、幕領に組み入れられたため、同三年の幕領は四万五〇〇〇石となっている。これ以降石見の大名領は安定し石見の中・南部に分布していたので幕領は北部を中心に分布していた。またこのころから石見銀山は産出量が減少したため、鉱山人口も減少して行き同領の年貢米は余るようになり、大坂への廻米がおこなわれだした。延宝三年（一六七五）柘植伝兵衛宗正のときからは大森代官と呼ばれ銀山奉行を兼ねた。貞享四年から享保五年の間（一六八七～一七二〇）隠岐一国一万八〇〇〇石が大森代官支配下に入っている。また元禄一三年（一七〇〇）には備後上下代官支配地三万八五〇〇石も大森代官支配下に入り、上下陣屋は出張陣屋となっている。

伯耆では慶長一四年（一六〇九）、伯耆一国を領有していた米子藩中村忠一（一七万五〇〇〇石）が無嗣断絶し、一国全体が上知、幕領とされた。その後同年に矢橋に市橋長勝が二万石で入封、また因幡鹿野藩亀井茲政の嗣子政矩に五〇〇〇石があたえられた。翌一五年には米子に加藤貞勝（六万石）、黒坂に関一政（五万石）がおのおの封ぜられると、幕領はのこり四万石となり、倉吉で大番組の山田五郎兵衛直時が代官となり支配にあたった。しかし同一九年に倉吉に里見忠義が三万石で入封すると、幕領からあたえられたため、のこり一万石となり代官所は廃止されたが、山田直時が引きつづき支配にあたった。彼はまた同年の大坂の陣にあたり石見より兵糧米を大坂に送っている。元和二年（一六一六）矢橋藩市橋氏が転出し、所領二万石は上知、幕領とされ、こののち一万石が米子藩加藤氏の預り地に、のこり一万石と幕領一万石のうち二〇〇〇石の計一万二〇〇〇石が鹿野藩亀井氏の預り地とされたため、代官の直支配地は八〇〇〇石となった。翌三年には両国は岡山から入封した池田光政（三二万石）にあたえられたため、加藤氏（米子藩）と里見氏（倉吉藩）は転出させられるとともに、幕領も消滅した。

前期の中国筋（中国地方）の幕領は元禄一四、五年（一七〇一、〇二）では播磨と中国筋の一部を含むが二五万五〇〇〇石であり、その内訳は、

大草太郎左衛門正清（倉敷代官）	備中・（播磨）	三万二五〇〇石
内山七兵衛永貞（高田代官）	美作	五万四〇〇〇石
井口沢右衛門高精（大森代官）	石見・隠岐	六万　四〇〇石（隠岐分一万八〇〇〇石）
遠藤新兵衛信澄（笠岡代官）	備後・備中・（伊予）・（讃岐・直島・播磨）	五万五七〇〇石（伊予・讃岐分一万一〇〇〇石）
平岡四郎左衛門道資（生野銀山奉行）	但馬・丹後・（播磨）	四万七九〇〇石

と一奉行と四代官によって支配されている。大草正清は遠江新貝代官であり、倉敷代官を兼任したものである。隠岐はこの時期石見大森代官の支配下に入っている。また伊予、讃岐（直島等含む）などもこの時期笠岡代官の支配下に入っていた。

その後の各国の動向についてみると、**備中**では元禄一五年丹波亀山藩の飛地が消滅したため倉敷代官が再びおかれ前述のように大草正清が兼任し、宝永二年（一七〇五）万年七郎右衛門頼忠代官は備後上下代官支配地二万七〇〇〇石も兼ねて支配している。正徳元年（一七一一）松山藩は安藤氏（六万五〇〇〇石）にかわって石川総慶（六万石）が入封すると、その差五〇〇〇石も上知、幕領とされたが、翌年大坂城代内藤弌信領（五万石）のうち一万八〇〇〇石が備中にあたえられたため、倉敷代官領はすべて割かれて消滅し、備後上下代官所は独立している。

正徳四年（一七一四）の備中幕領は五万五九〇〇石で、その内訳は、

野田三郎左衛門秀成	笠岡代官	五万　四〇〇石（備後の一部含む）

平岡彦兵衛良久　　大坂代官　　三八〇〇石弱
飯塚孫次郎長隆　　上下代官　　一七〇〇石

と三人の代官によって支配されているが、このうち平岡は大坂代官であり、備中分三八〇〇石弱を吹屋に出張陣屋をおいて支配していた。また飯塚は備後上下代官であり、備中分一七〇〇石も支配していたのである。なおこの時期倉敷は前述のように駿河田中藩内藤氏の飛地となっており代官所はなかった。享保五年（一七二〇）先の内藤氏領が転出すると、同領は上知、幕領となり倉敷代官が再びおかれ遠山半十郎重祐が就き笠岡代官を兼任した。翌六年から笠岡に移り笠岡代官が倉敷代官を兼任するようになり、備中、備後両国の幕領を支配し、同一一年には前述のように津山藩松平氏（一〇万石）が改易、上知された折、その一部美作分九八〇〇石もその支配下に入った（延享四年まで）。同一四年（一七二九）浜松藩本庄氏領備中分二万石が上知、幕領とされ、美作久世代官支配（窪島作右衛門長敷）となった。

備後では宝永二年から正徳二年（一七〇五～一二）まで上下代官支配地二万七〇〇〇石は倉敷代官の支配下となってその出張陣屋となり、正徳二年倉敷代官所の消滅とともに再び独立している。その後享保二年（一七一七）上下代官支配下の三万八五〇〇石のうち二万石が中津藩奥平氏に割かれたためのこりは一万八五〇〇石となり上下陣屋は廃止されて、このうち五六〇〇石が笠岡代官の支配下におかれ、のこり一万三〇〇〇石が石見大森代官の支配下になり上下出張陣屋で支配された。

美作では宝永六年（一七〇九）甲府藩徳川綱豊が将軍継嗣になると美作の同領八万六〇〇〇石は幕領にも

どり、美作倉敷代官を復活させ他の幕領も合わせ土居代官、古殿町代官、美作倉敷代官とで美作幕領一三万九一〇〇石を支配している。享保二年（一七一七）の代官支配地は美作倉敷代官武井善八郎常信支配三万二七〇〇石、土居代官岩出彦兵衛信守支配五万二〇〇石、古殿町代官前島小左衛門政明支配四万六八〇〇石、高田代官飯塚孫次郎長隆支配七二〇〇石、鹿田代官遠山半十郎重祐（のち笠岡代官）支配一万七九〇〇石の計一五万四八〇〇石である。ついで同一二年（一七二七）津山藩主松平浅五郎の死去により、同藩（一〇万石）が五万石に半減されると、その差五万石も幕領とされ、こちらはあらたに久世代官（窪島作右衛門長敷）がおかれ、このうち四万四〇〇〇石を支配し、のこり六〇〇〇石は笠岡代官支配となった。この時点で美作幕領は一九万石弱に及んでおり、美作倉敷、土居、古殿町、久世の四代官で支配している。さらに同一四年（一七二九）前述のように浜松藩本庄氏領備中分二万石が上知、幕領とされ、久世代官支配に加えられている。

丹後では享保二年阿部氏（九万九〇〇〇石）にかわって宮津に青山幸秀が四万八〇〇〇石で入封すると、その差約五万石が上知、幕領とされて湊宮に再び陣屋がおかれて丹後幕領は一括支配されている（代官小泉市大夫義真）。

但馬では宝永三年豊岡藩京極高寛（三万三〇〇〇石）を継いだ高永は一万五〇〇〇石に減石されたため、のこり一万八〇〇〇石が上知、幕領とされ、幕領高は五万二〇〇〇石前後になり、生野銀山奉行の支配となっている。また享保元年から生野銀山奉行は生野代官と名称をかえている。これは銀山の産出量が減少し、地方支配に重点が移ったためと思われる。

隠岐では享保五年大森代官支配下から松江藩松平氏の預り地に再びもどっている。

中期の中国筋（中国地方）の幕領は享保一四年（一七二九）では但馬の高は推定高であるが、約四二万二三〇〇石であり、その内訳は、

竹田喜左衛門政為（笠岡代官）	備中・備後	六万七六〇〇石（備中分一万石）
内山七兵衛高永（美作倉敷代官）	美作・備中	六万一一〇〇石（美作分二万石）
窪島作右衛門長敷（久世代官）	美作・備中	六万　二〇〇石（美作分四万四〇〇〇石）
美濃部勘右衛門茂敦（古殿町代官）	美作	五万七四〇〇石
保木佐太郎慎初（土居代官）	美作	五万　五〇〇石
小泉市大夫義真（湊宮代官）	丹後	五万二五〇〇石
海上弥兵衛良胤（大森代官）	石見・備後	六万　八〇〇石（石見分四万二四〇〇石）
長谷川庄五郎忠崇（生野代官）		
石原清左衛門正形（京都代官）	但馬	五万二〇〇〇石（推定高）
千種清右衛門直豊（大坂代官）		
松江藩預り地（松平宣維）	隠岐	一万二二〇〇石

と一〇人の代官と一大名の預り地からなっている。このうち但馬については生野代官のほかに京都代官と

大坂代官とが分割して支配しているが、これは享保一一年に豊岡藩領の上知分一万八〇〇〇石（新料）を京都代官と大坂代官が支配し、本来の高（古料）を生野代官が支配したものと思われる。また元禄期にくらべ伊予、讃岐の四国分が笠岡代官支配地からはずされて、おのおの後述するように大名預り地となっている。この段階の国別高は備中が一〇万石前後、備後が七万六〇〇〇石前後、美作一四万石前後、石見四万二四〇〇石、丹後五万二五〇〇石、但馬約五万二〇〇〇石、隠岐一万二二〇〇石となっている。

その後の各国の動向をみると、**備中**では享保一九年（一七三四）に倉敷代官が笠岡代官から独立し、備中の幕領はこの両代官を中心に支配されている（倉敷代官小林孫四郎政用、笠岡代官曽根五兵衛長渉）。その後寛保元年（一七四一）には美作幕領のうち二万石が、倉敷代官千種直豊の支配下となると、倉敷陣屋を新築し、延享三年（一七四六）に完成した。これにより倉敷の町は活気づいている。明和三年（一七六六）には讃岐一万一〇〇〇石（小豆島、塩飽諸島、直島等含む）と伊予一万一〇〇〇石は再び笠岡代官支配下におかれた。さらに天明四年（一七八四）笠岡代官万年七郎右衛門頼行は倉敷代官所支配地もふくめ備中、備後、美作で一〇万三〇〇〇石を支配し、陣屋を笠岡から倉敷へ移したため笠岡は出張陣屋となっている。その支配地は倉敷代官支配地が五万三〇〇〇石、美作久世代官支配地が五万石であった。同六年備後福山藩領で農民騒動が起ったとき、岡山藩に出動を命じ鎮圧している。同八年には万年頼行は不正により蟄居を命ぜられたが、摘発を恐れ切腹している。このため久世代官の早川八郎左衛門正紀が笠岡代官も兼ね、笠岡を出張陣屋とし両国で一〇万石を支配したが、享和元年（一八〇一）に転出すると、笠岡代官支配地は六万石（うち美作分三、四万石）にもどっている。その後天明八年（一七八八）倉敷代官は再置されている。文化九年から天保一一年（一八一二〜四〇）までは備中の倉敷及び笠岡代官支配地のうち二万六〇〇〇石が竜野藩脇坂氏の預り地となっている。同一四年の倉敷代官（大原四郎右衛門信好）の支配地は備中四万七九〇〇石、美作一万一八〇〇石と、これに讃岐幕領の那珂郡（二三〇〇石）、小豆島（八七〇〇石）、塩飽諸島（一二〇〇石）、直島ほか（六〇〇石）など一万二八〇〇石の合計七万二五〇〇石であった。

備後では安永四年（一七七五）に笠岡代官支配地が大森代官の支配下に入ったため、笠岡代官支配下だった備後の幕領はすべて大森代官支配下に入った。

美作では享保一八年（一七三三）笠岡代官支配下の古殿町出張陣屋は下町陣屋に移され、延享元年（一七四四）には土居陣屋は美作倉敷陣屋に統合されている。同二年には久世代官支配地七万三〇〇〇石が鳥取藩池田氏の預り地に、旧土居陣屋支配地三万四六〇〇石は三日月藩森氏の預り地とされたため両陣屋は廃止されている。さらに同四年には下町陣屋支配地二万石は土浦藩土屋氏の飛地とされたためこれも廃止された。したがって美作幕領のうち代官支配地は美作倉敷支配地のみとなった。宝暦四年（一七五四）には再び笠岡代官所の出張陣屋として高田陣屋がおかれるとともに、先の鳥取藩預り地が返上され再び久世代官所（代官藤本甚助久英）がおかれた。明和元年（一七六四）三浦明次が真島郡勝山に二万三〇〇〇石で封ぜられると、美作倉敷代官支配地から大半が割かれたため同代官所は廃止され、一部が播磨乃井野藩

（のち三日月藩）森氏の預り地とされたが（同三年迄）、のこり五万七〇〇〇石は久世代官所の支配地に移り、今度は久世代官所が美作幕領を一元的に支配した。さらに同二年には伊予の幕領一万石が久世代官の支配下におかれたため（文化一一年まで）、同代官の支配地は一〇万七〇〇〇石となった。寛政六年（一七九四）先の三日月藩森氏の預り地三万四六〇〇石は竜野藩脇坂氏の預り地となり幕末までつづいている。文化九年（一八一二）には久世代官支配地のうち美作と備中で四万七〇〇〇石（のち加増）が津山藩松平氏の預り地とされ、のこりは丹後久美浜代官支配下におかれたため、久世代官は廃止され出張陣屋となった。このため以後美作には専任代官がおかれなくなった。同一一年久美浜代官支配下の伊予分一万石が松山藩松平氏の預り地となった。さらに同一四年、津山藩松平斉孝は将軍家斉の子斉民を養嗣子としたため、同藩預り地のうち五万石が同藩に加増（一〇万石）されると、同藩預り地ののこり一万六七〇〇石は久美浜代官支配とされ久世出張陣屋は廃止されているが、天保九年（一八三八）再び津山藩預り地とされている。

丹後では享保二〇年（一七三五）海上弥兵衛良胤のとき湊宮陣屋は湊のある久美浜に移された。この理由は同代官支配地下の久美浜から幕領米を大坂廻米にするのに便利であったからで、以後久美浜代官所は丹後幕領支配の中心となっている。宝暦八年（一七五八）宮津に松平資昌が七万石で入封したが、城付領は六万石とされたためのこり一万石は近江であたえられた。これにより久美浜代官支配地は約二万石となり、隣国丹波幕領も支配したため合計五万二五〇〇石となっている。さらに文化九年（一八一二）には美作の久世代官支配地の一部も久美浜代官の支配下におかれ約七万石となっている。

但馬では生野代官が中心であり、享保一八年（一七三三）には美作の一部もその支配下においている。その後宝暦元年（一七五一）では幕領は五万二五〇〇石となっている。さらに明和元年（一七六四）では全領五万一五〇〇石のうち生野代官支配地は三万五〇〇〇石で、ほかは久美浜代官の支配地一万六五〇〇石であった。天保六年（一八三五）出石藩小出氏はお家騒動により三万石に減封され、のこり二万八〇〇〇石が上知、幕領とされており、同年の生野代官支配地は但馬分三万四五〇〇石と美作分（久世代官支配地）二万石、播磨分二四〇〇石の合計五万六九〇〇石、このほか当分預り地として美作分八九〇〇石があり合計六万五八〇〇石であった。

石見では宝暦九年（一七五九）浜田藩に本多忠敞が五万石で入封すると、鹿足郡の五カ所の鉱山所在地が上知、幕領とされ、これらをあわせ同年の幕領は四万八六〇〇石となっている。明和六年（一七六九）会田伊右衛門資刑が大森代官に就くと、これまで代官は銀山奉行を兼任していたが前代官の川崎市之進定盈が銀山奉行としてのこり、会田は地方専任となった。この二人体制（別々の任命）は以後安永九年（一七八〇）までつづき、同年川崎定盈が再び大森代官に就くと両職は再び統合、兼任とされ幕末まで継承した。この代官職の分離も銀山の産出量の減少により地方支配に重点が移ったためであろう。

後期の中国筋（中国地方）の幕領は天保九年（一八三八）では三九万七二〇〇石であり、内訳は、

和田主馬勝善（久美浜代官）	但馬・丹後	六万七七〇〇石（丹後二万石）

大草太郎左衛門政修（生野代官）	但馬・美作	七万四二〇〇石（但馬分三万四五〇〇石）
岩田鍬三郎信忍（大森代官）	石見・備後	七万八七〇〇石（石見分四万八六〇〇石）
高山又蔵高澄（備中倉敷代官）	備中・美作	六万三七〇〇石（美作分一万二〇〇〇石）
今治藩預り地（松平定保）	備中	五一〇〇石
竜野藩預り地（脇坂安董）	美作・備中	三万五七〇〇石（備中分一〇〇〇石）
津山藩預り地（松平斉民）	美作	一万六七〇〇石
松江藩預り地（松平斉貴）	隠岐	一万二六〇〇石

と四代官と四大名の預り地からなっている。久美浜代官は但馬生野銀山領の一部も支配下に入れている。また大森代官は備後分を備後上下陣屋において、倉敷代官は美作分を美作下町陣屋においておのおの支配している。さらに津山藩松平氏預り地は、先の笠岡代官支配下にあった一万六七〇〇石が再び預り地にもどされたものである。この段階の各国の幕領高は但馬約八万二二〇〇石、美作約六万八四〇〇石、備中約五万六八〇〇石、丹後二万石、備後三万一〇〇〇石、隠岐一万二六〇〇石、石見四万八六〇〇石となっている。

幕末の中国筋（中国地方）の各国ごとの動向をみると、**備中**と**備後**では天保一一年（一八四〇）竜野藩預り地の備中幕領のうち約一〇〇〇石は倉敷代官支配下にもどり、笠岡陣屋は出張陣屋となった。これらをあわせた同年の倉敷代官（高山又蔵貞利）支配地は備中八〇〇〇石、美作四万五七〇〇石とこれに前述の讃岐幕領のうち小豆島、塩飽諸島、直島など一万五〇〇石があり、合計六万四二〇〇石である。同一三年の藤方彦一郎代官のときには九万八〇〇〇石になっている。その後嘉永三年（一八五〇）倉敷代官支配地のうち九〇〇〇石が大森代官の出張陣屋である備後上下陣屋の支配下に移され（合計支配高一万八六〇〇石）、同六年には福山藩阿部正弘に備中、備後幕領より一万一七〇〇石（笠岡陣屋より一七〇〇石、上下陣屋より一万石）を割愛したため、上下陣屋ののこりの支配地は両国で二五カ村のみとなっている。万延元年（一八六〇）の倉敷代官（大草左馬太郎勝昌）支配地は六万二〇〇〇石となっている。慶応二年（一八六六）倉敷代官所（代官桜井久之助知寿）は立石孫一郎率いる奇兵隊の焼打ちに会い、宿直の役人たちも死傷したため、翌三年には倉敷、笠岡、上下の各陣屋支配地はすべて但馬生野代官（横田新之丞盛恭）の預り地となっている。

丹後では久美浜代官はこれ以後幕末まで支配高に増減はあるものの存続し、その中心久美浜港は日本海々運の重要な寄港地であり、幕領米の大坂廻米の積出港として存続している。

但馬では文久三年（一八六三）生野代官所（川上猪太郎充輝）は尊皇攘夷派の沢宣嘉、平野国臣らにより襲撃され占拠されている（生野の変）。翌四年の生野代官支配地は但馬三万二四〇〇石、美作一万九二〇〇石、播磨一万三二〇〇石の合計六万四八〇〇石であった。慶応三年（一八六七）備中および備後の倉敷、笠岡、上下の各陣屋の支配地は前述のようにすべて生野代官の預り地となっており、その支配高は八万二七〇〇石となっている。

石見では慶応二年第二次長州征伐のとき、浜田藩とともに大森代官鍋田三郎左衛門成憲は石州口を固めたが長州軍に敗北し退去しており、大森代官所及び石見銀山は明治二年大森県がおかれる迄長州藩の支配下となった。

美作では天保一三年（一八四二）吉野郡の一部の直轄領が、明石藩松平氏の預り地となり、維新までつづいた。さらに慶応二年（一八六六）には石見浜田城（松平武聰）が長州軍に攻撃され落城し、同藩領六万一〇〇〇石が長州軍に奪われたが、幕府によって松平氏は美作の飛地（八四〇〇石）鶴田に再興された。このとき美作のうち竜野藩脇坂氏預り地から二万石が割いてあたえられ、さらに同四年同じく竜野藩預り地のうち八〇〇〇石弱があたえられ、鶴田藩は三万六〇〇〇石となり、明治二年にも旧幕領のうちから蔵米二万五〇〇〇石をあたえられ六万一〇〇〇石の旧高に復している。

慶応末の**備中**幕領は六万一八〇〇石で、これは倉敷代官（長坂半八郎信近）支配地五万三一〇〇石、大森代官（鍋田成憲）配下の備後上下陣屋支配地八七〇〇石となっている。おなじく美作幕領は七万三五〇〇石で、これは倉敷代官（同上）支配地九八〇〇石、生野代官（川上充輝）支配地一万九一〇〇石、津山藩松平氏預り地一万六七〇〇石、竜野藩脇坂氏預り地二万七九〇〇石となっており、美作専任の代官は一人もいなくなっている。

四国地方の幕領は讃岐と伊予、土佐に設定されている。そのはじめは元和元年（一六一五）大坂の陣後、豊臣氏領であった**讃岐**の小豆島（三七〇〇石）と塩飽諸島（一二〇〇石）が幕領に組み込まれ、はじめ長崎代官の長谷川左兵衛藤広が支配し、同三年からは小堀遠江守政一が支配にあたり、のちには倉敷代官の支配下になった。とくに塩飽諸島は一二五〇人の島中船方による人名《にんみょう》制がとられ同島の船頭たちは代々将軍の御座船の加子を勤めており、豊臣氏以来島中船方領（幕領）として一二五〇石があたえられていた。以後塩飽諸島は大坂町奉行、倉敷代官などの支配下にあった。また彼らは幕末勝海舟の咸臨丸による渡米にも加子を勤めたことは周知のことである。

寛永一七年（一六四〇）には讃岐一国を領有した高松藩主生駒高俊（一七万三〇〇〇石）がお家騒動で改易されると、同領は幕命により西条（一柳氏）、大洲（加藤氏）、今治（松平氏）の三藩が分割支配し、翌一八年丸亀に山崎家治が五万一八〇〇石で、一九年には高松に松平頼重が一二万石（実高一六万石）で入封した。幕領は那賀郡内の溜池満濃池の池守料として周辺の榎井村七二六石、五条村六六八石、苗田村八四四石、五毛村の内五〇石の合計二三〇〇石が設定され、高松藩（松平氏）の預り地とされた。小豆島、塩飽諸島なども初期には前述のように備中代官小堀政一ら代官の直接支配下にあった。

正保期（一六四四〜四七）の讃岐幕領は七二〇〇石であり、その内訳は、

高松藩預り地（松平頼重）	讃岐（那賀郡）	二三〇〇石
小堀遠江守政一	讃岐（島々）	四九〇〇石

となっている。

寛文一二年（一六七二）には直島、男木島、女木島等六〇〇石（実高二〇〇〇石）を領有した旗本高原

仲衡（仲頼）が改易され、上知、幕領になり倉敷代官（彦坂九平次義重）の支配下となった。その後小豆島などの島々は元禄一四、一五年ごろ（一七〇一、〇二）には笠岡代官遠藤新兵衛信澄の支配下にあったが、宝永五年（一七〇八）にはこれらの島々も高松藩松平氏の預り地となり、讃岐の全幕領一万石（小豆島の高増しによる）は高松藩の預り地となっている。しかし正徳三年（一七一三）には再び笠岡代官の支配にもどっている。その後享保六年（一七二一）満濃池周辺および讃岐の島々一万石は再び高松藩松平氏の一括預り地となっており、同一四年では同藩預り地として一万一〇〇〇石（うち小豆島の高増し高は七七四〇石、のち八九六四石となる）であるが、元文元年（一七三六）には伊予松山藩松平氏の預り地に移されている。さらに明和三年（一七六六）には讃岐本土および小豆島、塩飽諸島、直島など一万一〇〇〇石は笠岡代官支配下に、文化一四年（一八一七）には倉敷代官支配下に入った。このうち天保九年（一八三八）には小豆島のうち六〇〇〇石弱が津山藩松平氏の領地となったが、同一一年には再び倉敷代官支配に入るなど変遷を繰り返した。満濃池周辺村々など讃岐本土分の二三〇〇石は高松藩松平氏または松山藩松平氏の預り地となっている。

これにたいし**伊予**では寛永二〇年（一六四三）播磨小野藩一柳直次が改易されたとき、同藩の飛地である伊予の宇摩郡一万石と周布郡八九〇〇石の計一万八九〇〇石が上知、幕領となり、松山藩松平氏の預り地とされ、その支配は旧一柳氏時代の川之江の陣屋でおこなわれた。慶安元年（一六四八）では伊予の全幕領が松山藩松平氏預り地として一万八七〇〇石（『伊予国正保郷帳』）となっている。寛文五年（一六六六五）西条藩一柳直興（二万五〇〇〇石）が禁裏造営怠慢、不行跡により改易され、同領は上知、幕領となり松山藩松平氏の預り地となったが、のち幕府の大番組小島孫右衛門正朗が代官となり支配した。同六年宇摩郡のうちで七〇〇石、同一〇年にはおなじく四六〇〇石が代官支配地に移された。しかし同一〇年松平頼純が西条に三万石で入封、立藩したためこれらは消滅した。延宝五年（一六七七）これら宇摩郡、周布郡の幕領一万三五〇〇石は幕府財政補強のため、松山藩預り地から幕府代官の直支配となり、川之江代官がおかれ後藤覚右衛門重貞が任ぜられた。その後元禄一一年（一六九八）には今治藩松平氏領の関東の所領五〇〇〇石を宇摩郡内一八カ村、五〇〇〇石（実高六八〇〇石）の幕領と替地し割いたため、のこりの幕領は川之江、余木、下余、山田井、三角の五カ村、三六〇〇石となっている。元禄八年大洲藩加藤氏の分家で旗本の加藤泰堅は改易となり蔵米一五〇〇石は没収されたが、幕府はこの一五〇〇石分の上知を大洲藩に命じたため同藩は風早郡神崎村一五〇〇石を上知している。元禄一四、一五年ごろ（一七〇一、〇二）では伊予幕領のうち旧松山藩松平氏預り地一万三六〇〇石は笠岡代官遠藤新兵衛信澄支配下に、旧大洲藩領一五〇〇石は畿内代官久下甚右衛門重秀の支配下におかれている。

このほか元禄三年から大坂の泉屋（住友）によって本格的に稼動した別子銅山は川之江代官の支配に入っていた。同山の産銅量は同八年には年産一〇〇万斤、同一〇年には二〇〇万斤、同一一年には二五三万斤に達している。このため銅山経営の安定化のために薪炭と荷物運搬、鉱山積出港確保の必要上、同一六年に宇摩郡津根村など一〇カ村、五〇〇〇石の旗本一柳直増領を播磨へ替地、上知し、翌宝永元年には西条藩（松平氏）領新居浜港と立川銅山の周辺六カ村を宇摩郡内八カ村と替地して計一万八六〇〇石を確保している。同三年にも鉱山の薪炭確保のため、西條藩領のうち山林をふくむ二カ村を津根二カ村と替地している。これらは川之江代官の支配下におかれた。これにより別子や立川銅山から産出した銅は新居浜港から大坂に送られ泉屋（住友）により精錬されている。

しかし中期以降の享保六年（一七二一）には出銅について江戸の幕府勘定所と泉屋（住友）との直接交渉が可能になったため代官の介在（役割）が不要になった。このため川之江代官が廃止されその支配地は松山藩松平氏の預り地となっており、引つづき川之江陣屋で支配した。同一四年では松山藩預り地として別子・立川両銅山をふくめ宇摩、新居郡内一万一一〇〇石となっている、明和二年（一七六五）松山新田藩の松平定静（一万石）が本藩を継承したため同領は上知、幕領とされ、桑村郡五四〇〇石、越智郡四六〇〇石が一時久世代官の支配下になっているが、のち松山本藩にもどされている。また安永九年（一七八〇）には元禄八年以来代官支配となっていた風早郡神崎村一五〇〇石のうち六五〇石を摂津武庫郡内六五〇石と替地し、風早郡神崎村分も七〇〇石として合計一三五〇石を大洲藩加藤氏預り地とし、私領同様の支配を認めている。天保元年（一八三〇）には高松藩松平氏預り地の讃岐幕領の増地分五〇〇〇石も松山藩松平氏預り地とされたため、大洲藩預り地をのぞく四国幕領は松山藩松平氏の預り地として一括支配されることになった。

後期の天保九年（一八三八）の四国地方の幕領は二万六三〇〇石であり、その内訳は、

松山藩預り地（松平勝善）　伊予・讃岐　二万五一〇〇石（讃岐分一万三〇〇〇石）
大州藩預り地（加藤泰幹）　伊予・摂津　一三五〇石

と二大名の預り地となっている。この段階の伊予幕領は一万一八〇〇石、讃岐幕領は一万四〇〇〇石となっている。

幕末の**四国地方**の幕領の動向は、天保一一年には松山藩松平氏預り地のうち讃岐の小豆島、塩飽諸島、直島など一万一〇〇〇石が直支配にもどり倉敷代官支配下に移っている。慶応四年（一八六八）に松山藩松平氏は朝敵と目され、勅命により高知藩山内氏が川之江を侵攻し、伊予幕領は高知藩領となっている。

このほか**土佐**では元禄二年（一六八九）高知藩の山内氏の分家中村藩山内豊明が無嗣断絶により同領二万七〇〇〇石は上知、幕領とされ、高知藩山内氏の預り地とされたが、同九年高知本藩にあたえられ消滅している。

第七章　西国筋の幕府領

西国筋は現在の九州地方で、豊後、豊前、肥前、筑前、筑後、肥後、日向の七カ国に幕領が存在した。

まず豊後では関ケ原後、同国の豊臣旧領および大名の廃絶、転封などによって豊臣旧領を中心に徳川幕領に再編成した。慶長六年（一六〇一）時点では同国の日田、玖珠、大分、速見の四郡で六万石となっている。このうち日田、玖珠二郡の幕領二万八〇〇〇石は、一万石を代官小川喜助と小川又左衛門氏綱の二人が支配したといわれるが、これについては異説もある。のこる日田郡の旧日隈藩領一万八〇〇〇石は同藩より佐伯に転封した毛利高政の預り地となっている。また大分郡一万五〇〇〇石は府内藩竹中重利の預り地、速見郡の一万七二〇〇石は豊前中津藩（のち小倉藩）細川忠興の家老松井康之の預り地となっている。いずれにしろ豊後の幕領は豊臣氏以来の大名預り地形式を基本としている。なお慶長一一年に日田郡幕領のうちから家康の娘（養女）である福岡藩黒田長政室（保科正直女）と佐賀藩鍋島勝茂室（岡部長盛女）に各一〇〇〇石が化粧料として与えられ、同一四年には小倉藩細川忠利室（小笠原秀政女）にも一〇〇〇石が与えられたので、豊後幕領ののこりは五万七〇〇〇石となっている。その後元和二年（一六一六）

譜代大名の石川忠総が日田に日田、玖珠、速見郡内六万石で封ぜられると、これらの幕領の多くが同藩領となったが松井氏預り地はのこり、同八年では一万四四〇〇石であった。その後大名領や旗本領に割かれたが、のこりは寛永九年（一六三二）細川氏の熊本転出により、のちに日田の永山布政所支配下となっている。

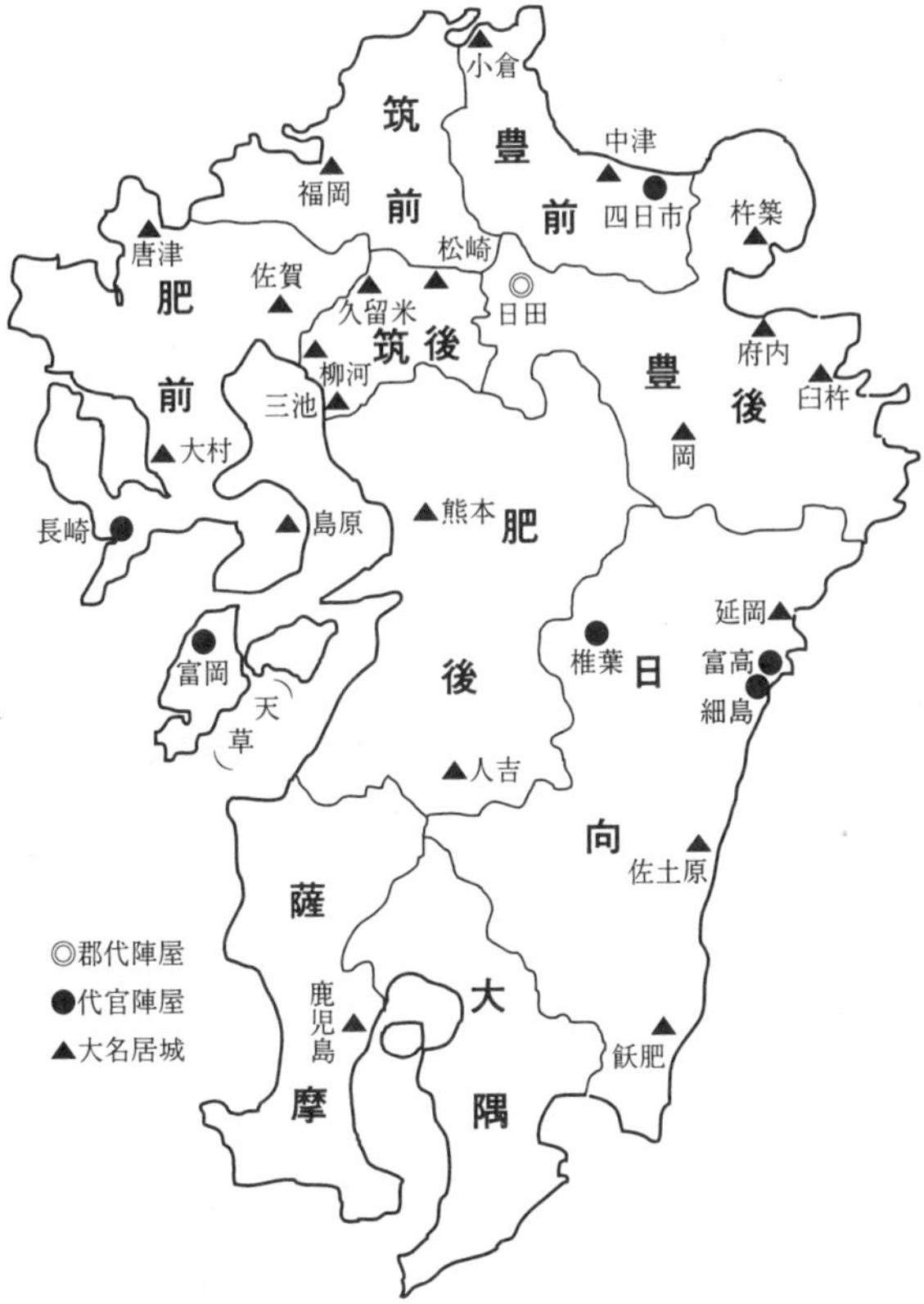

西国筋

しかし日田藩の石川氏が寛永一〇年転出すると、同領は再び幕領となっている。この支配は日田、玖珠両郡の幕領のうち旧毛利高政の預り地一万八〇〇〇石が杵築藩小笠原忠知の預り地に、旧代官小川喜助と小川又左衛門氏綱の支配地一万石が中津藩小笠原長俊の預り地となり、速見郡一万七〇〇〇石は亀川藩松平忠昭の預り地になっている。また同一一年府内藩竹中重義（二万石）が改易されると、同藩預り地大分郡の一万五〇〇〇石は府内に同年入封した日根野吉明の預り地となった。なお松平忠昭は翌一二年に中津留、同一九年に高松へ藩庁を移しているが預り地はそのままであった。

寛永一六年になると島原の乱を契機に九州の大名領および幕領は再編成され、豊後でも大名の預り地となっていた日田、玖珠両郡の幕領は代官の直支配になり、小川藤左衛門正長（正慶）と小川九左衛門氏行（政重）の二人が江戸から派遣されて相代官支配にあたっている。

彼らは日田に永山布政所をおき、ここを拠点に六万石の支配にあたっている。正保二年（一六四五）豊後高田藩松平英親が同国の杵築に移ると、高田藩領三万七〇〇〇石のうち、豊後分（国東部）二万一〇〇〇石は幕領とされ、杵築藩松平氏は一万六六〇〇石、中津藩小笠原氏は三五〇〇石を預り地とされた。のこりの豊前分は一万六〇〇〇石であった。

正保四年（一六四七）の幕領は六万三九〇〇石（『豊後国正保郷帳』）であり、内訳は、

小川九左衛門氏行（永山布政所） 小川藤左衛門正長	豊後	四万一八〇〇石
杵築藩預り地（松平英親）	豊後	一万六六〇〇石
中津藩預り地（小笠原長次）	豊後	三五〇〇石
佐伯藩預り地（毛利高直）	豊後	二〇〇〇石

と二代官と三大名の預り地とからなっている。その後慶安三年（一六五〇）府内藩にお預けとなっていた先の福井藩主松平忠直（一伯）が死去すると、忠直にあたえられていた堪忍分大分郡津守領（萩原）五〇〇〇石（実高四四〇〇石）が上知され、日田の永山布政所の支配下におかれた。明暦二年（一六五六）府内藩日根野吉明が無嗣断絶により改易され、同領二万石が上知、幕領とされると、万治元年（一六五八）に高松に高松布政所をおき小川藤左衛門正久が支配した。

このための豊後幕領は日田のうちの永山、高松両布政所（以後略して永山代官、高松代官と呼ぶ）が三万五〇〇〇石ずつ支配することになった。その後豊後幕領七万石は寛文四年（一六六四）に代官所の手代、庄屋と百姓たちとの争論がおき強訴にまで及んだため、小川両代官は罷免されてしまい熊本藩細川氏預り地とされたが、翌六年直支配にもどり、再び永山（代官山田清左衛門利信）と高松（代官竹内三郎兵衛信就）両代官がおかれ、おのおの三万五〇〇〇石ずつ支配している。同一〇年からは山田代官一人となり、永山から高松に移って永山代官も兼任した。

永山代官はのち日田代官の中心となったが、同代官支配地は天和二年から貞享三年（一六八二～八六）のあいだは日田藩松平直矩領（七万石）とされ、大半が同藩領に組み込まれたが、金山付村々（小野筋一〇カ村）は幕領としてのこり天草代官支配下となった。貞享三年から直支配にもどり永山（代官小川藤左衛門正久）と高松（小野長左衛門正好）両代官が三たびおかれ、おのおの三万五〇〇〇石ずつ支配し、以後幕末まで幕領としてつづいている。元禄元年（一六八八）には三田次郎右衛門守良が高松代官兼任の日田代官（以後永山代官を日田代官と表記する）となり六万二〇〇〇石を支配し、同五年では日田代官小長谷勘左衛門正綱（高松代官兼任）が七万石、天草（富岡）代官今井九右衛門兼直が先の小野筋村々を中心に豊後で一万六八〇〇石を支配した。同一〇年の幕領は高松代官小長谷正綱七万八〇〇〇石、日田代官室七郎左衛門重富六万五〇〇〇石、天草代官今井兼直一万六六〇〇石の計一四万六四〇〇石となっているが、翌年には日田代官室重富が高松代官と天草代官の支配地も兼任し九万石を支配した。このほか同一三年には豊前四日市代官岡田庄大夫俊陳も高は不明だが豊後の一部を支配している。

豊前では正保二年（一六四五）豊後高田藩松平英親が豊後杵築へ転出すると、その領地三万七〇〇〇石のうち豊前分一万六〇〇〇石は上知され、このうち下毛郡など二二〇〇石が杵築藩預り地となり、宇佐郡一万三八〇〇石が中津藩小笠原氏の預り地となった。杵築藩は豊後でも一万六六〇〇石を預り地としており、両国合わせて一万八八〇〇石が杵築藩預り地となった。また中津藩は豊後においても三五〇〇石を預り地としており、両国あわせ一万七三〇〇石となっている。さらに寛文八年（一六六八）中津藩には豊後で一万四〇〇石（旧高田藩領）が預けられ合計一万七八〇〇石となっている。翌九年これらのうち宇佐郡一万三八〇〇石は島原藩（松平氏）領となった（ほかに豊後国東郡の幕領一万四〇〇〇石）。元禄一一年（一六九八）中津藩小笠原長胤（八万石）は不行跡により没収され、長円に半知の四万石（実高五万一〇〇〇石）があたえられた。このためのこり四万石は上知、幕領となったが、実高は宇佐郡三万二〇〇〇石、下毛郡二万一〇〇〇石の五万三〇〇〇石であり、宇佐郡四日市に陣屋がおかれ代官岡田庄大夫俊陳が支配し

長崎奉行所

た。

肥前と筑前においては、まず肥前の幕領からみると、長崎（内町）とその周辺の家野、外目、西村、北村、陌別当（木場村）等五カ村一八九八石が慶長五年以降大村氏の支配下から幕府の直轄下に入っている。さらに同一〇年（一六〇五）幕府は大村藩より長崎新町（外町）も上知、支配下においたが、その替地として同藩に先の家野村以下五カ村を返還している。長崎の支配ははじめは唐津藩主寺沢広高が長崎奉行的存在の代官として支配にあたったが、同八年幕府成立とともに小笠原一庵（為宗）が代官として派遣され、ついで長谷川羽（波）左衛門重吉（治）、慶長一一年七月から重吉（治）の弟の長谷川左兵衛藤広が任命された。長谷川藤広は豪商出身であり、家康の側近として長崎貿易に活躍し長崎奉行的地位にあった。慶長一九年からは堺奉行を兼任し、さらに元和元年（一六一五）閏六月からは、小豆島の代官を兼ねているが、同三年一〇月に死去した。そのあとを継いだのは藤広の甥の権八藤正であり、寛永三年までその任にあった。なお藤正の長崎奉行就任を慶長一九年とする説もあるが（『国史大辞典』一一巻、武野要子氏執筆）、一応元和三年としておく。代官としては秀吉以来の長崎代官で豪商の村山等安が関ケ原後も徳川代官として勤め、長崎の村方の支配にあたっていたが、元和五年（一六二〇）幕府のキリシタン弾圧により、等安も江戸で斬罪に処せられた。かわって元和五年から博多出身の豪商末次平蔵政直が任命され、以後延宝四年（一六七六）に密貿易に連座して失脚するまで、茂貞、茂房、茂朝の四代にわたり世襲している。

近世初期の長崎代官も長崎奉行同様、豪商代官が多く、長崎でのオランダ貿易や朱印船貿易に関与し、大きな財をなしていた。その一方でキリシタン政策にも深く関与しており、村山等安や末吉政直は熱心なキリシタンであったが、家康のキリシタン弾圧の下で、等安は棄教せず処断され、政直は棄教して等安の追い落しを図って後任の代官に就いたのである。

長崎代官の支配地は長崎の内町、外町と隣接の長崎村、浦上村などであり、近世初期の支配高は不明であるが、元禄初年の高は外町が八三四石余（この地子銀五〇貫文）、長崎村と浦上村（のち浦上村は上分＜浦上山里＞と下分＜浦上淵＞に分かれ、この三カ村を郷三村と呼んだ）があわせて二六〇〇石余、内町は地子銀免除であったので合計三四三五石余であった。これに対し長崎周辺の彼杵、高来両郡にわたる川原、山里等二三カ村、三五七六石（「正保肥前国絵図」）の幕領は長崎代官末吉平蔵政直の支配地となっていた。これらをあわせて長崎周辺で七〇〇〇石が幕領であった。その後支配地は変化し茂木、川原、野母、高浜、樺島、日見、西古賀など七カ村、四〇〇〇石余の幕領は島原藩高力氏の預り地となった。

寛文九年（一六六九）に島原藩預り地が高力氏の失脚により末次代官の支配地となったため、支配地合計は七七〇〇石余（彼杵郡五九〇〇石、高来郡一八〇〇石）となり、その地子銀や年貢をもって幕府御用物の調達、奉行所諸経費や与力、同心の扶持米にあてていたという。しかし延宝四年（一六七六）末次平蔵茂朝は密貿易に連座したため改易となり、長崎代官は廃止され、その支配地のうち長崎外町、長崎郷三カ村、三四三五石余は長崎奉行支配地となったが、実質的には長崎町年寄が代官を代行した。また彼杵、高来両郡内七カ村、四〇〇〇石余は再び島原藩松平氏の預り地とされた。

このほか肥前では慶長一九年（一六一四）島原藩有馬直純（四万石）が転出すると、同領は上知、幕領となったが、元和二年（一六一六）松倉重政（四万石）の入封により組み込まれ消滅している。さらに寛永一一年（一六三四）、対馬厳原藩（宗氏）において家老柳川豊前調興が失脚した柳川事件のため、厳原藩の肥前の領知（田代領）のうち、柳川氏の知行分、基肄郡園部村一〇〇〇石が没収、上知され幕領となった。この支配は幕府勘定頭伊奈半十郎忠治らの命により長崎代官末次平蔵茂貞があたった。延宝四年（一六七六）、前述のように末次氏が失脚すると、同村は天草代官の支配下となったが、正徳元年（一七一一）朝鮮通信使招聘の功により厳原藩に返された（慶長検地により一五六五石）。正保四年（一六四七）には唐津藩寺沢堅高が無嗣断絶すると、同領である松浦郡内六万三〇〇〇石と筑前怡土郡内二万石の合計八万三〇〇〇石が上知され、肥前分と筑前分とが一括して幕領となり天草代官鈴木三郎九郎重成が支配した。その後慶安二年（一六四九）唐津に大久保忠職が八万三〇〇〇石で入封すると、肥前、筑前の幕領はすべて同藩領に組み込まれ消滅した。延宝六年（一六七八）かわって松平乗久が七万三〇〇〇石で入封すると、筑前怡土郡の内一万石が上知、幕領となり、のこり一万八七〇〇石は再び天草代官小川藤左衛門正辰の支配下に入った。元禄四年（一六九一）唐津に土井利益が七万石で入封すると、筑前怡土郡の土井氏領より五四〇〇石が上知、幕領とされて二万四一〇〇石となり、引きつづき天草代官今井九右衛門兼直の支配下となっている。

筑後では貞享二年（一六八五）久留米藩有馬氏の分家松崎藩有馬豊祐が無嗣断絶すると同領一万石は上知、幕領とされ久留米藩の預り地とされたが、元禄一〇年（一六九七）同領は久留米藩へ加増されている。

文化二年（一八〇五）三池藩立花種周（一万石、若年寄）は取締不行届として蟄居とされ、あとを継いだ種善は陸奥下手渡へ転封されたため、同領は上知、幕領とされ、本藩の柳川藩立花氏の預り地となった。嘉永三年（一八五七）種恭は三池に五〇〇〇石を替地され、陣屋をおいたため、のこりの幕領は五〇〇〇石となった（明治元年、立花氏は藩庁を三池に移す）。

日向では関ヶ原後島津藩の分家島津豊久の佐土原領二万八〇〇〇石が上知、幕領とされ、庄田三大夫安信が同城の城番と同領を代官として支配にあたっているが、慶長八年（一六〇三）島津以久が封ぜられると消滅した（佐土原藩）。ついで元和五年（一六一九）椎葉山八四カ村が幕領とされ、その支配は阿蘇神宮神官の預り地とされたが、明暦二年（一六五六）からは人吉藩相良氏の預り地とされた。椎葉山八四カ村は元来生産性が低いため無年貢地とされ、小物成、茶、鉄砲役だけが賦課されていたが、延享三年（一七四六）検地により三一石余が、文政一一年（一八二八）からは焼畑見取地五四一石が加わり計五九〇石の年貢が賦課された（大山敷太郎『幕末財政金融史論』）。正保二年（一六四五）には延岡藩有馬氏の分家で旗本の有馬純政が改易され、同領諸県郡のうち本庄領三〇〇〇石が上知、幕領とされ延岡藩預り地とされたが、元禄五年（一六九二）以降代官の直支配となり、天草代官今井九右衛門兼直の支配下に入り、本庄に出張陣屋がおかれた。同二年飫肥藩伊東氏の分家で旗本の伊東祐賢が那珂郡のうち三〇〇〇石を上知、幕領とされ、かわりに三〇〇〇俵が給された。同五年延岡藩有馬清純（六万六〇〇〇石）は山陰一揆の責任を問われ転出し、かわって三浦明敬が二万三〇〇〇石（実高三万二七〇〇〇石）で入封すると、その差二万七〇〇〇石が上知、幕領となり、高松代官小長谷勘左衛門正綱（日田代官兼任）の支配となり細島陣屋で支配されたが、同一一年日田幕領はすべて天草代官今井兼直の支配下におかれた。このため今井代官の支配地は豊前、豊後、日向の一〇万石となった。

肥後では寛永一五年（一六三八）島原の乱の責任を問われ唐津藩寺沢氏が天草の所領四万二〇〇〇石を没収され、かわって山崎家治が四万石で天草富岡に入封したが、同一八年転出すると同領は上知、幕領となり、畿内代官鈴木三郎九郎重成が富岡に陣屋をおき天草代官を兼任して支配にあたり、その子伊兵衛重辰の寛文一〇年（一六七〇）にいたるまで二代にわたり島原の乱で荒廃した農村の復興にあたっている。とくに重辰は天草の実高は表高四万石に対し半分ぐらいしかないことをみて、万治二年（一六五九）惣検地をおこない二万一〇〇〇石と半減させている。以後天草幕領は寛文四から一一年まで（一六六四～七一）の七年間戸田忠昌の入封により富岡藩領となったほかは一貫して幕領であった。寛文一二年（一六七二）天草領のうち一三〇〇〇石が島原藩松平氏の預り地になり、延宝三年（一六七五）にも一三〇〇〇石を預けられて合計二六〇〇〇石となったが、元禄元年（一六八八）に天草代官の直支配にもどり、服部六左衛門正久の支配下となっている。

その後西国筋の幕領は元禄一四、一五年（一七〇一、〇二）ごろでは二四万八〇〇〇石であり、内訳は、

竹村惣左衛門嘉躬（天草代官）	肥後・肥前・筑前・日向	一〇万二六〇〇石（筑前分一万石）
室七郎左衛門重富（日田代官）	豊後・豊前	八万八七〇〇石（豊後分七万八七〇〇石）
岡田庄大夫俊陳（四日市代官）	豊前	五万三三〇〇石
長崎奉行支配地（丹羽長守）	肥前	三四〇〇石

となっており、三代官と一奉行とで支配されている。この段階では天草代官が肥前、筑前、日向の幕領まで支配しており、日田代官より支配地が多くなっているのは竹村の方が代官として格が上であったからと思われる。またこの時期長崎代官はおかれず長崎奉行が兼帯していたのである。

その後の各国の動向をみると、**豊後**では宝永七年（一七一〇）森藩久留島氏の分家で旗本の久留島通重が本家の継嗣になるに及びその所領五〇〇〇石が上知、幕領とされ森藩の預り地となった（正徳五年まで）。正徳二年（一七一二）には日向延岡藩に牧野成央が八万石で入封すると豊後幕領から二万石（のち三万二

〇〇〇石）が割かれている。同四年南条金左衛門則明は高松代官となり日田代官を兼任し、八万石を支配し、豊前分一万石を天草代官へ移している。享保元年（一七一六）中津藩小笠原長邕（四万石）が夭逝し断絶、上知されると、このうち二万二一〇〇石がかわって入封した奥平昌成（一〇万石）に割かれ、のこり一万五〇〇〇石が日田代官（高松代官兼任）の支配下におかれ同代官支配地は八万石となった。翌二年日田代官池田喜八郎季隆のときには豊後のほか、豊前、筑前、日向の四カ国、一〇万石を支配しており、以後日田代官は西国筋幕領を統括する地位に立った。同九年の増田太兵衛永政（道修）のときは四カ国で一二万三九〇〇石となっている。

豊前では正徳三年（一七一三）にこのうち二万石が日田代官室重富、のこり三万三〇〇〇石が天草代官竹村嘉躬の各支配下に入り、さらに翌四年には天草代官の支配地は日田代官の支配地となり、日田代官が全領支配することになり四日市代官は廃止された。その後享保元年（一七一六）前述のように中津藩小笠原長邕が断絶したため同領四万石（実高五万一〇〇〇石）も上知され、ふたたび四日市代官がおかれその支配下となった。しかし翌二年中津に奥平昌成が一〇万石（実高一一万四六〇〇石）で入封すると四日市代官支配地からも二万二一〇〇石が割かれ、のこり二万八九〇〇石は日田代官池田季隆の支配下におかれ四日市はその出張陣屋となった。

筑前では享保二年（一七一七）に中津藩奥平氏に一万石（実高一万七九〇〇石）を加増し、これを筑前怡土郡幕領から割いたため筑前幕領はのこりが六二〇〇石となり日田代官（室重富）支配となっている。

しかし同八年旗本松平影乗が断絶すると同領肥前松浦郡内三〇〇〇石が上知、幕領とされると合計九二〇〇石となり引きつづき日田代官支配となった。

肥後では正徳四年（一七一四）に天草は日田代官室重富の支配下になり、富岡陣屋は出張陣屋となった。これ以後天草には専任の代官はおかれなくなった。享保五年（一七二〇）には肥後天草全領と肥前の一部（二六〇〇石）の計二万三〇〇〇石が島原藩松平氏の預り地となっており、天草の富岡出張陣屋は廃止されている（明和五年再置）。

日向では正徳二年（一七一二）延岡に牧野成央が八万石で入封すると日向幕領からも一部が割かれている。享保五年天草の富岡出張陣屋支配下にあった日向幕領は日田代官（高松代官兼任）池田喜八郎季隆の支配下に入り、引きつづき細島陣屋で支配した。

中期の西国筋の幕領は享保一四年（一七二九）では一五万一七〇〇石であり、その内訳は、

増田太兵衛永政（日田代官）	豊後・日向・豊前・筑前	一二万三九〇〇石
島原藩預り地（松平忠雄）	肥後・肥前	二万四四〇〇石
長崎奉行支配地（細井安明）	肥前	三四〇〇石

と一奉行、一代官、一大名預り地からなっている。日田代官の支配地のうち豊後分は六万九〇〇〇石、豊前分は宇佐郡三万二二〇〇石、筑前分は怡土郡六二〇〇石、日向分は一万六五〇〇石である。島原藩預り地のうち肥前分は三〇〇〇石で、肥後天草分は二万一四〇〇石である。したがってこの段階では豊後六万

九〇〇〇石、日向一万六五〇〇石、豊前三万二二〇〇石、筑前六二〇〇石、肥後二万一四〇〇石、肥前六四〇〇〇石である。

その後の各国の動向をみると、**豊後**では享保一九年（一七三四）日田代官（高松代官兼任）に岡田庄大夫俊惟が就き、その支配地は豊後、豊前、筑前、日向四カ国で一二万三九〇〇石と先代の各国高と同額となっている。その後寛保二年（一七四二）延岡藩牧野貞通が京都所司代になり、領地のうち豊後分三万二〇〇〇石を畿内へ替地したため上知され、再び幕領となり、小倉藩小笠原氏の預り地とされた。しかし延享四年（一七四七）延岡に内藤政樹が七万石で入封すると、先の同藩預り地は同藩領と幕領とになり、この時点の岡田俊惟の支配地は四カ国で一三万七六〇〇石となっている。そして明和四年（一七六七）日田代官揖斐十大夫政俊が郡代に昇格して郡代役所がおかれ、名称も西国郡代と呼ばれ西国筋幕領支配の中心となった。同時に彼は島原藩戸田氏預り地、豊前宇佐郡一万石も増地として預けられ、合計一五万石を支配した。揖斐氏は以後寛政五年（一七九三）造酒助政恒が二代目富次郎〓俊の背任を追求され改易となるまで、政俊、〓俊、政喬、政恒と四代、三五年にわたり郡代であった。とくに政俊の代の明和五年から天明三年（一七六八〜八三）までは明和五年に島原藩戸田氏の預り地肥前、肥後（天草）二万四三〇〇石が直支配にもどされたこともあり、豊後七万八〇〇〇石、豊前三万二三〇〇石、日向二万六八〇〇石、筑前（怡土郡）一万九〇〇〇石、肥前（松浦郡）九一〇〇石の支配地約一五万石のほかに肥後天草代官も兼帯し、同領二万三二〇〇石を当分預り地としたため総計は約一七万一〇〇〇石を支配し、西国筋の幕領のうち長崎代官支配地（高木氏、七〇〇〇石）をのぞく九州の全幕領を支配してピークに達している。その後の西国郡代の支配地はおよそ一一万石から一三万であるから、いかに多いかがわかる。天明三年には肥後天草二万三二〇〇石が再び島原藩松平氏の預り地とされている。

この後寛政元年（一七八九）日田代官の出張陣屋の高松陣屋は高松代官として独立し、同領一万三六〇〇石の支配は代官菅谷嘉平治長昌、浅岡彦四郎直澄らとつづいた。寛政五年揖斐氏改易後、西国郡代は廃止され同年日田代官に羽倉権九郎秘救が就任したが、その支配地は七万石であり、のこりの旧西国郡代支配地のうち豊後と日向、肥前（松浦郡）、筑前（怡土郡）などは高松代官荻原弥五兵衛友標の支配地となり六万石を支配している。しかし同一一年高松代官支配地のうち最初からの豊後一万三六〇〇石は島原藩松平氏の預り地とされたため、島原藩松平氏の預り地は三万七〇〇〇石になっている。このとき日向をはじめのこりの高松代官支配地は日田代官支配に移され高松代官は廃止された。このため羽倉代官の支配地は約一一万六〇〇〇石となったため、文化三年（一八〇六）西国郡代が再びおかれ羽倉秘救が昇格した。以後西国郡代は日田代官のうち功績および支配地の大きい者が昇進したが必ずしも全員ではなかった。同九年にはさきの島原藩松平氏預り地肥後天草二万三二〇〇石が長崎代官高木氏の支配にもどされたため、同藩の預り地は豊後一万三六〇〇石になっている。同一三年、郡代塩谷大四郎正義のときには豊後、豊前、日向三カ国で一〇万石を支配したが、のちには肥前松浦郡、筑前怡土郡、肥後天草も支配しピーク時には合計一六万石となっている。もっともこの間文政三年（一八二〇）と天保二年（一八三一）の二回にわたり肥前松浦郡の幕領は唐津藩の預り地となる一方、翌三年には肥後天草、四年には筑前怡土郡の幕領が長崎代官高木氏の支配になるなど変動もあった。彼はまた各支配地内の新田開発を積極的におこなって年貢増収に努めるなど郡代として功績を上げている。

天保八年には寺西蔵太元栄（封元子）が郡代として入り、塩谷正義郡代時代の支配地をほぼ継承している。

肥前長崎では元文四年（一七三九）に長崎代官が再置され、長崎町年寄の高木作右衛門忠与が任ぜられ、以後長崎代官は高木氏が世襲した。高木忠与の支配地ははじめは肥前長崎郷三カ村三四〇〇石であった。明和三年（一七六六）には先に島原藩の預り地となっていた彼杵、高来両郡内七カ村、四〇〇〇石余の幕領が長崎代官高木作右衛門忠興（忠与子）の支配地となり、長崎代官の支配地は従来の長崎郷三カ村にあわせ一〇カ村、七四〇〇石余となった。ついで子の作右衛門忠任の代には寛政一一年（一七九九）に松浦郡内の幕領一万石、さらに文化九年（一八一二）には肥後天草郡二万三二〇〇石、同一三年には日向のうち七〇〇〇石、文政一一年（一八二八）には日向にかえて肥前のうちで七〇〇〇石を支配するなど、忠任の代には六万七〇〇〇石余を支配している。

天保三年に忠任のあとを継いだ作右衛門忠篤も長崎領七〇〇〇石に加え肥後天草郡二万三二〇〇石（高改めによる）を支配し、翌四年には筑前怡土郡内四〇〇〇石、同六年には肥前のうちで一万石を増やし、合計四万四二〇〇石を支配している。しかし弘化三年（一八四六）忠篤は天草でおこった勘定所御用達石本静馬事件により代官を罷免され、高木氏の代官職は終っている。長崎郷三村（慶応三年高四四八八石余）は日田代官支配となっている。そのほか**肥前**と**筑前**では宝暦一一年（一七六一）中津藩奥平氏領筑前怡土郡内三三〇〇石が替地により上知、幕領となり、合計九四〇〇石が引きつづき日田代官の支配となっている。その後同一三年に唐津に土井氏（七万石）にかわって水野氏が六万石で入封すると、その差筑前怡土郡と肥前松浦郡のうち一万石が上知、幕領とされ、日田代官の支配下に入り、寛政年間以降は長崎代官高木氏、さらに日田代官が支配にあたった。ついで文化一四年（一八一七）水野氏にかわって小笠原氏が六万石で入封すると、表高は水野氏とかわらないものの実高が多かったため肥前松浦郡一万石が上知、幕領とされるなど、筑前怡土郡および肥前松浦郡には再び幕領がおかれたが、このうち怡土郡一万石（実高一万六〇〇〇石）は唐津藩小笠原氏の預り地とされた。文政元年（一八一八）幕府は対馬厳原藩宗氏の朝鮮通信使応接の功績および費用弁償として同藩にたいし、筑前怡土郡のうち六七〇〇石、肥前松浦郡のうち九二〇〇石の合計一万五九〇〇石（ほかに下野のうち四二〇〇石）をあたえ幕領から割いている。このため筑前怡土郡幕領は四四〇〇石（唐津藩小笠原氏預り地）となっている。天保二年（一八三一）以降これらの幕領は順次唐津藩の預り地となっていったが、唐津藩預り地は虹の松原一揆の騒動により、同一〇年には直支配にもどり日田代官支配下に入っている。慶応四年（一八六八）では七〇〇〇石であった。

肥後では肥前と肥後天草の幕領が前述のように明和五年（一七六八）島原藩戸田氏の預り地から西国郡代揖斐十大夫政俊の支配下に入ったが、天明三年（一七八三）に天草二万三二〇〇石がふたたび島原藩松平氏の預り地とされている。そして文化一〇年（一八一三）にいたり直支配にもどり長崎代官高木作右衛門忠任の支配下とされている。

日向では元文二年（一七三七）日向幕領支配の中心西国郡代の細島出張陣屋が富高に移されている。寛保二年（一七四二）には延岡藩牧野氏の日向所領のうち三万石を畿内へ替地したため、再び日田代官の支配下に入り富高陣屋で支配されている。延享四年（一七四七）延岡に内藤政樹が七万石で入封すると幕領は二万七〇〇〇石となり富高陣屋支配となっている。寛政五年（一七九三）日田郡代揖斐造酒助政恒が改易されると幕領は高松代官の支配下になり、羽倉権九郎秘救が代官となったが、同一二年羽倉は日田に陣屋を移すと高松代官は廃止され同領もその支配下に入った。羽倉は文化三年（一八〇六）西国郡代になっている。その後日向児湯郡の幕領は文化一四年から文政一一年まで（一八一七～二八）のあいだ長崎代官高木忠任の支配地となっている。

後期の西国筋幕領を天保九年（一八三八）でみると二〇万三一〇〇石であり、その内訳は、

寺西蔵太元栄（西国郡代）	豊後・豊前・日向・筑前	一一万七五〇〇石
高木作右衛門忠篤（長崎代官）	肥前・肥後・筑前	三万六七〇〇石
島原藩預り地（松平忠侯）	豊後	一万四五〇〇石
柳河藩預り地（立花鑑備）	筑後	一万四八〇〇石
唐津藩預り地（小笠原長和）	肥前	一万六九〇〇石

佐伯藩預り地(毛利高泰)　豊後　二一〇〇石
人吉藩預り地(相良頼之)　日向　五九〇石

と二代官、五大名の預り地となっている。このうち柳河藩預り地は前述の文化二年（一八〇五）三池藩立花種善が陸奥へ転出した後、筑後の所領一万石（実高一万四八〇〇石）が上知、幕領とされ本家の柳河藩預り地とされたものであるが、その後嘉永三年（一八五七）に、このうち五〇〇〇石が立花種恭に陸奥から替地されもどされている（のこりの幕領は九四〇〇石）。唐津藩預り地は前述のように小笠原氏が天保一〇年におきた虹の松原一揆の責任をとらされ領地の一部松浦郡内一万石（実高一万六九〇〇石）を没収され、西国郡代支配下とされた分である。人吉藩預り地は日向臼杵郡椎葉山を中心とした幕領である。佐伯藩預り地は旧西国郡代の支配地の一部海部郡の幕領で願い出により近接大名のため預けられたものである。長崎代官の支配地は、天保二年に高木忠篤が代官を継ぎ長崎領七〇〇〇石を支配したが、翌三年肥後天草二万三二〇〇〇石を、同四年に筑前怡土郡内四〇〇〇石を、同六年に肥前松浦郡内二五〇〇石を順次支配して三万六七〇〇石になったもので、筑前怡土郡は唐津藩小笠原氏預り地よりもどし、天草は西国郡代領から移したものである。

西国郡代は豊前幕領は四日市、日向幕領は富高の各出張陣屋で支配した。また長崎代官の天草支配は富岡出張陣屋で支配した。

幕末の西国筋各国の動向をみると、弘化四年（一八四七）**肥後**天草は長崎代官支配から再び西国郡代の当分預り地となり、さらに肥前、筑前の幕領もその支配下となり、嘉永元年（一八四八）の西国郡代池田季秀の支配地は一〇万四九〇〇石と当分預り地六万石とで豊後、豊前、日向、肥前、肥後、筑前の六カ国、合計一六万五〇〇〇石であった。

万延元年（一八六〇）の幕領は一九万六三〇〇石で、その内訳は、

池田岩之丞季秀（西国郡代）	豊後・豊前・筑前・日向・肥前・肥後	一六万五〇〇〇石（当分預り地・別廉当分預り地含）
高木作右衛門忠温（長崎代官）	肥前	七四〇〇石
島原藩預り地（松平忠愛）	豊後	一万一三〇〇石
柳河藩預り地（立花鑑寛）	筑後	九八〇〇石
佐伯藩預り地（毛利高謙）	豊後	二一〇〇石
人吉藩預り地（相良頼基）	日向	五九〇石

と二代官、四大名の預り地となっており、天保九年段階と比べると高木氏支配と柳河藩預り地が減少し、唐津藩預り地が消滅している。また西国郡代が全体の八四パーセントを占めている。文久元年（一八六一）池田季秀が死去すると、長崎代官高木忠温が郡代支配地を慶応二年（一八六六）まで臨時に支配した。慶応二年（一八六六）西国郡代となった窪田治部右衛門鎮勝の支配地は、豊前二万九七〇〇石、豊後二万九〇〇〇石、筑前（怡土郡）二万石、肥前（松浦郡）四万六五〇〇石、肥後（天草）二万石、日向一万九八〇〇石と六カ国で一六万四二〇〇石となっている。これらの支配のため日田のほかに日向富高、肥前天草

富岡、豊前四日市に出張陣屋をおいていた。このため長崎代官高木忠温の支配地は長崎領七〇〇〇石のみとなっている（元治元年より松浦郡のうち一〇〇〇石を加え八〇〇〇石）。このほか大名預り地は天保九年と同様島原藩松平氏預り地が豊後一万四〇〇〇石、柳河藩立花氏預り地が筑後九〇〇〇石、佐伯藩毛利氏預り地が豊後二一〇〇石、人吉藩相良氏預り地が日向五九〇石の二万五七〇〇石弱があり。合計一九万六九〇〇石となっている。

慶応三年に窪田鎮勝は、郡代陣屋の経費節減と大名支配による年貢増収、さらに幕領の治安維持のため、遠隔地にある郡代支配地を大名預り地として大名の支配に委ねることを幕府に建白して許されたため、従来の人吉、佐伯、島原藩の預り地のほかに日向富高陣屋支配の日向幕領のうち六〇〇〇石を延岡藩内藤氏の、おなじく日向幕領のうち八八〇〇石を高鍋藩秋月氏の、おなじく日向幕領のうち八九〇〇石を飫肥藩伊東氏のおのおの預り地とした。さらに肥前松浦郡の幕領は従来の分もふくめ島原藩松平氏に一万五〇〇〇石を、豊前四日市陣屋支配の幕領二万二〇〇〇石は久留米藩有馬氏の、日田陣屋支配の豊後直入郡など四郡の幕領二万二〇〇〇石は熊本藩細川氏のおのおの預り地としている。

慶応三年一二月大政奉還をうけて、西国郡代窪田鎮勝は地陣原に篭城しての抗戦を覚悟していたが、日田の広瀬青村（淡窓子）の説得によって翌四年正月日田から姿を消したという。同四年豊前宇佐郡佐田村の庄屋佐田内記兵衛らは長州軍脱走兵らと四日市陣屋を襲い占拠したが、長州軍に攻められて陥落し同領は萩藩預り地となった（御許山騒動）。

明治元年（一八六八）陸奥下手渡藩立花種恭は居所を再び筑後三池へ移したため、柳河藩立花氏預り地がこれにあてられたので同藩預り地は消滅している。この三池藩の所領は三池郡内五〇七〇石、陸奥伊達郡六九二〇石の合計一万二〇〇〇石弱であった。

参考文献

【著書・論文】

安藤　博『復刻徳川幕府県治要略』柏書房　一九六六
小野　清『史料徳川幕府の制度』人物往来社　一九六八
児玉幸多・北島正元監修『藩史総覧』新人物往来社　一九七七
村上　直『天領』人物往来社　一九六五
村上　直『江戸幕府郡代代官史料集』近藤出版社　一九八一
村上　直「江戸幕府直轄領の地域的分布について」(法政史学二五)　一九七三
村上　直他編『江戸幕府石見銀山史料』雄山閣　一九七八
村上　直『江戸幕府の代官群像』同成社　一九九七
荒川秀俊・村上直『江戸幕府代官史料――県令集覧』吉川弘文館　一九七五
和泉清司『伊奈忠次文書集成』文献出版　一九七五
和泉清司『徳川幕府成立過程の基礎的研究』文献出版　一九九五
和泉清司『江戸幕府代官頭文書集成』文献出版　一九九九
和泉清司『幕府の地域支配と代官』同成社　二〇〇一
和泉清司『近世前期郷村高と領主の基礎的研究』岩田書院　二〇〇八
西澤敦男『幕領陣屋と代官支配』岩田書院　一九九八

西澤敦男『江戸幕府代官履歴辞典』岩田書院　二〇〇一
本間勝喜『出羽幕領支配の研究』文献出版　一九九二
本間勝喜『出羽天領の代官』同成社　二〇〇〇
藤野　保「天領と支配形態」(『論集幕藩体制史』四巻所収)　雄山閣　一九九一
佐藤孝之『近世前期の幕領支配と村落』巌南堂書店　一九九〇
大石　学『享保改革の地域政策』吉川弘文館　一九九三
本間清利『増補新版　関東郡代』埼玉新聞社　一九八三
田中圭一『天領佐渡』刀水書房　一九八七
鎌田道隆『近世都市　京都』角川書店　一九七六
金沢春友『寺西代官治績集』常豊郷土史刊行会　一九三〇
杉本　勲『九州天領の研究』吉川弘文館　一九七六
太田虎一『生野史』生野町役場　一九七七
仲田正之『韮山代官江川氏の研究』吉川弘文館　一九九八
服藤弘司『大名預所の研究』創文社　一九八一
関根省治『近世初期幕領支配の研究』雄山閣　一九九〇
大宮守友『奈良奉行所記録』清文堂　一九九五
高木昭作『幕藩制国家の研究』岩波書店　一九九〇
川上文書(『佐渡相川の研究』所収)
朝尾直弘『近世封建社会の基礎構造』御茶の水書房　一九六七

藪田 貫「『摂河支配国』論」（脇田修『近世大坂地域の史的研究』所収）御茶の水書房 一九八〇
安藤正人「幕藩制国家初期の『公儀御領』」（『歴史学研究一九八一年度大会特集号』所収） 一九八一

【史料・その他】

『徳川実紀』、『柳営補任』、『当代記』、『幕府日記』、『新北海道史』通説一、『山形県史』近世編上・下、『福島県史』近世一・二、『栃木県史』通史編近世一・二、『群馬県史』通史編近世一、『茨城県史』近世編、『埼玉県史』近世一・二、『神奈川県史』通史編近世一・二、『新潟県史』通史編近世一・二・三、『長野県史』通史編近世一・二・三、『静岡県史』通史編三・四、『岐阜県史』通史編近世上・下、『福井県史』通史編近世一・二、『大阪府史』近世編一・二・三、『京都の歴史』四・五・六、『兵庫県史』四、『岡山県史』近世二・三、『広島県史』近世一・二、『新修島根県史』通史篇一、『香川県史』近世一・二、『愛媛県史』近世上・下、『大分県史』近世篇三、『宮崎県史』通史編近世上・下、『長崎県史』対外交渉編、『佐賀県史』中巻、『結城市史』近世通史編、『東金市史』通史篇上、『鴨川市史』通史編、『四日市市史』通史編、『甲府市史』通史編近世、『岡崎市史』近世、『大津市史』近世前期・後期、『奈良市史』通史三、『新修倉敷市史』近世上・下、『倉敷市史』三・四、その他関係県史、市町村史多数。

あとがき

本書は、先に刊行した『幕府の地域支配と代官』を改訂して、新しく『徳川幕府領の形成と展開』として刊行するものである。しかし基本的には徳川幕府の全国的に展開した幕領の形成過程と地域的分布および幕領高の推移、さらにその支配にあたった郡代、代官等の支配地および支配高の変遷について、近世の初期から幕末までを通して概括的に考察したものである。これまでこのような幕領および代官の支配地、支配高を全国的に通覧したものは少なく、あってもやや古い時代に書かれたものであるため、今日の研究水準をふまえて新たに書き下ろす必要性を幕領や代官の研究をしているものとして痛感していた。

さらに本書の特色としては、全国的に展開している幕領について、近世の地域的ブロックである「筋」ごとに、そのなかに位置づけられるそれぞれの国ごとに、近世の初期から幕末までの幕領の展開と幕領高の推移、代官所や陣屋の改廃の推移、そして支配にあたった郡代、代官等の政策や支配高の推移などを幕府の政策や政治状況、さらには大名（藩）の転入封などと関連させつつ通覧したところにある。

とくに個々の郡代、代官等の支配高の変遷については、前述のようにこれまでの研究では近世の初期から幕末までを通して考察したものはほとんどみられなかったものである。郡代、代官の支配高はいうまでもなく親藩、譜代、外様大名等の各藩における転入封による所領の変化によって、支配高も変化するのであるが、それだけでなく政治的、軍事的に重要拠点の郡代、代官陣屋では意図的に一定の支配高を維持しているのであり、しかもその支配地のなかに、経済的に発展している地域や都市や在郷町などを組み込んでいるのである。

本書における幕領の研究は、従来の研究者による研究成果に加え、近年めざましく刊行されている県史や市町村史などの通史および資史料編も活用して概括的にまとめたものである。したがって本書は研究書という性格よりも幕領と代官についての概説的な性格をもつものといえるが、今日このような書籍がみられない段階としては、いくらかでも研究に役立つことができればと望んでいる。なお文中における引用および資史料、参考文献等については、執筆者各位には大変失礼になるかもしれないが煩雑をさけるためと、本書の性格から最低限のものを掲げるに止め、逐一引用文献をあげることは省略し、巻末に一括して掲げたので、そちらを参照されたい。また本書に掲載した奉行所や代官所の写真は大田区立郷土博物館（平澤勘蔵氏提供）よりご提供いただいたものを中心に、著者自身撮影の写真を加えたものである。記して感謝申し上げる次第である。

最後に本書の刊行に際し快くお引きうけ下さった同成社社長山脇洋亮氏には感謝に堪えない。また校正にあたり丁寧にお世話下さった山田隆氏にたいしても感謝申し上げる次第である。

二〇一一年八月

和泉清司

徳川幕府領《とくがわばくふりょう》の形成《けいせい》と展開《てんかい》

著者略歴

和泉清司（いずみ・せいじ）

1944年　東京都に生まれる。

1967年　東京学芸大学教育学部卒業。

1977年　明治大学大学院文学研究科博士課程満期退学。

現　在　高崎経済大学名誉教授・史学博士。

主要編著書

『伊奈忠次文書集成』,『徳川幕府成立過程の基礎的研究』,『近世の流通経済と経済思想』,『江戸幕府代官頭文書集成』,『近世前期郷村高と領主の基礎的研究』,『幕府の地域支配と代官』,『近世近代における地域社会の展開』他。

2011年10月10日発行

著　者　和　泉　清　司

発行者　山　脇　洋　亮

印　刷　㈲協　友　社

発行所　(〒102-0072)東京都千代田区
飯田橋4－4－8東京中央ビル内
TEL 03-3239-1467　振替00140-0-20618
㈱同　成　社

ISBN978-4-88621-571-0 C3321

同成社江戸時代史叢書

①江戸幕府の代官群像
村上　直著
四六判　二六六頁　二四一五円　（97・1）

江戸時代史研究の第一人者である著者が、特定の郡代・代官に視点を据え、江戸幕府の地方行政官たちが、殖産興業を含めた民政をどのように推し進めていったのかを明らかにしていく。

②江戸幕府の政治と人物
村上　直著
四六判　二六六頁　二四一五円　（97・4）

幕府の政治方針はどのようなしくみで決定され、そして直轄領や諸藩の庶民に浸透していったのか。本書は、江戸幕府の政治とそれを担った人々を将軍や幕閣と地方行政の面から考察する。

③将軍の鷹狩り
根崎光男著
四六判　二三四頁　二六二五円　（99・8）

江戸幕府の将軍がおこなった鷹狩りを検証し、政治的儀礼としての色彩を強めていった放鷹制度や、それを通じて築かれた社会関係の全体的輪郭と変遷を描き出した、いわば鷹狩りの社会史である。

④江戸の火事
黒木　喬著
四六判　二五〇頁　二六二五円　（99・12）

火事と喧嘩は江戸の華。世界にも類を見ないほどに多発した火災をとおして、江戸という都市の織りなす環境、武士の都としての特異な行政、そしてそこに生きる江戸市民の生活を浮き彫りにする。

⑤芭蕉と江戸の町
横浜文孝著
四六判　一九四頁　二三一〇円　（00・5）

延宝八年（一六八〇）秋、芭蕉は深川に居を移す。諸説と異なり、その事情を火災に見出す著者は、災害をとおしてみた江戸を描くことによって、芭蕉の深層世界に迫ろうと試みる。

⑥宿場と飯盛女
宇佐美ミサ子著
四六判　二三四頁　二六二五円　（00・8）

江戸時代、宿場で売娼の役割をになわされた飯盛女（めしもりおんな）たち。その生活と買売春の実態に迫り、彼女たちが宿駅制の維持にいかに利用されたのかを「女性の目線」からとらえる。

同成社江戸時代史叢書

⑦出羽天領の代官
本間勝喜著
四六判　二四二頁　二九四〇円
（00・9）

江戸幕府の直轄領として最遠の地にあった出羽天領。ここにも名代官、不良代官、さまざまな代官がいた。彼らの事績をたどり、幕府の民衆支配の実態に迫る。

⑧長崎貿易
太田勝也著
四六判　二九〇頁　三一五〇円
（00・12）

鎖国政策がしかれていた江戸時代において海外との窓口の役割をになった長崎の貿易の実態を探ることにより、江戸時代を商業政策や対外貿易政策の側面からとらえ直す。

⑨幕末農民生活誌
山本光正著
四六判　二五八頁　二九四〇円
（00・12）

江戸時代から明治時代にかけて書きつがれていった、大谷村（現千葉県君津市）のある農家の「日記」をとおし、幕末の農村に暮らす人びとの信仰、旅、教育などの生活風景を描き出す。

⑩大名の財政
長谷川正次著
四六判　二八〇頁　三一五〇円
（01・5）

参勤交代による出費など、大名の財政は藩の大小を問わず厳しいものであった。本書では、信濃国高遠藩の事例を取り上げ、いかに財政難に対処したのかを検証し、大名の経済事情を明らかにする。

⑪幕府の地域支配と代官
和泉清司著
四六判　二八二頁　三一五〇円
（01・10）

近年著しい進展をみせる代官研究の成果のうえに、幕府成立期から幕末までをとおして、全国に展開した幕領とそれを支配した代官を通覧し、近世における地方行政の全体像を構築する。

⑫天保改革と印旛沼普請
鏑木行廣著
四六判　二四二頁　二九四〇円
（01・11）

天保期の大事業、印旛沼堀割普請について書き残された日記を元に、普請に関わった役人や人夫、商売人などさまざまな階層の人びとの生活を描くことにより、当時の社会像を浮かび上がらせる。

同成社江戸時代史叢書

⑬江戸庶民の信仰と行楽
池上真由美著
四六判　二二四頁　二四一五円　（02・4）

江戸時代後期に起こった空前の旅ブームのなかで、江戸の庶民は、遠くは伊勢に、近くは大山や江の島に参詣の小旅行に出かけた。彼らはどんな意識で、どんなスタイルの旅を楽しんだのだろうか。

⑭大名の暮らしと食
江後迪子著
四六判　二四〇頁　二七三〇円　（02・11）

江戸時代、大名たちの食卓は想像以上に豊かなものだった。魚介類、野菜類、そして肉類、さまざまな食材に彩られた。薩摩藩・島津家にのこる諸史料から、彼らの暮らしぶりの諸相に迫る。

⑮八王子千人同心
吉岡　孝著
四六判　二〇八頁　二四一五円　（02・12）

近世を通じて百姓と武士の中間にあった八王子千人同心たち。幕末期に新撰組発祥の母体となり、身分制社会克服のさきがけともなったかれらの一種特異なその実像を、史実にもとづき抉り出す。

⑯江戸の銭と庶民の暮らし
吉原健一郎著
四六判　二一〇頁　二三一〇円　（03・7）

全国共通の貨幣制度が施行された近世、庶民は現代と同じようにインフレ・デフレに悩み、生活は銭相場の動向に大きく翻弄された。近世を通じての銭相場の変動から庶民生活の実態を追究する。

⑰黒川能と興行
桜井昭男著
四六判　二四二頁　二七三〇円　（03・9）

出羽国黒川村に伝わり、現代まで約五百年にわたり受けつがれてきた黒川能の歴史をたどりながら、近世における興行のあり方を追究し、黒川の人々が芸能をいかに捉え向き合ってきたかを考察する。

⑱江戸の宿場町新宿
安宅峯子著
四六判　二〇〇頁　二四一五円　（04・4）

江戸の発展に合わせるように誕生し、流通の要所として成長をつづけた江戸四宿のひとつ宿場町新宿。本書では、その歴史を経済・環境・リサイクルなどの観点から解き明かす。

同成社江戸時代史叢書

⑲江戸の土地問題
片倉比佐子著
四六判　二三二頁　二四一五円　（04・8）

土地問題がつねに重要な政策課題であった江戸時代、大都市江戸の地主たちはどのように土地を入手・所有し、運営していったのか。彼らの生活ぶりにも触れながら、近世土地事情に迫る。

⑳商品流通と駄賃稼ぎ
増田廣實著
四六判　二一六頁　二三一〇円　（05・4）

陸上運輸の手段をもっぱら牛馬の荷駄によっていた江戸時代。その担い手として中心的な役割を果たした駄賃稼ぎたちに焦点をあて、本州中央内陸部の事例から近世における商品流通の実態を追う。

㉑鎖国と国境の成立
武田万里子著
四六判　一九二頁　二三一〇円　（05・8）

支配体制の確立と対外的独立保持を急務とする幕府は、鎖国を必須の政策として選択。それは、国境概念の成立というグローバルな世界への入口でもあった。新視角から捉え直す「鎖国」の実像。

㉒被差別部落の生活
斎藤洋一著
四六判　二七二頁　二九四〇円　（05・10）

信州佐久地方の被差別部落に生きた人びとの生活実態と社会的役割を探り、その地域性を明確にするとともに、差別の実像・虚像を明らかにし、近世部落史の全体像に迫る。

㉓生類憐みの世界
根崎光男著
四六判　二五〇頁　二六二五円　（06・4）

悪法のイメージをもって世に語られる「生類憐み令」は、世界史上にも稀な動物愛護の政策でもあった。法令の実相と歴史事象を冷徹に分析し、社会悪是正の一端であったこの政策の真意に迫る。

㉔改易と御家再興
岡崎寛徳著
四六判　二二六頁　二四一五円　（07・10）

御家騒動から改易された那須与一の同名の子孫が、懸命の努力の甲斐あって一旗本として再興のかなうまでの波乱に満ちた顛末を、関係史料から克明にたどり、元禄という時代背景を照らし出す。

同成社江戸時代史叢書

㉕千社札にみる江戸の社会
滝口正哉著
四六判　二四六頁　二六二五円　(08・6)

江戸文化を代表するひとつである千社札が、いかなる経過をたどって巨大都市江戸の中に固有な文化社会を形成するに至ったのか。千社札を切り口に江戸文化の本質に迫る。

㉖江戸の自然災害
野中和夫編
四六判　二七四頁　二九四〇円　(10・4)

江戸時代の大地震、火山噴火や風水害などについて、文献・考古学資料、さらに自然科学的なアプローチも加えて、その全容を多様なアングルから解明し、激動する時代の空気も醸しつつ叙述する。

㉗地方文人の世界
髙橋　敏著
四六判　二〇四頁　二一〇〇円　(11・7)

東海道原宿（現静岡県沼津市原）の大地主植松家の当主蘭渓が池大雅や円山応挙ら京都画壇の大物との交流を深めパトロンとして活躍する様子を中心に、化政期の地方文人の姿を軽快に描き出す。

㉘徳川幕府領の形成と展開
和泉清司著
四六判　二九〇頁　三四六五円　(11・10)

徳川政権の政治権力・経済財政基盤たる直轄領、すなわち公儀御領。それらにおいて民政を司る実務的官僚としての奉行・郡代・代官達の動向を実証的に把握し、その歴史的意義を明らかにする。

㉙川柳旅日記　その一　東海道見付宿まで
山本光正著
四六判　二五〇頁　二五二〇円　(11・9)

交通網の整備により、庶民も寺社参詣などを目的に長旅に出かけるようになった。江戸の庶民たちはどのような旅の日々を送ったのか。数々の旅日記と川柳から当時の旅の様子をいきいきと描く。

〈近刊〉
㉚川柳旅日記　その二　京・伊勢そして西国を巡る　山本光正著